天真的人類學家

The Innocent Anthropologist

小泥屋筆記 & 重返多瓦悠蘭

奈吉爾·巴利
NIGEL BARLEY
何穎怡 譯

Notes from a Mud Hut & A Plague of Caterpillars: A Return to the African Bush

目錄

PART 1
小泥屋筆記
Notes From a Mud Hut

PART 2
重返多瓦悠蘭
A Plague of Caterpillars

推薦序｜愛上瘋狂田野：忍受荒誕是在異世界生存的基本技能

趙恩潔

時值二〇〇九年初秋，我正在申請研究簽證。我的指導老師海夫納堅信我既然拿了美國國家科學基金會（NSF）的補助去印尼出田野，一定要用最高標準要求自己，使用正規的研究簽證入境。若以觀光之名行研究之實，對他跟我還有學校乃至NSF都將構成不名譽。為此，我謹慎地將申請研究簽證的整批文件備妥、快遞寄到紐約印尼大使館，然後致電。我以為自己資料準備得滴水不落，萬萬沒有想到，印尼大使館跟我根本沒有活在同一個宇宙：他們完全不知道，他們的國家最近已經把處理外國學者研究簽證的權責從國科會（LIPPI）轉移到科技研究院（RISTEK）。

「拜託，請相信我，」我的雙耳已經輪流貼著智障型貝殼手機有半小時之久，耐著性子對著電話那頭的大使館女士說，「政府真的已經換了受理研究簽證的單位，我知道以前都是LIPPI，但現在真的是RISTEK，就是我繳交的那份表格……」

「我從來沒聽過什麼RISTEK，我只知道LIPPI，」對方斬釘截鐵地說，「我建議妳上我們的官方網站下載LIPPI的表格。」

面對這種有理說不清的狀態，我只好請我的田野地沙拉迪加市著名的基督教大學的同事幫我。可惜，她們經過幾番努力，卻得到政府基層人員非常負面的回應，甚至有人控訴她們在說謊，使我感到自責。時間一天一天過去，事情毫無進展，眼看就要十月了。我的研究計畫與預計未來一年田野結束後九月就回到波士頓教書賺生活費的計畫也因為這樣完全泡湯了。完蛋了。我絕對來不及在明年九月前回來。

奇怪的是，幾天後，紐約的印尼大使館不知為何突然搞懂了他們國家的新制度，終於受理我的申請。但沒多久，我又遇到另一個關卡。通常，申請研究簽證需要一份當地研究機構所提供的官方邀請信函，而我理所當然選擇了當地最高學府莎蒂亞瓦帢那基督教大學。但印尼政府認為，我的研究計畫既然同時涉及穆斯林社群與基督徒社群，必須也要有伊斯蘭學術機構為我背書。這要求雖然麻煩，但不無道理。問題是，田野地最高的伊斯蘭學術機構是國立伊斯蘭高等教育院，當下那裡我誰也不認識。但不能再拖下去了。心急如焚的我，寫了好幾封過度禮貌的電子郵件給伊斯蘭高等教育院，結果都石沉大海。日子一天天飛逝。我開始擔心自己會不會整個學期因為卡在一個簽證而歸組壞了了。

就是在這個moment，蘇兄出現了。蘇兄本名蘇開頭，但由於與一位印尼吃人魔王同名，所以暫時不稱呼本名以免誤會。蘇兄是我在波士頓大學博士班的印尼學弟，他是一位超級網紅，粉絲遍及印尼國內與海外印尼社群。了解狀況後，他一派輕鬆的說交給他，接著迅速副件寄給我一封他寄給某位伊斯蘭高等教育院高層的信件。然後，嘩拉嘩拉地，二十四小時內，一封有簽名有蓋章的官方邀請贊助函已經掃描成檔案，降臨在我的電子信箱。

幾日後，帶著簽證的我終於飛到印尼，準備迎戰雅加達官僚叢林，為的是獲得有效期一年的居留簽證。這流程可費時一星期至一個月，要跑至少兩次科技研究院、移民署、警政署、以及內政部，但不保證每次都有結果。每一關都會有面試，時間長度都如橡膠般可長可短。偏偏雅加達市區在任何點與點之間，永遠是彼岸花的宇宙大塞車。好不容易撐過塞車衝到了政府機關後，還得大排長龍填單等候、期待不要中暑或被二手菸嗆暈，然後希望公務人員不要漠視一堆還在排隊的人就若無其事地提早下班。

當然，官僚迷宮不過是瘋狂田野的起點罷了。在風塵僕僕地來到沙拉迪加整頓好住所後，每日的吵雜混亂、社交距離負二十五、「橡膠時間」（通常比預定晚兩個小時，但有時又會提早一小時開始）、被放鴿子、被性暗示、被借錢、被雞同鴨講、被路邊毒梟問要不要買毒品（對方表示他誤認我為當地少數韓國移民）、被男人說教、被迫喝井水因此一直破病（我的前導田野在二〇〇七年夏天，那次我斷斷續續上吐下瀉了九個星期）……這一切狗屁倒灶，都是田野的主旋律，而不是伴奏而已。而這些，也恰恰好是《天真的人類學家》的核心主題。當年此書在英國出版就轟動一時，但也受到學界猛烈抨擊。大英國協社會人類學學會怒批巴利丟盡所有人類學家的臉、使得人類學蒙上恥辱。這本書卻持續暢銷，躋身人類學相關書籍最熱賣清單之中。

約莫四十年後的今日，我們已經相當熟悉人類學家絕對不是全知全能的這個道理。我們也經歷過後現代風潮的「反思民族誌」吃到飽的年代。甚至在二十一世紀公共人類學成為顯學的當下，已經沒有人會認為人類學者的參與觀察必須完全客觀中立、不帶有任何立場。那種天真素樸的客觀主義早已被揚棄了。在這樣的前提下，重新閱讀《天真的人類學家》，卻還是能感到歷久彌新。

不管是否欣賞本書的書寫策略，它都已然成為了一部人類學家之「田野自傳」的經典。它幫助我們清楚看見人類學家往往要經歷過的「異世界折磨」才能真正捕捉到的「田野」。再者，田野的瘋狂其實也是當地人生活的真實樣貌，因此也是「實證」研究的基礎。最後，這些田野瘋狂歷險，也會使得人類學家更貼近當地的靈魂。也就是說，這些經歷並非全是徒然，而是可能協助累積文化敏銳度與社會信任，意外促使田野工作者找到分析突破點的「練功」。

就像巴利因為時常跟多瓦悠村民一起經歷一堆荒誕事情，才使得他最後能精準地找到多瓦悠核心儀式的合理分析那般，我在中爪哇，也曾經傻傻的跟著穆斯林組織「先知的追隨者」（會員三千萬人）上了開往傳說中的全國大會的巴士，從日出到日落，朝五到晚九，除了上廁所之外都在遊覽車上面，最後才發現除了我以外整台車都知道這場日惹之旅本來就只是去「增加塞車以湊熱鬧」的助陣，根本沒有要進入會場（暈～）。因禍得福的是，因為在巴士與大家強迫親密一整天，我有充分的時間跟多位報導人聊天，我因此搞懂了不同組織與鄰里清真寺的關係，更增加了人們對我的信任，從此凡事對我掏心掏肺。

田野的荒誕，往往意味著報導人與田野工作者接觸時所體現的血肉和靈魂，而「血肉靈魂」是田野觀察的菁華，不同於「骨架」屬於具備各種統計意義的「可量化資料」。沉浸式理解的田野魂不只存在於古典的政治、經濟、親屬、宗教範疇中，也持續穿透在更議題取向的性別、生態、科技、正義等人類學課題之中。

荒誕不是問題，因為問題只在於：你的故事是否具有血肉靈魂？

或許有的人認為《天真的人類學家》讓人類學家顏面掃地，但對我來說，這本書只是讓人類學顯得更加迷人而已。因為田野貴在真實的震撼，而真實的震撼恰好來自瘋狂。

二〇二四年四月十一日。銀河系。西子灣

（本文作者為國立中山大學社會學系教授，研究專長為文化人類學、宗教人類學、性與性別的跨文化比較、伊斯蘭、科技與社會、東南亞）

推薦序

人類學、文學以及遊記

強納森．史托克（Jonathan Stock）
周倩兒◎譯

或許有兩種角度來看這本書。第一種可能開始於這樣的場景：當我讀此書時我大笑，後來我笑歪嘴了，最後我甚至笑得從椅子上跌下來了。真的，這是我這輩子讀過最好笑的書之一。本書作者，也是英國人類學家的奈吉爾．巴利拿到研究經費去研究西非冥頑強悍的多瓦悠人的割禮儀式。代之學術研究，他選擇用日記式的方式，以敏銳而誠實、感性而率直幽默的筆調，記錄他每日面對的多瓦悠人。摒棄了繁瑣的學術書寫風格，巴利將所有理應被刪除的內容：像是意外事件和倒楣的糗事（足夠拍成一部好萊塢喜劇），生病初體驗（足以編寫成一部醫藥百科全書）和因異文化而產生的誤解（也可以編寫成電視肥皂劇）都翔實地描述於本書中。這還不包括我尚未提到他與非洲官方人士及其他西方人士的奇遇呢！

本書有很多思考點，在在都刺激著讀者反省自我對外在的認識。例如，我們常常浪漫地以為，非洲部落的人們比都市還要孺慕且愛護自然。但當多瓦悠人問起，為什麼巴利不把機關槍也連同其他田野工作必需配備一起帶來，以便快速而有效地獵殺野生動物時，我們對非洲人疼惜自然的刻板印象便頓時一掃而淨。從這裡我們看到多瓦悠人十分自信自己做事方式的正當性，但當他們一絲不苟地堅持這才是唯一的方法時，有時不免令人感到可笑，巴利發現這樣的事情常常發生。其實，反過來想，他們的頑固不也如同我們自己一樣？人類共同擁有的優劣及特有的文化樣貌在巴利純熟的妙筆下像一面明鏡，藉著他自己，一個身為人類學者生活在異文化的經驗，反射出種種類似的盲點與反思。作者用清新的手法及斟酌的字句讓讀者覺得自己親臨一個未經策劃過的事件，原原本本地呈現事情發生的原因與始末。什麼是人類學，而學者又是如何了解一個異文化，是無所不在地潛藏在作者的字裡行間，雖然這與作者稱這是一本無關人類學的聲明是矛盾的。

用第二種角度來介紹，可以說我摑了自己一巴掌。早在一七九〇年代就有評論者說人類學像旅遊寫作。是的，除了學術化的註腳，參考書目和理論框架是旅遊札記所沒有的，評論中肯地顯示民族誌寫作就像其他的寫作，作者試著將一群鮮為人所知的人們介紹給另一群可能從未接觸過他們的讀者。這樣斯士斯民的側面描述不可能是客觀或科學的。相反的，它是依賴著因作者的人格特質所洞察的素描，因作者偶然結識幾個特定對象與之產生互動所累積的結論。舉例來說，曾有一個笑話提到，澳洲和英國男性學者寫道，新幾內亞的男性是粗獷而專橫的。反之，女性研究者（與男性美國猶太學者）卻說他們有迷人的魅力與活力。多麼科學、客觀的結論是不是！從這裡我們得到一個訊息，作者的確需要提供多些資訊是關於他（她）自己的。到底他是如何與被他研究的人進行互動，這樣的脈絡陳述得以讓讀者了解為何學者下如此結論。關於所有運氣不佳及誤會，還有田野工作發生的瑣事通常不會被呈現在書中（因為這些都被看做是個人的，與研究主題無關的），其實可能都與後來的研究結果息息相關——它可能解釋了部分的理由，為什麼作者因此下了某種結論。所以，對於了解什麼是人類學的田野調查工作，這是一本相當優質且易讀的入門書籍。

巴利的《天真的人類學家——小泥屋筆記》（第一版發行於一九八三年），在英國人類學界，算是第一波將人類學視為一種重視人性成長覺醒的學門的人類科學及文學作品。直到現在，我們仍在探索相關論述的新發現，而這本書在現今仍然留存許多重要的意義。同此理，此書的中文版也朝向類似的理由刺激人們對人類文化的更深層領悟。就像巴利理解到的，新的書寫風格開發了潛在的新讀者群。縱使作者風趣的寫作風格可能失之輕率，巴利確實是很小心謹慎地在傳達讀者關於人類學幾個重要關鍵與假設。總的來說，這是一本罕有的綜合體：它讓你瞬時地被吸引並產生深刻的印象；會讓你捧腹大笑但又有擲地有聲的內容。不論是人類學的學生或專家，或是有經驗的旅行者（或是靠讀旅行札記的臥遊寰宇者），或是興趣於現代非洲的讀者，或是打發無聊的通勤間而找書的上班族（但小心別錯過你的車站，這可是一本一拿起來就很難再放下的書），我相信你們都能在此書中享有一些收穫。

（本文作者時任教於英國雪菲爾大學，專精的教學研究領域為民族音樂學及中國音樂。《世界音樂》學術期刊的書評編輯。本書因為他推薦而於二〇〇一年出版中文版。此篇經商周出版授權）

導讀

人類學家的天真與土著的天真

黃道琳

十多年前，在美國舊書店偶然買到《天真的人類學家》的英文本，當時我完全不知道作者巴利是何許人，但從該書的內容簡介看來，我陸續在收集的「異類」人類學著作又要增加一本。沒過多久，我也擁有了《天真的人類學家》的續篇《重返多瓦悠蘭》。

巴利於一九七七至七九年間兩度前往喀麥隆多瓦悠族聚落，從事儀式和信仰方面的民族誌調查，這兩本書記錄了他將近兩年的田野經驗。人類學家原本就很少將他們在田野的日常生活點滴形諸文字，巴利的著作則更在這個小小的文類裡頭獨唱異調。長期以來，由於人類學家帶頭助長或至少在旁默許，人們對田野經驗的理解充滿了浪漫、神祕、冒險等等色彩；而今，在巴利的筆下，民族誌調查縱非只是徒勞一場（他確實沒有消極到這個地步），也泰半耗費在閒散、挫折、困頓的泥淖裡。

可想而知，這樣的告白不會得到人類學界的歡迎；果不其然，巴利遭受了不少專業上的嚴厲指控，包括說他在書中明言某某報導人嗜酒或性無能是違反職業倫理的作法。就這一點而論，巴利容有可議之處，但如果真的要落實倫理的要求，那我看所有人類學家多少都有過失。讓我提出一個較有意思的解讀：巴利所以會那麼冒犯人類學家，是因為他對這些人造成傷害，然後進一步加上侮辱。傷害在於他用幽默帶刺的筆調揭露了人類學家的窘態和糗相，侮辱則在於他這樣做卻得到廣大讀者的喝采。

不只喝采——根據一項九〇年代初期所做的調查，巴利竟然是英國大學生最熟知的人類學家，其知名度甚至高出李維史陀。歷史告訴我們：人類學著作的讀者群和普及度越大，其作者就越會受到同行的輕蔑（米德就是最顯著的例子）。巴利能夠獲得大眾的青睞，那也就罷了；千不該萬不該的是，他在書中可不像其他人那樣宣揚人類學的崇高使命和深奧意涵，而彷彿只是把他的經歷拿來當作娛人的話題。對那些以人類學為志業的學者，這怎生得了？

在此替巴利說句公道話。巴利從田野回來之後，也出版了一本中規中矩的民族誌專書（《Symbolic Structures: An Exploration of the Culture of the Dowayos》）。如今讀來，這本書的內容倒相當契合人類學的理論取向和分析架構，但它對多瓦悠文化的闡明，也不過是提出一些機械式的結構和語意上的對比。若要認識有血有肉的多瓦悠人以及巴利個人的切身感受，讀《天真的人類學家》會有收穫得多。

但願人類學家多寫幾本這樣的書。曾經有一位前輩鼓勵我：只要做過三天田野，就可以寫出一本書。這固然是誇張的話，卻也道出民族誌研究的盲點。畢竟，回溯歷史來看，人類學的實地調查曾經是獲取知識的革命性方式，只要善加運用絕對是效率很高的利器。但另一方面，人類學家往往對其研究取徑過度自信，以為一旦做了一段時期的參與觀察便得以洞識文化的奧祕，尤有甚者，有些人類學家還仗著田野調查這把尚方寶劍，對其他學科嗤之以鼻。

平心而論，如果人類學家對其田野經驗抱持既輕鬆又篤實的態度，再加上某種程度的寫作工夫，那麼確實可以、也應該為廣大讀者撰寫不少兼具啟示及趣味的書；起碼，他們在某些方面也不妨扮演旅遊作家的角色。《天真的人類學家》正是這樣的一本書。可是我們不禁要問：為什麼這種書難得一見？我相信，那是因為大部分人類學家使命感太強，致使他們不敢坦然面對或公開承認，調查過程中所遭遇的頓挫困難以及其成果的不確定性；少了這些成分，他們的田野報告彷彿是按照食譜規規矩矩、妥妥當當做出來的菜餚。再者，人類學界理論掛帥的風氣頗為強烈，你辛辛苦苦做了一、兩年田野之後，豈能放棄任何分析這個、詮釋那個的機會？因此，我們在人類學家著作中碰到不少粗魯的分析和過度的詮釋。

也許，在巴利面前我不應該講這些有點粗魯、過度的批評言辭；因為，巴利其實並不太在乎其他人類學家的作為，他著墨較多的反而是對自己的調侃，而且筆下充滿幽默和反諷。再說，這一趟田野雖然讓巴利受盡種種挫折和打擊，他卻能夠在過程之中逐漸調整心態，原先的忿忿不悅終於化解為逆來順受。巴利跟喀麥隆政府官員及私人機構打交道時老是得到無理或無能的處置，這些描述可能也會令讀者讀得咬牙切齒。其實，這類遭遇在某些第三世界國家是司空見慣的事，只是人類學家很少事前設想（或被告知）這種狀況，因此未能預先圖謀應付的門道。

到最後，無論巴利在多瓦悠文化的研究上是否收集到令人滿意的資料，他至少對喀麥隆社會這一重要層面也有了豐富的體驗，並用不慍而超脫的態度跟我們分享這些。

田野工作者最大的挫折，來自他跟報導人的關係，而這正是人類學家最不願意觸及的問題；說得明白一點，樂意跟調查者密切合作的土著實在可遇不可求，大部分人在行為上往往只是敷衍了事。在言辭上經常難免含糊矛盾。別的人類學家或是畏於洩底、或是認為研究成果比過程重要，總是把這些情勢掃到地毯下；《天真的人類學家》著重的卻正在於此。讀完這本書之後，我們非但同意巴利給人類學家所加上的「天真」形象，恐怕他可以把報導人視為「狡猾」的化身。

多瓦悠人似乎樂於跟他玩捉迷藏的遊戲，他們所做的報導也不時顛三倒四；害得巴利不是無所事事，就是莫衷一是。

巴利把這些和盤托出，似乎對多瓦悠人頗有譴責之意；但從字裡行間可以看出，他也很有度量地遷就——這退一步講是田野工作者不得不做的妥協，進一步講則是對研究對象應有的尊重。由於巴利不怕揶揄自己，他的敘述更能讓我們瞭解田野情境的一項要素：享有優勢的人類學家對處於劣勢的土著不能有職業性的苛求，因為後者被捲入這個情境基本上不是出於自願，而他們如果令人類學家感到失望，那也是無奈的局面。進而言之，巴利也暗示了田野情境的一個陷阱。人類學研究以實地調查所得的材料為最高判準，因此土著的觀點和報導乃是最有利的依據；但是，調查者終究會發現，能夠直接從土著口中得到的東西實在不多，而且不清不楚。這就是為什麼人類學到現在還是一門相當不準確、頗有幾分天真的科學；從巴利的故事我們必須達到這個結論，然而分享了他的田野經驗之後，我們也不得不承認這正是人類學迷人的地方。何謂人類學？或許它就是人類學家的天真與土著的天真所碰撞出來的知識。

《天真的人類學家》受到一般讀者的欣賞，但它若要獲得專業學肯定，恐怕還得藉助某些理論標籤的拉拔。這本書原著出版於一九八三年；大約在那時候人類學裡開始流行起所謂後現代、反思式的民族誌，其重點在於強調田野調查的曖昧性以及調查者自身對民族誌材料所施加的操控。二十年下來，原本有望為人類學注入新生機的這種取向，也已大致走入了死胡同；這類著作雖然對田野調查的可信度提出正當的質疑，但最終卻過度強調研究者自身的主宰性，而使民族誌知識的客觀地位幾乎完全淪喪。

巴利跟這些民族誌作家的關懷其實沒有什麼重大的差別，而他會在那個年代發表這本著作，也同樣反映了人類學論述方式在當時所受到的普遍質疑。不同的是，後現代民族誌難免沉溺於矯情的反思，最終成為作者自戀的囈語；巴利則採取較釋懷的反諷立場，他看待問題的方式表面上看來只是戲謔有趣，骨子裡卻很嚴肅健康地交代了田野工作的侷限和指望。

如果說巴利這本書對人類學的最大貢獻，我想那應該是它使我們對民族誌研究抱持著帶有懷疑的興趣以及附加條件的信心。巴利自己隱隱之中似乎也為這做了見證：這次田野結束時，他顯然已經是個不再那麼天真、而有幾分疲倦畏懼的人類學家；不過，只在六個月之內，得知有重要的儀式可供研究，他又信心滿滿、興致勃勃回到多瓦悠族人之中。

那也是一段頗有可談的經歷。但，那是後話了。

二〇〇一年

（作者時任中央研究院民族學研究所助理研究員，譯有《菊花與劍》、《李維史陀：結構主義之父》等人類學重要著作）

PART 1

小泥屋筆記
Notes From a Mud Hut

CHAPTER 1

原因何在
The Reason Why

「為何不去做田野調查？」一次眾人帶著醉意的討論接近尾聲時，一位同事拋出以上疑問。那次我們廣泛討論人類學最新技術、大學教學與學術生涯，結論令人沮喪。就像哈巴德太太（Mrs. Hubbard）[1]，我們清點存貨，卻赫然發現櫥櫃空空如也。

我的故事十分尋常——受訓於高等學府，非經刻意規畫，而是機緣使然進入教書行業。英國的學術生涯奠基於幾個經不起考驗的假設。首先，如果你是優秀學生，便會成為不錯的研究者。第二，如果你的研究做得不錯，書就鐵定教得不壞。第三，如果你善於教書，便會渴望去做田野調查。上述關連統統不成立。優秀的學生有時研究成果可怕。學術表現傑出、名字經常出現在專業期刊的研究者，有時教起書來愚蠢乏味到讓學生以腳投票，像非洲艷陽下的晨露般消失無蹤。

1 哈巴德太太（Mrs. Hubbard）是英國民間傳說人物，住在巨大的櫥櫃裡。

人類學行業也不乏全心奉獻的田野工作者，他們的肌膚被炎熱氣候烤乾如皮革，牙關因長年與土著奮鬥而終日緊咬，但是他們卻對人類學理論殊無貢獻。我們這些依據文獻研究完成博士論文、文弱的「新人類學者」認為所謂的「田野調查」——其重要性被誇大了。當然，在殖民時代有過實戰經驗、「無意間搞起人類學」的老教授堅持田野調查的「神祇崇拜」不可毀，因為他們是這個行業的大祭司。他們可是受盡了沼澤、叢林的試煉與貧困，自以為是的年輕學者豈容抄捷徑。

每當這些老教授在理論或形而上學的辯論場合被逼到牆角，便會悲哀搖頭，懶洋洋抽菸斗或撫弄鬍鬚，喃喃說道「真人」無法嵌進「從未做過田野調查者」的純粹抽象概念裡。他們對無緣踏入田野場的人滿懷同情，事實很簡單，他們曾到過田野場，他們看到了。沒什麼好說的。

我在人類學系教了幾年學來的正統學說，殊乏學術成就，或許也該改變了。你很難判斷田野工作是類似當兵這類的不悅任務，理應默默忍耐，還是這行的「額外紅利」，應該歡喜承受。同事的意見幫助不大。他們有足夠時間為回憶蒙上樂觀光環，讓田野經驗變成浪漫冒險。事實上，田野經驗正是乏味的證書。舉凡洗衣服到治療普通感冒等事，在田野工作者嘴中道來，如果不摻點民族學回憶的調味潤飾，那可教周遭親友訝異失望了。老故事變成老友，很快的，田野經驗便只留下美好回憶（除了某些奇怪島嶼的狀況極度悲慘，教人無法忘懷也無法消溶於幸福感中）。譬如，某位同事宣稱與和藹土著共度了很棒的時光，他們微笑攜帶一籃籃水果、鮮花來送禮。如果按照事情發生順序，這段描述應當補充如下：「那是在我食物中毒後」，或者「當時我的腳趾起水泡膿腫，虛弱到無法站立」。諸此種種不免教人懷疑：田野調查這回事是否像那些歡樂的戰爭回憶，教人扼腕生不逢時，雖然理智上，你知道戰爭不可能美好。

或許田野調查還是有好處的，可以讓我講課內容不再拖拉無趣。當我必須傳授陌生的課題時，可以像我的老師般，把手收伸進裝滿民族誌軼事的破布袋，炮製出一些曲折複雜的故事，讓我的學生安靜個十分鐘。田野經驗也會賜我貶抑他人的全副技巧。每每思及此，我的腦海便湧起一個回憶。場合是一個即便以尋常標準來看都十分乏味的會議，我與數位優秀同行禮貌聊天（包括兩位陰鬱的澳洲民族誌學者）。似乎經過預謀，同行一一告退，只留下我面對兩位澳洲「恐怖分子」。經過幾分鐘死寂，我試圖打破冷場，提議一起喝杯酒。其中一位女學者馬上一臉苦相，嘴角痙攣，厭惡大喊：「不要！我在叢林裡喝夠了。」田野工作的最大好處便是讓你俯拾可得這類渺小人們無緣使用的句子。

或許就是這些怪句子，使得本質乏味的人類學部門冠上珍貴的怪誕脫軌氣息。從這個角度而言，人類學者的公眾形象實在僥倖。眾所周知，社會學者缺乏幽默感，是左翼狂想與陳腐之言的大買辦。但是人類學者會追隨印度教聖者，看過奇特神祇與污穢儀式，大膽深入人跡未達之處，他們全身散發一股崇高氣息與神聖的不切題，他們本身就是英國怪誕教會的聖者。我豈能輕易拒絕成為其中一員？

憑良心說，我也考慮了其他好處（雖然機率不大），譬如田野工作可對人類知識有所奉獻。

乍看之下，這種可能性極低。「資料蒐集」（fact-gathering，或譯事實蒐集）的工作殊無趣味。人類學不乏資料，少的是具體使用這些資料的智慧。這行業有所謂的「捕蝶人」，用來形容許多辛苦收集資料的民族誌學者，他們根據地域、字母或任何最新流行的分類法，不斷累積資料，卻無能解釋它們。

老實講，不管是當時或現在，我都覺得田野工作或其他學術研究，其正當性不在對集體的貢獻，而是遠為自私的個人成長。學術研究就像修道院生活，專注追求個人性靈的完美。其結果或許會服務較大層面，卻不能以此論斷它的本質。不難想像，這種觀點不容於學界保守派與自詡改革者。他們深陷恐怖的虔誠與洋洋自得中，拒絕相信世界其實並不繫於他們的一言一行。

因為如此，當田野工作的「發明者」馬凌諾斯基（Bronislaw Kasper Malinowski）[2]的日記出版，揭露他也是有缺點的凡人時，在人類學界激起了義憤[3]。雖然馬氏在日記中誠實說黑人令他憤怒與乏味，而且他深為慾望與孤寂所苦。學界卻普遍認為馬氏日記不應出版，因為它對人類學造成「傷害」、無故破壞偶像，讓大眾對人類學先驅失去景仰。

此種說法透露出藝術買辦者令人髮指的虛偽心態，逮到機會，便當予以矯正。抱持這種想法，我開始記錄自己的田野工作。對做過田野工作的人而言，本書殊無新意，我將側重一般人類學專論嗤之為「非人類學」、「無關宏旨」、「不重要」的部分。在我的職業生涯裡，我一向偏重較高的抽象層次與理論思索，因為唯有在這些領域有所斬獲，才可能趨近全面解釋。但是如果一個人只盯住眼前方寸之地，保證他的觀點絕對無趣、偏頗。這本書或許能調整其間的不平衡，讓學生與非人類學領域者見識到：完工的人類學專論與血肉模糊的原始事實間有何關連，並期望讓從未做過田野工作者也能感受些許田野經驗。

此時，投入田野工作的想法已經深植我心，不斷滋長。我問某位同事：「我為何應做田野調查？」他擺出誇張的姿勢，那是他在講堂上的標準肢體語言，用來應付學生的「何謂真理」或

---

2 馬凌諾斯基：一八八四～一九四二年。出生於波蘭的學者，一九一五至一九一八年間在超卜連（Trobriand Islands，或譯初步蘭）群島從事研究，被認為是功能學派之父。他把「田野」（filed）變成一個實驗室，社區的整體社會生活成為材料收集的實驗，研究者可以針對一個社區或群體的生活做密集的研究及局部的參與。他的方法徹底改變了人類學理論與田野採集之間的主僕關係，在這之前，人類學者多半在書房構思理論，資料來源是將調查表發給傳教士、商人、殖民者與旅行者。馬凌諾斯基從超卜連群島返回英國後，在倫敦經濟學院任教十五年間，是英國唯一的民族學大師。許多人認為他是英國人類學始祖。詳見Adam Kuper & Jessica Kuper主編，《社會科學百科全書》，台北：五南圖書（1992），pp.602-604。Roger Keesing著，《當代文化人類學》，台北：巨流圖書（1981），p.830。Adam Kuper著，《英國社會人類學——從馬凌諾斯基到今天》，台北：聯經出版（1988），pp.1-52。

3 馬凌諾斯基身後所出版的《寂寞田野：一本嚴格意義上的日記》（*A Dairy, in the Strict Sense of the Term*, London:1967），台北：大塊文化（2019）曾引起軒然巨波。日記中揭露了馬氏的厭倦感、對健康的焦慮、性愛的匱乏、孤寂，也揭露馬氏對超卜連全島居民的勃然大怒，更曝露出馬氏並未如自己所言，完全與歐洲人士隔離。馬氏曾告訴學生說，他視田野工作者的日記為安全瓣，它疏導民族誌記錄者的私人憂鬱和情感，使不雜入其科學筆記中。詳見Adam Kuper著，op.cit., pp.19-20。

「『貓』要怎麼寫」這類提問。他的意思夠明白了。

人類學者懷抱熱情與某一民族共同生存，深信這個民族守護著一項關乎其他人類的祕密，如果有人建議他到他處做研究，就好像說他可和任何人進教堂，就是不能與獨特的靈魂伴侶相廝守。以上種種說法，純屬美麗虛構。以我來說，我的論文是研究古英文（印行本或手抄本）。當時我頗自命不凡地說：「我穿越時間而非空間。」這句話雖稍稍安撫口試委員的不滿，他們還是覺得有義務表示異議，警告我從今而後應當致力穿越正常的地理區域。因為背景使然，我並不偏好某一特定大陸，也因為我對地理的認識還不及大學生，也不特別排拒某一特定區域。照我的想法，如果現有的民族誌文獻反映了研究對象，而非研究者的個人意象投射，那麼，非洲看來是最無趣的一洲。在伊凡斯—普里查德（Edward．Evan Evans-Pritchard）[4]的偉大起頭後，非洲研究便迅速走下坡，尾隨偽社會學的步伐或繼嗣系統的功能整體論，尖聲吶喊地被拖進各式「困難領域」，如指定婚（prescriptive marriage）[5]與象徵主義的研究，斬獲雖甚微，卻依然保有「簡單合理」的外表。非洲人類學可能是少數研究領域——單調的內容會被美化成優點。南美洲看來頗吸引人，但是同事說在那裡工作需面對極惡劣的政治環境；更何況，此領域的研究者似乎都活在李維史陀（Claude Lévi-Strauss）[6]與法國人類學者的陰影下。以生活條件來看，大洋洲是輕鬆選擇，無奈所有大洋洲研究看起來都差不多。那些土著似乎包辦了魔鬼般的複雜婚姻制度。印度很棒，但是想要完成一丁點像樣研究，至少必須先學五年語言，才能奢言有所貢獻。遠東？我應當遠赴此地，看看能做些什麼？

此類評估或許流於表面，但是我的許多同行與學生均照此運作。畢竟，多數研究始於對某一領域的模糊興趣，甚少有人在提筆前便清楚知道自己的論文題目為何。

接下來幾個月，我詳細分析印尼地區的政府動盪與亞洲各地的暴行與破壞，最後傾向選擇東帝汶。我至少知道自己感興趣的研究是文化象徵主義與信仰系統，而非政治或都市社會化等議題。東帝汶看起來極為有趣，它有各種王國組織與指定聯姻體系（prescriptive alliance system）[7]，也就是結婚兩造必須有親屬關係。這似乎是人類學鐵律，擁有此類現象的文化很容易出現清晰的象

---

4 伊凡斯—普里查德：一九〇二～一九七三年。英國繼馬凌諾斯基、傅雷哲（James George Frazer）之後，最著名的社會人類學家。他對非洲亞桑地人（Azande）的巫術與努爾人（Neur）的鬼婚有精闢研究。詳見Adam Kuper & Jessica Kuper主編，op.cit.,p.348；Roger Keesing著，op.cit., p.362；Adam Kuper著，op.cit.,pp.113-123。

5 指定婚特指在某一特殊親屬範疇裡的婚配規定，可能包含禁止與某些人成婚，或者某些人才是唯一婚配對象的規定。某人應嫁娶某一範疇的對象稱之為「指定婚」，不論這個規矩是否會遭到破壞。如果只是認為某人從特定範疇嫁娶是比較理想的話，稱之為「優先婚」(preferred marriage）。詳見芮逸夫主編，《雲五社會學大辭典第十冊——人類學》，台北：台灣商務印書館（1971），p.181。

6 李維史陀：一九〇八～二〇〇九年。法國人類學家，結構主義人類學始祖。詳見Adam Kuper & Jessica Kuper主編，op.cit., pp.573-577。

7 指定聯姻體系是指透過指定婚法則或多次重複的通婚，連結若干繼嗣群體或親族群體的一種體系，讓這些群體彼此間保持一種跨越世代的婚姻關係。詳見Roger Keesing著，op.cit.,p.814。

徵體系。我已經打定主意要去東帝汶，開始撰寫研究計畫案；突然間，報上全是東帝汶內戰、種族滅絕、侵略等新聞。白人擔心喪命，倉皇而逃，飢荒陰影浮現。東帝汶之行打消。

我與同行迅速會商後，他們建議我還是以非洲為目標，研究許可較易取得，政治較穩定。我將目標轉往菲南波多島（Bubis of Fernando Po）。對不熟悉此島的人，我先解釋一下，菲南波多位於西非外海，以前是西班牙殖民地，是赤道幾內亞的一部分。我開始翻找文獻，發現菲南波多惡名昭彰。英國人譏笑它「黃昏時刻，仍可看到邋遢的西班牙官員身穿睡衣」，而且惡臭濁熱、疾病叢生。十九世紀的德國探險家批評此地土著為「退化人種」。京斯莉（Mary Kingsley）[8]認為此地蘊藏豐富煤礦。波頓（Richard Francis Burton）[9]令眾人吃驚，真的去了菲南波多島，且活了下來。所有文獻都令人沮喪，幸好（至少當時我如此認為），菲南波多的獨裁者開始殘殺異己，而且異己定義十分寬鬆。我無法進入菲南波多做研究。

就在這時，一位同事提醒我北喀麥隆有一個被忽略的異教山地民族。我因而認識了多瓦悠人（Dowayo）——我日後的愛與恨，屬於「我的」民族。我覺得自己有點像彈球機裡的球，被彈向了多瓦悠人，開始尋找他們。

我到「國際非洲研究所」（International African Institute）尋找有關多瓦悠人的資料，索引裡僅有幾篇法國殖民官與旅人所寫的東西。但是光憑這些資料，便可判斷多瓦悠人十分有趣；譬如，他們有頭顱崇拜、割禮、哨叫語言（whistle language）[10]、木乃伊，而且素以頑強野蠻聞名。同事給了我一些在那裡工作多年的傳教士名字，還有幾位研究多瓦悠語的語言學者，並在地圖上點出它的位置。至此，一切就緒。

我開始工作，渾然忘記應否投入田野調查的先前疑慮。眼前兩大障礙是：搞到研究經費與研究許可。

如果我一開始就知道往後兩年，我必須時時奮鬥方能同時搞到錢與許可，我可能會回到「投入田野調查到底值不值得」的前提。幸好，無知是福氣，我開始學習乞討研究經費的藝術。

---

8 京斯莉：一八六二～一九〇〇年。英國探險家，挑戰保守傳統，進入西非與赤道非洲，也是第一個進入加彭的歐洲人。
9 波頓：一八二一～一八九〇年。英國作家與探險家。
10 某些民族可藉口哨傳達訊息，它是「替代性語言」，用以傳訊。

CHAPTER

2

準備
Be Prepared

我猜想初次做田野，少不了得說服獎助審查委員會：我的研究計畫是有趣／創新／重要的。事實完全不是這樣。當一個缺乏經驗的民族誌研究者開始用上述角度對審查委員會大力推銷，或許因為豐富經驗，委員不免開始懷疑該計畫只是中規中矩，延續前人的研究方向。我強調自己的小小研究對人類學存續將產生廣泛影響，卻落入向素食者吹噓烤牛肉美味的困境。我試圖彌補，卻越來越糟。審查截止前，我收到審查委員會來信，表示他們比較在乎多瓦悠的基本民族誌資料的建構完成，也就是簡單的事實蒐集。我重寫了申請計畫書，補上白癡般簡單的細節資料。這一次委員會卻擔心我的研究對象是從未被研究過的族群。我又寫了一次計畫書，這次他們放行了。我得到研究補助，跨越了第一道障礙。

伴隨鈔票與時間點滴消逝，申請研究許可變得重要無比。大約一年前，我曾寫信給喀麥隆有關單位，他們答應在審查結束前一定給我回音。我再度寫信給他們，他們要求我寄上詳細的計畫內容。我照辦。我等待。當我差不多放棄希望時，終於收到申請簽證的許可，可以準備前往喀麥隆的首都雅溫德（Yaoundé）。後來，我對熟悉非洲的老手尷尬承認：我居然天真以為這是我與官僚體系的最後接觸。在我當時的想像中，喀國的行政部門是群不拘禮的傢伙，以親切、通情達理的態度處理小量、必要的行政事務。一個七百萬人口的國家必定遵循大英帝國的古風，以簡單樸實、一對一方式處理行政。說他們人人熱心協助，應當不以為過。

喀麥隆大使館的經驗應當讓我受到教訓，但是我沒有。我謹守人類學優良傳統，絕不妄下斷論，直到鐵證擺在眼前。我先打電話給大使館，確定他們有上班，才帶著所有相關文件前往，一邊洋洋自得效率非凡，居然準備了兩張護照照片。大使館沒開門，我猛按門鈴，引來一個只肯說法語的聲音咆哮：明日再來。

第二天我再度前往，這一次，獲准進入大廳。他們告訴我負責的人外出，不知道什麼時候回來。我有種感覺：申請喀麥隆簽證一定是罕見、奇怪的事。不過，我撈到一個有用訊息：沒有回程有效機票，不能申請簽證。我前往航空公司。

「喀麥隆航空」把客人全當成討厭的搗蛋鬼。當時，我不知道喀麥隆國營事業都是如此，還以為是語言溝通困難所致。他們不相信支票，我又沒那麼多現金，最後是以法國旅行支票支付。其他人用什麼方法買到票，我無法想像。（田野新手守則一：永遠透過英國旅行社與異國航空公司打交道。旅行社接受任何正常的支付方法。）我向他們打聽雅溫德前往恩岡德雷（N'gaoundéré，我往內陸的第二站）的火車。他們嚴峻回說：他們是航空公司，不是鐵路局。不過還是告訴我，雅溫德與恩岡德雷間有冷氣火車，車程大約三個小時。

滿懷勝利、配備回程機票，我返回大使館。那位先生還未回來，但是我可以先填一式三份的表格。我填了表格，卻赫然發現我賣力填寫的三聯表格，最上面一張被棄置不用。我等了一個小時，毫無動靜。大使館裡人群來去，大多說法語。在此有必要簡述喀麥隆的歷史，它原本是德國屬地，一次大戰期間被英國與法國佔領，後來獨立組成聯邦共和，最後成為統一的共和國。雖然理論上喀麥隆是英、法雙語，但只有莽漢才會妄想憑恃英語走遍喀麥隆。終於，一個異常胖大的非洲女人走進來，以一種我不懂的語言和旁人討論我許久。我猜想那是英語。如果你碰到英國舊屬地的人，使用你無法辨認，甚至連基本音都很陌生的語言，那很可能就是英語了。我被帶進另一個房間，滿牆的檔案夾勾起我極大的興趣，我發現裡面全是黑名單人士的照片與詳細資料。直到現在我仍很訝異，這麼年輕的國家就能有這麼多禁止入境人口。胖女士在檔案裡尋找我的名字，許久，一無所獲，深感遺憾地將檔案推到一旁。接下來的大問題是我的護照照片是兩張連在一起的。我怎麼可以這樣送來？應該先把它們剪開才對。接著他們上天入地尋找剪刀。許多人加入搜尋行列，移開家具，拿起黑名單檔案夾抖動。為了表示自願協助，我也半認真地趴在地上尋找，卻又被喝斥了。這是大使館，我不可碰觸、窺視任何東西。最後，他們在地下室一位員工那兒找到剪刀，頗費唇舌向我解釋：地下室那傢伙根本沒資格使用剪刀，我們都得對此表示義憤填膺。接下來的問題是簽證應不應收錢？我天真表示樂意付錢，殊不知這是天大地大的事，必須由部門主管決定。我又回到等候室，過了許久，一位喀麥隆男子終於現身，仔細閱讀我的申請文件，要我再解釋一遍申請簽證的原因，從頭到尾，他都很懷疑我的動機。你很難向他解釋為何英國政府要資助年輕人一大筆錢，讓他前往世界荒涼一隅，研究在當地素以落後無知惡名遠揚的部族？這樣的研究怎麼能賺錢？顯然背後有陰謀。間諜活動、礦藏探測、毒品走私才是真正動機。唯一的辦法是裝成無害的白癡，什麼都不懂。我成功了。他們終於賜我簽證，上面蓋著複雜的橡皮章戳記，顯然是非洲胖大版的瑪莉安（法國革命女英雄）圖像。當我離開時，一種奇特的疲憊感襲來，混合著屈辱與難以置信。我將越來越熟悉這種感覺。

現在我剩一個星期打理各項安排。過去幾個月，我生活的一大重心是預防注射，現在只剩黃熱病還沒打。不幸，它讓我高燒、嘔吐，大大減低離別的興奮。我領了恐怖的一大箱藥品，以及一張哪種病徵應吃哪種藥的單子。這些病徵我在預防注射時幾乎都得遍了。

到了尋求最後建議的時候了。我的親人對人類學專業一無所知，只知道我是瘋了才想深入蠻荒叢林地，飽受蛇與獅子的威脅，運氣好，或許能逃過食人族鼎鑊烹煮。差堪告慰的是，當我要離開多瓦悠蘭（Dowayoland）時，村裡的酋長說他很樂意陪我回我的英國村子，但是英國總是那麼冷，還有像歐洲教堂猛犬的兇殘野獸，而且眾所周知，英國有食人族呢！

無疑，人類學界應當出版一本《給年輕民族誌學者的田野建言》。據說，著名的人類學者伊凡斯—普里查德只給學生一個建議：「到佛特那梅森百貨公司買個像樣的籃子，然後遠離當地女子。」另一個西非人透露：田野調查想要成功，一定要有一件網袋背心。我得到的建議包括：寫好遺囑（我寫了）、準備一些指甲油送給當地愛美人士（我沒買）、買一支好用的小刀（後來斷了）。一位女學者透露倫敦某家店有一種短褲，它的口袋蓋子可防蝗蟲。我覺得這種奢侈派不上用場。

民族誌學者如果需要車子，便面臨第一個重要抉擇。他可以在本國購買車子，裝滿生存必需品，運往田野採集地，也可以毫無負擔出發，到當地再購買所需車輛用品。前者的好處是便宜，而且保證買得到想要的車款；壞處是你必須忍受與海關及其他官僚打交道的挫折，他們熱愛騷擾、折磨新來者，堅持扣押你的車子、課徵額外關稅、要你填寫瑣碎的四聯單、送給幾百哩外的官員會簽；同時間，你的車子被放在戶外任由雨水鏽蝕、宵小偷竊。如果你懂得巧妙行賄，這些困難都可神奇消失，但是向誰行賄、行賄金額多少，這是新手極端欠缺的細膩藝術。稍不謹慎，便可惹來嚴重麻煩。

到當地再買的麻煩是極端昂貴。價錢至少是英國的兩倍，車款選擇有限。新來者除非運氣好，否則很難買到便宜貨。

出於天真無知，我選擇第二個方法，也是沒時間奢侈充實行囊，急著想出發上路。

CHAPTER

3

上山
To the Hills

當飛機降落杜阿拉（Duala）的黑暗小機場，一股特殊味道飄進機艙。融合了麝香、熱氣、芬芳與粗野——那是西非的味道。我們步行穿越柏油路面，溼熱的雨像血滴般滾落汗濕臉龐。機場大廳裡是我生平僅見的混亂場面。歐洲遊客擁簇成好幾群，不是面帶絕望之色，便是對著非洲人尖聲吶喊。非洲人也對著自己人叫囂。一個孤獨的阿拉伯人憂愁地從一個櫃台遊蕩到另一個櫃台。每個櫃檯前都擠滿瘋狂推擠的人群，我認出他們是法國人。在這裡，我學到喀麥隆官僚作風第二課。我們必須準備三種文件：簽證、健康證明與入境居住安排，要填無數表格，原子筆借來借去。當那些法國人搶著出去在雨中等行李，其他人卻被海關嚴密檢視文件。我們當中有人忘了抵達喀麥隆後的確切下榻地址，有人想不起生意往來廠商的名字。一個胖大的官員坐在櫃檯後看報紙，對我們視若無睹。擺夠了高高在上的威風後，他以不可小覷的態度一一面談我們。看到這種場面，我膽怯了，只好隨便捏造一個居住地址，許多人都如此取巧。但是往後的日子裡，我都認真填寫各式表格，雖然它們的下場不是被白蟻蛀食，就是被丟棄不看。我們又回到那三個櫃檯前準備通關，這時好戲上演了。一個法國人的行李被搜出氣味奇特的東西，他辯稱那是做法國料理醬汁的香料，海關卻認定他們逮到大麻走私販，雖然大家都知道所謂的毒品走私是將喀麥隆「境內」的大麻走私到「國外」。好戲結束後，一切恢復正常，法國人又開始擠成一團。突然間，一個在尼斯上機、坐頭等艙、體積龐然的非洲人排開眾人而過，戴滿金戒的手指瀟灑指點行李，行李伕連忙上前撿起。何其幸運，我的行李擋住他的行李搬運，海關揮揮手叫我快快通關，我就這樣出了關，進入非洲。

第一印象至關重要。任何沒有棕黑膝蓋的人，一出關就會被各種人盯上。騷動中，有人一把抓走我的相機箱子，剛開始，我還以為他是熱心的行李伕，但是當他一溜煙跑開，我馬上知道自己錯了，連忙拔腿追趕，嘴裡喊著各式平常用不到的法語：「救命呀！小偷！」幸運的，車陣擋住他的竄逃，我抓住他，兩人一陣撕扭。結局是我的臉上挨了一拳，小偷拋下相機箱。一個熱心的計程車司機載我去旅館，只超收了我四倍車資。

第二天，我忍心揮別杜阿拉的魅力誘惑飛往首都，沿途沒有任何意外，我卻染上其他旅客的惡習，也開始以大嗓門、敵意態度對待行李伕與計程車司機。到了雅溫德，我與官僚展開長時間拔河；公文旅行耗掉三個星期，沒別的事可做，只能當觀光客。

我對雅溫德的第一印象是乏善可陳。旱季塵土飛揚，雨季一片泥濘。主要的紀念建築物都有公路餐館的建築風味。破損的水溝蓋常讓粗心的遊客一腳踏進陰溝。初到雅溫德者免不了都要扭傷腳踝。此地外國人的生活重心集中於二、三家咖啡館，在裡面無聊枯坐，瞪視街上穿梭的黃色計程車，抵擋熱心兜售紀念品的小販。這些小販是極富魅力的紳士，知道只要貨品標價超高，白人都會照單全收。他們會向你推銷不錯的木雕以及號稱「真實骨董」的垃圾。買賣過程帶有遊戲氣氛。開價大約是合理價的二十倍。顧客罵他們是土匪，他們咯咯笑著同意，把售價降到正常價的五倍。他們與疲憊的歐洲遊客有著類似顧客／恩人的關係，頗樂在其中，知道自己開價越瘋狂不合理，便越能製造樂趣。

最悲哀的是外交人員，他們似乎謹守不與當地人接觸的政策，咖啡館只是他們從大門深鎖的辦公室飛奔回別墅的暫時停歇處。後來我才知道我為當地英國僑社製造了不少麻煩。

比較有趣的是那些正在服「援助替代役」的法國年輕人，他們以海外服務代替軍役。儘管身在西非洲，還是有辦法以烤肉、賽車、派對等各式活動複製法國鄉村生活。我很快便與一對夫婦、一個年輕女孩與兩個年輕男孩交上朋友，他們都是老師，我們的交情後來證明珍貴無比。他們和外交人員不同，他們真的離開首都到鄉間，熟知公路與汽車市場資訊，也和僕人以外的非洲人說過話。與喀麥隆官員交手後，我完全沒料到一般非洲人非常友善和藹；在英國時，我習於大家對西印度群島與印度人的政治反感情緒，萬萬沒想到是在非洲看到各色人種輕鬆單純相處。當然，後來證明事實並非如此簡單。各種因素使然，歐洲人與非洲人的關係十分複雜。通常，與歐洲人共事的非洲人早就學會順從，看起來就像「黑種法國人」。而定居非洲的歐洲人十之八九是怪胎。或許正因為他們的特立獨行，外交人員的日子才會如此難過；相對的，怪胎（我在此間碰過不少）的日子頗好過，他們都把爛攤子留給別人。

走在街上，陌生人對我微笑打招呼，沒有任何企圖。或許因為我是英國人，對此特別感到不可思議。

時間流逝，而非洲城市居實在大不易；雅溫德是觀光客生活指數最高的城市之一。雖然我過得毫不奢華，鈔票卻不斷從指縫中溜走，我非得離開此處，非得吵鬧一番不可。我壯大膽子，前往移民局。櫃檯後面坐著我打過數次交道的傲慢官員，正在閱讀公文，他抬起頭來，漠視我的問候，自顧展開點火、抽菸的複雜程序，然後將我的護照甩在桌上。我要求兩年居留期限，莫名奇妙的，他只給了我九個月。我感激叩謝他的小恩惠，轉身離開。

就在這時，我鑄下兩個大錯，證實我對即將生活的世界一無所知。首先，我去郵局拍電報到恩岡德雷（我搭火車的下一站），告訴他們我即將抵達。結果，電報十四天後才抵達，對非洲老手來說，這算是正常速度。我在郵局裡結識了一個奇怪的澳洲人，他被傲慢的辦事員以及跟法國人學了一身推擠本事的本地人搞得抓狂，無奈地站在郵局中央、令人吃驚地高喊：「我知道，都是因為我天殺的膚色不對！」然後，他直稱再也不妄想從喀麥隆寄信給母親了。

幸好，我還有多餘郵票可以賣給他，他感動異常，迸發大英國協同胞情，堅持一起喝杯啤酒。

幾杯下肚後，他透露自己已經旅行兩年多，每天花費不超過五十便士。我當然極感佩服，直到他酒錢也不付就離去，才明白箇中道理。

這時，我犯下致命錯誤。目前為止，我大部分的研究經費都是開成國際保付支票，隨身攜帶。此時看來似乎應存入銀行，比較保險。我只花了一個小時推推擠擠、飽嘗傲慢對待，便存完了錢。一個能言善道的年輕人向我保證：二十四個小時內支票便會寄至恩岡德雷，我隨時可從戶頭提款。不可思議，我居然相信了。後來我足足花了五個月時間，才有辦法動支當時漫不經心存進去的錢。但是當時看來存錢是理智選擇，因為白人圈中流傳可怕的犯罪故事，越傳越聳動。喀國規定出門必須攜帶各式證件，不少男性仿效歐洲大陸的文弱風格，手上拿個皮包。據說入夜後，胖大的非洲女人成群結黨在街上搶奪單身男性的皮包，膽敢反抗，就被海扁一頓。這種傳言頗可信。非洲盛產體型超級壯碩的男女，源自大量的勞力工作與低蛋白質的飲食。站在胸膛壯碩的南喀麥隆人面前，瘦弱的西方人頓時矮了一大截。

結帳離開旅館，我如釋重負，終於擺脫日夜轟炸、呼嘯作響的非洲吉他音樂，也逃脫妓女的夾擊。她們是我見過這行中最不含蓄的女人，常見的拉客法是直接走向目標，以老虎鉗般的手緊緊抓住對方下體；千萬記住，避免與她們共處於封閉的電梯。

當我安全抵達火車站，逐漸懷疑我真能享受到倫敦那個航空小姐所形容的冷氣火車。它是一次世界大戰期間的火車，經由神祕歷程，從義大利運至此地。車廂內以輝煌的義大利文諄諄告誡廁所與飲水設備的使用方法及禁止行為。翻譯難題輕易解決，乾脆不翻。

買車票當然又是一番推擠，此外，還得填一張複雜如人壽保險的表格。

在西非旅行很像在美國西部搭乘驛車。乘客類型頗固定。火車與叢林計程車（bush taxi）乘客看起來都差不多。叢林計程車是非洲鄉間重要交通工具，通常是大型的豐田或薩維恩（Saviem）旅行車，原本是十二人到二十人座，但是車主永遠可以擠上三十到五十人。如果車子好像擠得要裂開來，權宜之計是加速前駛、緊急煞車，一陣東倒西歪後，永遠可以再擠出一、二個位子。乘客陣容一定有幾個下士或少尉。通常，憲兵可以坐到司機旁最好的位子，而且總是不必付錢。典型乘客還包括幾個南部老師，痛恨被派到信奉伊斯蘭教的北部教書。毋需任何鼓勵，他們便自動娛樂乘客，滔滔不絕敘述在蒙昧無知的北方如何受苦，那裡的老百姓毫無上進心，異教徒多野蠻，食物多麼難以下嚥。乘客中也總有趿著藍色塑膠拖鞋的異教徒女性，敞開胸部奶孩子，這似乎是此間女性一日到頭在幹的活。再加上幾個來自北方半沙漠地區、身材瘦長、手上拎著祈禱用蓆子與水壺的穆斯林，就構成了乘客陣容。

火車乘客也大致如此。喀麥隆人最欣賞的現代科技之一是收錄音機，他們可以錄下被靜電干擾得嘶嘶作響、嗶啪嘈雜、聲音顫抖不協和的廣播，然後以極高分貝一遍又一遍公開播放。北方的穆斯林與南方基督徒總是激烈競爭空中優先佔用權。勝利者可以獨家播放他的卡帶，不管什麼時辰，也不管他愛放的是冗長、平板的西非流行音樂——奈及利亞混合語（pijin）[11]流行歌曲〈噢！

難忘的母親〉、本地流行歌曲〈我是一個杜阿拉歐雷的小孩〉，或者是刺耳呻吟的阿拉伯風格甜膩音樂。音樂播放只要稍有空檔，即代表奉送對手機會，絕不可以。喀麥隆城市裡，本地官員與外交人員住宅區的最大差別在噪音量。非洲人常困惑西方人為何那麼愛安靜，他們分明有錢可買足夠電池，日夜不停播放收音機。

基督徒與穆斯林的另一大差別是小便方式。基督徒男性站著小便，使用火車上的便池十分方便。穆斯林男性卻是蹲著小便，必須在快速行駛的火車上，把袍子拉開如帳篷，身體半懸出車門外解決，十分恐怖危險。

此刻我對面坐著一位德國農業專家，前往北方履行後半段任期。據言，他負責推廣外銷棉花種植。棉花外銷是國家專賣，用來賺取喀國亟需的外匯，中央政府十分鼓勵農民種植。這位農業專家的推廣計畫成功嗎？瘋狂成功！事實上，農人花太多時間種植棉花，怠忽糧食作物生產，不僅糧食價格飆漲，還造成飢荒，全靠教會的救援計劃才使百姓免於餓死。奇怪的是，德國農業專家對此結果並不沮喪，認為這證明棉花種植在喀麥隆已經生根。

我在喀麥隆期間碰過不少這類專家，其中有人惡毒批評我為「非洲文化的寄生蟲」。他們是來分享知識、改善人民生活的。而我只是觀察，還可能因個人的興趣，鼓勵此間百姓迷信異教與

11 pijin 是兩種語言的混合語，尤其是指當地語言與英法語混合的語言。

落伍。有時在寂寥的失眠夜裡，我也如此質疑自己（一如我在英國時懷疑學術生活的價值一樣）。不過，談到解決危機，這些專家也沒啥成就。他們每解決一個問題，便製造出兩個問題。我常覺得那些自稱握有真理的人應當為擾亂他人生活而良心不安。至於人類學家，不過是毫無害處的書呆子，這個行業的倫理之一便是盡量不直接干預觀察對象。

眼前，這位年輕人類學者吃著一根根香蕉，心頭想的就是這些問題。這趟車程原本號稱三個小時，結果足足開了十七個小時。氣溫慢慢下降，火車爬上高原，我們逐漸靠近恩岡德雷。黑夜驟然降臨，車上燈火俱滅。我們坐在陰暗中吃香蕉，用破碎的德語交談，看著矮小的灌木沒入黑暗。當我開始憂懼一輩子下不了火車，終於到了恩岡德雷。

一種疏離陌生的感覺立即襲來，遠比我在南方時還強烈。恩岡德雷是南北交界點。因為氣候涼爽，又有鐵路通往首都，頗受白人歡迎。鐵路雖為此地帶來變遷衝擊，它仍保有大片的茅草屋聚落。

往南走，茅草屋便完全被居民熱愛的浪板鐵皮屋或金屬板屋取代，這種房子在大太陽底下熱不可當，還是巨大輻射體，到了晚上，仍和白天一樣悶熱。以西方人眼光來看，非洲城市的醜陋，這些鐵皮屋居功厥偉。這種觀點泰半帶著民族優越感；茅草屋「美麗如畫、質樸原始」，鐵皮屋則是「貧民窟」。但是恩岡德雷不像多數非洲城市那麼刺眼。暮色裡，千百道炊煙裊裊升起，十足西方人眼中的非洲景觀。到了白天，你會看到處處成堆的生鏽垃圾，遊手好閒的年輕人騎著塑膠花裝飾的五〇c.c.小機車，呼嘯自垃圾堆蛇行而過。

但是此時，我和德國佬正忙著與計程車司機交涉。雖然我已經接受了冤大頭的歷史性角色，德國佬卻與司機惡狠狠殺價，帶著熟悉路徑者對計程車司機的高度鄙夷。結果我們以最不繞路、最合理的價格被載到天主教會，與德國佬相熟的神父熱烈歡迎我們。

一般人認為神職人員都以中世紀好客之道接待旅人。有些教會的確會提供食宿，但對象是出差路過的神職人員，而不是乏味的浪人。他們受夠了身無分文、以為可以在非洲白吃白喝的搭便車旅行者。在這些旅人威脅下，好客之道必須禁止；否則到頭來，教會就會淪為旅館經營者。

但是我急著前往新教教會，我相信他們正在等我。因為公文往返的拖延，我的田野調查時間已經過了兩個月，卻連一個多瓦悠人都沒見過。憂慮縈繞心頭，我害怕多瓦悠人根本不存在。地方官的文獻不是忠實記述：「多瓦悠」三個字在土語裡便代表「沒人」？我禮貌詢問天主教會裡的人：「誰住在那裡？」是的，多瓦悠人確實存在。幸好，天主教會與他們沒啥往來，那些人壞透了。在神父開設的學校裡，他們是最糟糕的學生。我幹嘛要研究多瓦悠人？他們生活模式的背後原因？很簡單：無知。

CHAPTER

4

可恥的馬淩諾斯基
Honi soit qui Malinowski

在尚未認識傳教士之前，年輕人類學者便已摸清他們的底細。除了自以為是的地方行政官與剝削的殖民者外，傳教士也在人類學的鬼神研究扮演重要角色。如果有人拿著錫罐在你的面前搖晃，要求你捐錢支持教會的海外工作時，唯一理智可敬的回答當是：經過深思熟慮，你反對教會對外國的介入。傳教士行為，文獻紀錄斑斑可循。人類學老師在入門課便告訴學生，是美尼西亞教會的暴行與短視才導致船貨運動（cargo cult）[12]與飢荒。巴西亞馬遜雨林的教會被控販賣奴隸與雛妓、巧取豪奪土地，以武力與地獄之火恫嚇原住民。教會摧毀傳統文化與土著自尊，將全世界原住民矮化成仰賴布施、無助困惑的白癡，讓他們成為西方經濟與文化的奴隸。此中最大謊言是

12 船貨運動：此名詞普遍使用於澳洲託管地之新幾內亞，用以描述自一九三五年以降流行於此區的千福年運動（millenary movement），他們相信千福年將因死者之靈攜帶大量歐洲人的貨物歸來而開始，貨物將平均分配給此一運動的附和者。後來此一名詞被廣泛用來指西南太平洋區各類反歐洲人的運動。詳見芮逸夫主編，op.cit., p.222。

傳教士灌輸給第三世界的思想體系，在西方世界早就泰半被揚棄了。

當我抵達恩岡德雷的美國教會時，內心深處正是這種想法。就連與傳教士說話，都好像背叛了人類學：因為自從號稱發明田野採集的馬凌諾斯基呼籲人類學者從教會的陽台起身，走進部落做研究，人類學者便惶恐沾上與教會打交道的污點。我會小心提防魔鬼詭計，何況我若想省時間，便應與真正的多瓦悠蘭住民接觸。

大大出乎意料，我受到溫暖歡迎。我發現傳教士並非猖獗的文化帝國主義者（少數一、二個老派傳教士除外），相反的，他們極端謙虛，不將自己的觀點強加諸於別人。相較之下，人類學似乎被捧上了難堪的高位，成為對抗文化誤解的特效藥——這是我無法衷心接受的位置。

我碰到的第一個傳教士是朗恩．尼爾森（Ron Nelson），他經營一個教會電台，播音範圍涵蓋西非洲大部分地區（發射器非屬國有的地方）。他和太太散發一股靜謐力量，遠非我想像中歇斯底里的上帝衛隊（畢竟願意遠渡重洋、馴化異教徒皈依基督教的人必定是個宗教狂）。我的確在一些較極端的宗教團體看過這類瘋子，當我打算帶幾尊繁生偶像（fertility doll）回歐洲，他們抨擊我將魔鬼帶進上帝的國度；這些偶像應當被焚毀，而不是拿來展覽。幸好，這類宗教狂是少數，如果我碰到的年輕傳教士成為主流，他們將更趨式微。

整體而言，我很訝異傳教士完成了許多工作，包括對當地文化、語言、翻譯、語言學的研究，並將祈禱文翻譯成當地的符號語言，沒有教會的協助，我的研究絕不可能完成。我的研究經費不小心被非洲銀行吞下肚，全靠教會借錢給我，才能開始設立田野站。當我生病，教會治癒我。當我束手無策，教會給我打氣。當我的補給品耗盡，教會讓我在理論上只供所屬人員使用的福利社買東西。對飢餓、疲憊的田野工作者而言，那個福利社是阿拉丁神燈裡的寶庫，提供便宜的進口物資。

對毫無心理及物資準備要面對叢林生活的人類學者而言，教會不只是緊急支援站，更是絕對重要的庇護所，實在受不了時，你可以逃進教會，吃肉、說英語，與自己人相處，不用煩惱最簡單的句子都要費盡唇舌解釋。

法國教會也相當照顧我，顯然認為歐洲人必須團結對抗美國人。我最喜歡的法國傳教士是活力十足、快樂外向的裴賀・翁西（Père Henri）。他曾和游牧民族富來尼人（Fulani）[13]生活好幾年，據他的同事說，他始終「無法提起勇氣向富來尼人傳教」。他熱愛富來尼人，每天花數個小時與會說「純」富來尼語的人討論文法細節。翁西位於山丘頂端耶穌會的房間是聖壇，也是圖書館。他錄下許多民族誌報導人（informant）[14]的談話，靠著神妙如希夫・羅賓森（Heath Robinson）[15]的機器，輔以手肘推撞、腳踩、膝蓋撞擊各種複雜開關，完成所有的資料編整、打字、交叉比對。他

13 富來尼人：西非洲撒合爾（Sahel）帶的游牧民族，以牧牛維生，主要分布於塞內加爾、幾內亞、尼日、馬利、查德與奈及利亞。

是那種轉速比常人快一倍的人。當他聽說我需要一輛車子進入叢林，馬上帶我旋風走訪各種門路，包括看了幾輛十分便宜、幾乎要解體的老爺車。最後我們抵達機場酒吧，老闆乍看是典型的法國殖民者，卻是倫敦人，他認識某個人，那個人又認識一些有車要賣的人。下午，翁西又帶我去看了一些車，並幫我談妥複雜的保險選擇，只要是在太陽底下發生的意外，都在保險之內。最後，我用教會借我的錢買了尼爾森的車子，裝滿補給品，準備立刻前往田野場。他們也慷慨借了一些工具給我，那是教會扎根多瓦悠蘭二十年，辛苦炮製出來的東西。除了語言學資料外，還有親屬關係表（錯得離譜）[16]，以及民族誌學的零碎資料，足以讓我唬弄多瓦悠人——我熟悉他們的文化，要察覺他們是否說謊，易如反掌。我還在英國時，曾和「桑摩語言學研究所」裡的兩位研究員聯絡，取得多瓦悠語的辭彙表，以及一份動詞系統與基本音素的大綱。我自覺準備十分充分了，快樂揣想第二天便可以前進空氣乾淨清新的叢林，對「我的原始人」展開嚴謹無比的深入分析。就在此時，官僚作業再度將我擊倒在地。

龐然過時的法式行政體系加上非洲的文化氛圍，足以打敗全世界最勤奮的人。我的主人以對待無知笨蛋的容忍語氣溫和透露：在我還沒弄清楚文件之前，我和我的「寶獅四〇四」哪兒也不能去。到處都有憲兵駐守，他們除了檢查文件，啥也不做。你無法預知碰到的憲兵是不是文盲，除非緊急狀況，最好不要企圖矇騙過關。

因此，我拿著所需文件出發前往縣府，展開生平最錯綜複雜、詭異的追逐遊戲。他們告訴我牌照登記費是一百二十英鎊，經過一番免不了卻不算嚴重的推擠，我拿到寶貴的牌照登記表，送到財政部，他們卻拒收，因為上面沒有兩百中非法朗的印花（用來支付行政費用）。根據此地規定，印花只限當日有效，而且僅郵局的「包裹」櫃檯有售。但是郵局沒有低於兩百五十法朗面值的印花，我便貼上兩百五十法朗印花。回到財政部，他們卻認為此舉不符辦事規矩，必須交由督察裁決。悲哀的是，督察被「公事飯局」耽擱了，稍晚一定會回來。他一直沒回來。我看到一個宿命的富來尼計程車司機，同樣在衙門裡寸步難行，靠著穆斯林的信仰對抗逆境。他的重要戰役是付電費，從一個辦公室衝到另一個辦公室，企圖抽冷子逮住一個肯辦事的人。辦事人員對他越

---

14 人類學家進入田野場，開始進行資料蒐集工作，如戶口調查、記錄系譜、習知當地的各種角色，有關風俗信仰的種種則詢問適當對象，這種訪談對象稱之為informant，亦即資料提供者。《當代文化人類學》翻譯為報導人。詳見Roger，Keesing，op.cit., pp.23-24。

15 羅賓森：一八七二～一九四四年，英國著名漫畫家、插畫家與劇場設計者。他的漫畫裡經常出現奇妙的機器發明。後來人們便將荒謬無用或者極端複雜的機器稱之為「希夫羅賓森機器」（Heath Robinson contraption）。

16 親屬關係常是指社會（或社會的某一部分）的一套複雜規則，用以支配繼嗣、承繼、婚姻、婚姻外性關係，以及居處的問題，並從血親和婚姻各方面的聯繫，以決定個體與群體的地位。詳見芮逸夫主編，op.cit.,，p.286。人類學者基辛說，人類學者研究一個社會，必須先了解親屬關係，才能了解其他事情。有的社會，經濟利益與政治權力的競爭，都可能用親屬關係來說明。親屬關係也作為人們與非親屬以及神靈之間關係的典範。即使不是親屬關係領域的人類學者，一旦要向讀者描述他所研究社會的生活，也必須設法引領讀者了解複雜的親屬關係。詳見Rogerp Keesing，op.cit., pp.358-359。

來越不客氣，我想是在懲罰他的催促，畢竟我也不過才花了三個小時，就找到合格的人蓋好章，可以進行下一階段的公文跑件。第二天我重返財政部，回到最早的那間辦公室，將手中的文件交出去，換來一式三份的表格；又經過數個小時的跑文，將這個一式三份的表格換成更多一式三份的表格，然後送到城的那一頭蓋章（中間只繞了一小段路去買所需印花）。這時，那個富來尼司機依然呆坐財政部，虔誠祈禱，相信唯有上蒼的直接干預，他才能獲救。我快步從他身邊走過。

到了第二天傍晚，我為了牌照登記大約已花了兩百英鎊，即將結束我的漫長流浪。最早在縣府接待我的人員滿懷興味看著我，將其他人趕出辦公室，請我坐下來。他展開大大笑容說：「恭喜你。多數人得花較長的時間才能辦完。你帶來文件、收據、申請書沒？」我把這些文件統統交上去。他將它們收進公文夾裡，戲劇萬分地說：「謝謝你。下個禮拜再來。」我嚇呆了。他愉悅笑著：「牌照登記卡用完了，但是一、二天新貨就會來。」跡象顯示我必須堅守立場，我使勁激烈爭辯，終於拿到臨時登記證，帶著整落公文夾離開他的辦公室。

我在暴雨中開車繞道前往岡納（Gouna），沿途平靜無波。那是條碎石路，以當地的標準來看，已經算是相當好了。人們曾警告過我途中的「趣味景象」，所以我開得非常慢，從高原降到平原，氣溫陡升，好像駛進烤箱。在此區開車的一大危險是道路安全標誌。譬如某些橋只容單線通車，為了確保駕駛減速慢行，官方會睿智地在橋頭兩端的路中擺上兩排磚（那時尚無任何警告標示）。未能察覺這些謹慎措施的駕駛人落得車毀人亡，河床上到處是報廢轎車與卡車殘骸。穿行乏味的灌木叢，尋找沿途的車禍新殘骸是標準消遣。如果搭乘叢林計程車，看到車禍殘骸，乘客中必然有博學多聞者能說出車禍故事。那邊的卡車是從查德入境，油箱爆裂，整輛陷入火海。那邊是兩個法國人騎乘的摩托車。當他們撞上減速磚塊時，時速至少八十哩，整個人都被橋邊柵欄刺穿了。

唯恐熟悉路徑的駕駛過於輕忽，官方還會以花崗大石頭標出路面鬆軟之處，但是這些石頭在暮色中幾不可辨，有一次差點要了我與朋友的老命。

但是此刻趕著二百公里車程，我一切滿意。這是我第一次近距離看到叢林、泥屋村落、熱情揮手的孩童，以及路邊成堆販售的山藥。現在是七月底的雨季高峰，滿眼盡是矮小的綠色灌木與青草，乾季裡的森林火災讓大樹無法成長。眺遠處是哥德特（Godet）山脊，赤裸的花崗岩鋸齒嶙峋，那是多瓦悠人居住的地方。

數個小時後，我抵達岡納，遍尋不獲地圖上標示的加油站。它根本不存在。英國地圖素來講究陸地測量式精準，在景觀呈現上，和我手中的法國地圖大異其趣。法國地圖很少有渡河處、教會尖塔等標記，而是大幅介紹餐廳與美麗景點。光看我的法國地圖，會誤以為輕輕鬆鬆便可從一處充滿感官享樂的地方到達另一處。

進入泥巴路，前十哩還算平順。道路兩旁是大片照顧良好的農田，間雜點綴黑色灌木林。我肯定田裡種的是玉米，結果是小米。終於，在道路兩旁園子裡滿足耕耘的正是我此行的目標——多瓦悠人。第一印象相當不錯。他們對我微笑揮手，停下辛勤工作，眼睛追隨我的車子，展開熱烈討論——顯然是在討論我是誰。然後道路越來越糟，逐漸變成大石遍布、凹溝深陷。我顯然開離了大路。這時，兩個小孩子急忙跑來，鞋子高舉頭頂，以防泥巴濺髒。他們會說法語，我如釋重負。是這條路沒錯。但是路況很糟呀！它以前還不錯。後來，我才聽說修路的預算神祕失蹤，同時間，副縣長卻買了一輛美國產大車。但是路況太差，他無法駕車往返縣城。真是報應不爽。兩個學童說他們的學校就在前面路上，我很高興載他們一程。當我們顛簸彈跳前進，沿路我又載了幾個小孩，足足有七、八個人呢！

終於遇見我的多瓦悠人，我反而不知該說些什麼。「你們是多瓦悠人嗎？」我問。驚人沉寂。我重複問題。他們同聲怒吼，傲慢否認與那種「狗兒子低級民族」有任何關係。他們是都帕（Dupa）人。只有笨蛋白癡才會搞混兩者。多瓦悠人住在山的那一邊。我們的談話驟然結束。又開了十幾哩，學校到了，下車時，他們臉上依然帶著被侮辱的表情，禮貌向我道謝。我繼續往前行。

根據我的地圖，波利（Poli）應該是個不小的鎮。地圖上未註明人口數，但它是副縣城（sous-préfecture），有一家醫院、兩個教會、一個加油站與一個小機場。就連大比例尺的英國地圖，也顯著標註它的位置。我想像中，它大概和英國的赤爾登罕（Cheltenham）差不多大，只是建築沒那麼輝煌。

事實上，它只是個小村。僅有的一條街道延伸數百碼，兩旁是泥屋與鋁片屋頂。數百碼後，這條街便後繼無力，消失於矮樹叢與旗杆後面。我轉身四顧，企圖尋找路的蹤跡，但是沒有，它就此打住。波利小鎮有墨西哥西部城鎮的午覺氣氛。幾個衣衫襤褸的人在街上遊走，瞪著我看。酒吧掛著錫製招牌，那是間慘澹的小屋，牆上的裝飾是樂透彩券的廣告與消除文盲運動的口號。它以抖擻的語氣寫道：「文盲缺乏能力與資訊，是邁向國家整體水準提升的障礙。」我不知道文盲要如何閱讀這個告示。酒吧空無一人，但是我跌坐椅上，等待，憂愁望著道路前方的泥海。

舉世皆然，酒吧是你具體感受城鎮氣氛與謊言幻象的地方；毫無例外。十分鐘後，一個臉色疲憊的男人出現，告訴我呆坐無用，啤酒三個星期前便賣完了，新貨可望在一天內抵達。現在，我已經摸透這種無可救藥的「樂觀病」，轉身離去，前往新教會。

那是幾棟錫頂房子（此間教會的典型建築），教堂位於中間，由輕型方塊磚蓋成，上面有浪板鐵皮的尖塔。教會負責人是眼神狂野的美國牧師，他與家人已經在此傳教二十五年。它與恩岡德雷的教會同屬一派，教會裡的人親切收容我，直到我在村子裡找到住處為止。唯一令我困惑的是：每當我提到波利教會，人們馬上岔開話題，談叢林生活的辛苦、與世隔絕與悶熱。直到我看到赫柏．布朗（Herbert Brown）牧師，才恍然大悟（這不是他的真名，你可以把他視為小說人物）。

一個奇怪的人影現身屋前，上身赤裸，露出便便大腹。他頭戴遮陽帽，上面有大英帝國圖記，與帽簷下的鮮紫色太陽眼鏡形成不協調畫面，手上拿著一大串鑰匙與螺絲起子。打從我認識布朗牧師以來，從未聽他完整說過一個句子，雖然他口操三種語言，短短四個字，便從英語說到富來尼語、法語又跳回英語，還不時以富來尼語咒罵、肢體動作、改變話題來打斷原本就十分快速簡短的句子。他的生活方式也類似如此。他可以突然放下經課，跑去最愛的車庫敲打腳踏車鋼圈；也可以把年邁失修、胡亂發作的發電機狠捶一頓，發電機還沒有教訓好，又跑去發放咳嗽藥；半途可能又跑到園子裡趕山羊，回去對會眾發表講道，抨擊欠債的罪惡。這一團混亂還必定伴隨尖叫與怒吼、絕望與挫折，臉色脹得豬肝紅，讓身旁人唯恐他一命嗚呼。他強烈相信魔鬼存在，因為他就深陷一場與魔鬼的個人殊死戰。這解釋了為何他的努力總是變成泡影。他進口的農耕機碎成破片、幫浦壞了、房子傾頹瓦解。他的生命就像一頁與熵（entropy）[17]的對抗史——將就使用、修修補補、挖東補西、左支右絀、鋸這砍那、搥打敲擊——漩渦般無止盡。

因為如此，這個教會充滿瘋狂緊張氣氛，與鄰近天主教堂恰成對比；那裡寧靜安詳、一切有序。只有一位神父管理教會，手下兩名修女負責分發藥品。園子裡甚至還種花呢！多瓦悠人對此有一解，他們說新教會的牧師是鐵匠。在多瓦悠社會裡，鐵匠是隔離的階級，與其他階級的接觸受到嚴格限制。鐵匠階級只能與鐵匠階級通婚，不能與其他多瓦悠人共食，也不能一起汲水或者進入他人的房子。鐵匠必須與眾人隔離，因為他們製造噪音、氣味，還說話奇怪。

17 熵：熱力學名詞，後來用以引申代表系統的無序性與混亂度。熵越大，越混亂。

CHAPTER

5

帶我去見你們的首領
Take Me to Your Leader

非洲的一天早早便開始。我在倫敦時習慣八點半起床；這裡五點半天光一亮，人們便開始運轉。我被敲打金屬聲與尖叫聲準時吵醒，猜想我的牧師鄰居開始幹活了。他們分配了一整棟舊而大的教會房子給我。當時我還不知道那是何等奢華；那是我最後一次看到自來水，更別提電力了。隔壁有個煤油冰箱，頗引起我的好奇，這是我第一次看到這種怪物。它是早年叢林生活的重要商品，後來因城裡裝了電力而變得稀少昂貴。煤油冰箱詭譎難測，乖張錯亂，常會毫無預警自動除霜，毀掉你一整個月的肉品儲存，或者吐出足以火焚人身的熱氣。煤油冰箱必須避免乾燥、潮濕、地面不平，運氣好的話，它或許願意製造一點冷卻效果。因為喀麥隆是多語言與混合語的國家，使用煤油冰箱還有其他危險。英國煤油、汽油經常與法國煤油、汽油精搞混。僕人將汽油加進煤油冰箱的事時有所聞，製造了大災難。我偷偷瞄一下冰箱內容；裡面小心堆放裝著黃色大白蟻的紙袋；即便死了，白蟻看起來仍像在蠕動。我始終無法提起勇氣大啖這種非洲佳餚，一次頂多只能吃個一、二隻，牠們卻是多瓦悠人的最愛。只要下雨，白蟻便蜂擁而出撲向燈火。捕捉白蟻的標準方法是在水桶裡放一盞燈。當白蟻撲向燈火，翅膀一收，便掉入水中。肥胖的身軀可生吃或烤來吃。

經過一天休息，又到了與行政官員打交道的時候。恩岡德雷的教會曾提醒我別忘了向地方警察局報到，還要去晉見副縣長（他是政府代表）。聽從教誨，我帶上所有文件，徒步進城。雖然距離不到一哩，但是白人「步行」顯然是罕見怪行。有個人問我是不是車子壞了。村人衝上前來與我握手，吱喳說著不標準的富來尼語。我在倫敦時曾學過富來尼語入門，至少會說：「很抱歉，我不會說富來尼語。」這個句子我練習過許多次，說來快速流暢，更顯得不可解。

警察局約有十五名憲兵，全副武裝。其中一人正在擦拭半自動衝鋒槍。司令官是南方壯漢，身高六呎五。我被召進他的辦公室，他仔細檢查我的文件。我到此的理由？我拿出我的研究許可，那是一份蓋滿圖章、貼滿照片、頗震懾人的文件。當我企圖說明人類學工作的性質時，司令官顯得很不高興。他問：「但是，人類學到底要幹什麼？」我徘徊在即席發表「人類學入門」演講與簡單解說間，選擇了笨拙回答：「這是我的工作。」後來我才發現，像他這類官員大半生都花在執行毫無意義、註定無疾而終的各式命令，這個答案太令他滿意了。他的眼睛在頭巾下審慎評估我。我突然注意到他嘴裡含著一根針。他用舌頭擺弄針的平衡，一會兒，針尾那頭放在舌尖向外；一會兒，輕巧轉弄，又將整根針收進嘴裡，在裡面靈巧調整，跑到嘴巴另一邊，針頭向外。吞回去，這回兒出來的又是針尾。看起來簡直像蛇信，恐怖極了。我預感我有麻煩了。果然不錯。他暫時讓我過關，態度像恩賜流氓一條繩子，卻只夠他上吊自殺。他將我的名字與個人詳細資料登錄在大公文卷宗裡，令我想起大使館裡那些黑名單檔案卷宗。

副縣長住在一棟建於法國殖民時代、潮濕且外牆剝落的房子。外牆罅隙與裂縫長滿苔蘚與徽。他原本在城外山上蓋了一棟輝煌新宮殿，但是現在它空置山頭，冷氣沒用過，瓷磚地板也沒人踩踏。針對這個現象，有幾種說法。一說副縣長貪污，政府因而沒收此房子。我與多瓦悠人混熟了後，他們告訴我另一個版本。這棟房子位於多瓦悠人的古葬場上，多瓦悠人抗議無效，也未威脅副縣長，沒這個必要，他們了解祖靈。他們只告訴副縣長，他搬進新居的那一天就是他的死亡之日。不管哪種故事版本，總之副縣長沒有遷進新居，註定要從老房子的窗口哀怨望著新屋。

一位鬱鬱不樂的僕人聽了我的求見理由後，帶我進去。看到他跪下來稟報副縣長，我大吃一驚。

之前，便有人告訴我可以送雪茄做禮物。我規矩奉上，他優雅收禮，雪茄瞬間消失於飄逸的袍子裡。我仍直挺挺站著，僕人也仍跪在地上，副縣長坐著。我的文件再度被嚴密檢查。我開始擔心離開喀麥隆前，這些文件就會翻爛了。他冷淡地說：「不行。我不能讓你待在波利。」這真是一大挫敗。我原本以為這只是禮貌性拜會。我小心翼翼強調：「但是雅溫德給我的研究許可准許我待在波利。」他點燃我送的雪茄：「這裡不是雅溫德。你沒有我的許可。」此刻如果拿出鈔票賄賂，顯然不禮貌，尤其那位可敬的家僕仍跪在地上，仔細聆聽每句話。我堅持：「如何才能獲得您的允許？」他說：「縣長的信。免除了我的責任，就可以了。你可以在加路亞（Garoua）找到他。」他轉身，埋首公文。會晤就此結束。

回到教會，布朗牧師似乎認為這個結局證明了他的悲觀主義。對我的不幸，他掩不住感動與雀躍。他懷疑縣長真如他們所言在加路亞，就算如此，我也未必見得到他，更何況他可能去了首都，數個月後才能回來。布朗牧師的生活充滿諸如此類的不幸。他咯咯笑著走開，沒有希望的，這裡是非洲！

我估算自己還有足夠的汽油可以開到百哩外的加路亞，決定明日一早便出發。

第二天我踏出房門，訝然發現屋外擠滿自信期待的臉孔，準備和我一起上路。在非洲，此類消息究竟如何散布，始終是神祕的謎。西方人永遠無法理解他的一舉一動如何被密切注意。光是檢查油表便可招來連番的搭便車要求。多瓦悠人絕不接受「不」。不少人批評歐洲人是家長心態，其實他們並不了解非洲多數地方存有一種傳統的「富人與窮人」關係。替你工作的人不只是你的雇工，你還是他的保護者、贊助人。雇傭是種開放的關係。如果他的太太生病了，這是他的問題，也是你的問題，你必須盡可能幫助她痊癒。如果你有東西不要，他有優先拒絕權，之後你才能給別人，否則便是不禮貌。你幾乎無法在自身的利益與他的私生活間劃清界線。稍不小心，歐洲人便會深陷範圍寬鬆的各式親屬義務中（除非他的運氣很好）。如果一個雇工稱呼你為「父親」，那是危險徵候。接踵而至的一定是聘金未付或牛隻死亡的悲慘故事，如果你不幫忙他解除一點負擔，就是背叛。何謂「我的」與「他的」，兩者界線隨時可以談判改變，而談到攀附富人、從中盡量獲利，多瓦悠人可是不遜任何人的專家。多數雇傭摩擦來自對「貧富」關係的欠缺理解，導致雙方對條件各有解釋。西方人總是抱怨雇工（現在大家不再稱黑人僕傭為「男孩」或「佣人」）鹵莽、厚顏，因為他們期望雇主照顧他們、次次幫他們解危。剛開始時，碰到類似今天的狀況，我也是困惑不已。我似乎無法隨意行動，凡做任何事、去任何地方，後面一定拖著龐然重擔。如果你讓人搭便車進城，會更苦惱，因為接著他會期待你資助他在城裡的吃住，如果拒絕，他便懊惱。畢竟，你將他載到陌生地方，卻棄之不顧，這是不可思議之事。

但當時我是第一次讓人搭便車，什麼也不知道，能載幾個便載幾個。再度，歐洲想法與非洲想法大大不同。根據當地標準，一輛車坐六個人，根本是空車。如果你堅稱塞不下了，會被斥為胡說八道。當我擺出非洲人預期的歐洲人堅定態度，成功拒絕塞進更多人後，卻懊惱發現他們拉出妥密藏匿的各式行李，統統以隨身攜帶、內胎割成的橡皮繩綁在車頂上。

經過這番長時間的拖延，我終於出發了。車子喘氣咆哮，前進加路亞。旅人的各式特色開始顯現。多瓦悠人不愛旅行，對汽車顛簸反應激烈。不到十分鐘，便有三到四名便車客大吐特吐，搞得全車都是穢物，他們根本懶得開窗朝外吐。當我們終於抵達關哨，我早已疲累不堪。白人獨自旅行不會引起警察注意，如果拖著一大群非洲人，便值得關注了。關哨警察對我的動機與行動非常感興趣。

護照上的「博士」兩字比任何東西都有效，迅速解除他們的疑慮，我的乘客便沒那麼幸運。當我忙著向警察解釋為什麼沒有牌照登記證，並亮出我深謀遠慮從雅溫德帶來的卷宗檔案時，我的乘客正憂鬱地排成一行，被要求出示過去三年的繳稅收據、身分證、全國唯一政黨的黨證等等。可想而知，他們並非樣樣具備，我又被進一步耽擱。顯然午休之前，我什麼事也辦不了。

加路亞是個奇怪城市，位於景觀乏善可陳的本維河（River Benoue）畔，此河雨季時奔騰如密西西比河，乾季則變成潮濕砂地。加路亞城的生計全賴任性多變的本維河，從滿城懸掛如煙幕的魚乾便可窺知。魚乾是本城的主要工業，另外兩項產業是啤酒與行政機關。對多瓦悠人而言，啤酒是特別的銷魂物，他們尤其熱愛法國殖民時代留下的「三三牌」啤酒。「三三牌」啤酒的特性是讓你直接由清醒掉入宿醉，中間毫無微醺與酒醉階段。從啤酒工廠的落地玻璃窗，你可以看到啤酒瓶無人操作，自動滑行穿過一個個生產過程。多瓦悠人對此尤為著迷，可以數個小時連續觀賞此一奇觀。他們以「葛思」（gerse）形容啤酒製造過程，意指「奇蹟」、「神奇」、「神妙」。這是我第一次聽到這個辭彙，誰知它日後會深深勾起我的人類學興趣。「葛思」也是多瓦悠人豐富的暗喻來源，用以比喻最形而上的概念。多瓦悠人相信輪迴。他們解釋：輪迴過程就像加路亞的啤酒。人是啤酒瓶，必須注滿靈魂。死亡後埋葬，就像空酒瓶送回工廠。

滿懷憂懼，我現在認為就算我能見著縣長，也得等上數天。一種冷靜的宿命情緒降臨我心。

事情該拖多長，就得拖多長，擔心也沒用。田野工作者的特徵包括心情要能隨時換檔，一旦面臨上述情形，就切換心情，讓事情去自生自滅。

我初次進城，還不認識可以招待我的人，只好先住進旅館。加路亞有兩個旅館，一個是現代化的諾瓦提連鎖旅館（Novotel），專門針對觀光客，住一晚起碼三十英磅。另一個是老舊的法國殖民時代建築，要價不及諾瓦提連鎖旅館的零頭。後者顯然比較符合我的風格。它由獨棟木屋組成，茅草屋頂，家具布置軍隊化，但是有水有電，顯然是為派駐遠方、寂寞無聊、酷愛陽光的法國軍官而設，提供他們休息與娛樂。木屋外有極大的陽台，高貴的房客可以坐在陽台飲酒，望著太陽緩緩沉下樹梢。此情此景浪漫異常，讓你無法忘懷非洲的存在，因為鄰近的動物園傳來陣陣獅吼。

就是在這間旅館，我初次邂逅後來被封為「枯伊女士」的某位非洲女人。不知為了什麼，加路亞的氣溫硬是比波利熱上至少十度，又因緊鄰本維河，蚊蟲肆虐。與盡情嘔吐的多瓦悠人共處一車後，我渴望洗個澡。才站到蓮蓬頭下，門上便傳來陣陣刺耳的搔抓聲，不管我如何詢問，對方就是不回應，仍執意抓門。我圍上浴巾，打開門。門外站著一個超級肥胖、五十好幾的富來尼女士。她狀似害羞地傻笑，一邊用尺寸驚人的腳在地上畫著圓圈。我問：「什麼事？」她做出喝水的動作：「水，水。」我大啟疑竇，卻又模糊想起沙漠人的好客之道。當我還在衡量輕重時，胖女人已經沉著穿過我的身畔，拿起玻璃杯，到水龍頭下裝水。令我恐懼萬分，她居然開始解開大如帳篷的衣裳。服務生偏偏選在此時替我送來肥皂，誤解情勢，一邊喃喃道歉，一邊退出房門。

我陷入一場鬧劇中。

幸好，我在「東方與非洲研究學院」選修的一點點富來尼語幫了大忙。我大喊：「我不要。」極力否認我對這個女人有任何肉體接觸的欲望（她令我想起「勞萊與哈台」裡的哈台）。共同默契下，服務生抓起她的一隻手臂，我抓住另一隻，將這位胖女士架出門外。但是她不相信自己的魅力不被激賞，每小時回來一次，在我門外徘徊，嘴中不斷喊著「枯伊，枯伊」，好像嗚咽懇求的貓兒。最後我實在厭煩了。顯然她和旅館管理人員沆瀣一氣，我只好自稱是神父，派駐叢林裡，是來城裡晉見主教的，實在無法苟同這般鬧劇。聞言，旅館人員既吃驚又困窘；從此，胖女人便不再騷擾我。

這個故事後來成為多瓦悠人的最愛。他們夜間有營火會，主要娛樂便是打屁。我叫助理協助我練習說「富來尼胖女人的故事」，每當我講到「枯伊」的部分時，多瓦悠人便尖聲大笑，抱膝在地上翻滾。這個故事對建立關係頗有助益。

相較之下，第二天我與縣長的會面真是反高潮。我被直接帶進縣長辦公室，他是個高大黝黑的富來尼人，傾聽我的問題後，拿起電話口述一封信，一邊和氣地與我聊天，討論政府在異教徒區域建校的政策。祕書將信拿進來，他簽了名、蓋了章，祝我幸運與「不屈不撓」。有了此項武器，我返回波利。

首要之務是找個助理，然後開始學習多瓦悠語。詭異的是，你在民族誌紀錄裡總是看不到人類學者助理這號人物。舊神話將身經百戰的人類學者勾勒為獨行俠，進入一個聚落，打理好住處後，便在幾個月內「自然學會」當地語言；民族誌文獻至多提到通譯，但是通常幾個星期後，人類學者也不再需要他們的服務。這種神話與所有語言學經驗完全背道而馳。在歐洲，一個人可能在學校修了六年法語（還有語言學習器材的輔助），去過法國、浸淫於法國文學，但是碰到緊急狀況，還是說不出幾句法語。一旦置身田野場，他頓時變成語言學奇蹟，沒有合格老師指導、雙語教材、文法與字典，卻能馬上學會一種對歐洲人而言遠比法文難的語言。最起碼這是人類學者企圖給人的印象。除了當地語言外，人類學者不免要藉助混合語甚至英語，文獻也不會提及這些。

狀況很清楚，我需要一個會說法語的多瓦悠當地人，這代表他上過學。衡諸多瓦悠蘭的情況，受過教育代表他是基督徒。這是個缺點，因為傳統信仰才是我感興趣的研究領域。但是別無選擇，我決定去找當地的中學，看看有沒有合適人選。結果，我根本沒去成。

因為我已經被「預訂」了。一個正在波利教會受訓的傳道師知道我要找助理；正好他有十二個兄弟。他以罕見的企業家嗅覺，馬上將十二名兄弟從二十哩外的叢林村落動員到我面前，一一介紹給我。這個廚藝好、個性佳，可惜不會說法語。那個會讀會寫，身強力壯，可惜菜燒得糟透了。還有這個是好基督徒，很會說故事。看來，他的每個兄弟都有偉大優點，而且價錢極為低廉。最後我同意暫時試用一個，選擇了法語說得最好、能讀能寫，卻完全不會燒菜的。當時我便發現那個傳道師才是最理想人選，可惜他有工作在身。後來他因淫亂好色被逐出了教會。

時候終於到了（已經拖延了太久），該搬進村落裡了。多瓦悠人分為兩類：山地與平地。每個我諮詢過的人都建議我住在平地多瓦悠人聚落。他們比較不野蠻，多數會說法語，生活用品供給也比較容易。山地多瓦悠人則野蠻、難相處，崇拜魔鬼，什麼也不會告訴我。根據此類資訊，人類學者只能有一種選擇——住進山地多瓦悠人村落。距離波利鎮九哩外便是孔里村（Kongle），雖然位於兩座山間的平原，卻是山地多瓦悠人村落。他們說那裡有個固守傳統的老人，擁有來自祖先的神祕知識。通往孔里的路差堪可行，我決定搬到那裡住。我與新助理馬修商量。他聽到我要住到叢林裡，嚇壞了。這表示我不會有漂亮房子與其他僕人？是的。但是我不會住到孔里吧——那裡全是野蠻人。我應當交給他辦；他可以找父親商量，他是平地多瓦悠人，一定可以安排我住到教會附近。我再次向他解釋人類學工作的性質。在這之前，唯一的類似工作是語言學者建立的工作站。他們到此研究多瓦悠語，花兩年時間蓋了一棟漂亮的水泥房屋，所有供給都是飛機送來。馬修喪氣發現我的研究規模實在寒酸。他的地位高低全繫於我，所以他總是不忘提醒：他的尊嚴滑落都是因為我對不起他。

終於要展開初步接觸。依據馬修的建議，我帶了一些啤酒與菸草，出發前往孔里。路況不算太壞，但是兩條河令我不安，後來也證明它們實在討厭。我的車子常常到了河中央就開始出毛病，原本也沒什麼了不起，只不過這兩條河很容易在豪雨時變成滾滾山洪。此處的山都是花崗岩，下雨時，雨水直直沖刷下山，在河谷掀起狂濤。此刻道路兩旁人們忙著耕作。他們停下農活、瞪視我們驅車而過。有人轉身逃逸。後來我才發現他們以為我是副縣長派來的人；對多瓦悠人而言，外人是麻煩。馬路到了山腳戛然而止，成排的小米梗與仙人掌後面，就是村落了。

多瓦悠小屋是圓形泥屋建築，屋頂成圓錐狀。這種房舍以鄉間的草與泥巴建成，美麗如畫，對受夠醜惡城市的人而言，真是一大紓解。泥舍屋頂攀爬著長瓜，好像英國鄉間小屋玫瑰攀爬。馬修帶路，我進入每個多瓦悠村必備的圓形廣場。它是村人的公共聚會場所，也是法庭，宗教儀式在此舉行，也是各式重要神壇的所在。它後面是第二個圓形廣場，圈養村人共有的牛隻。我們穿過廣場，進入酋長的院落（compound）[18]。嚴格說，「酋長」（chief）並非精確稱謂：多瓦悠社會並沒有一般定義中那種握有權力與威權的酋長。是法國殖民政府創造了所謂的酋長，希望透過這些「領袖」統治子民與稅收。以前，多瓦悠社會的酋長稱為瓦力（waari），依據分類，他只是有錢人，也就是擁有許多牛隻。因此他有能力主辦各種宗教祭儀（這是宗教生活的重心），窮人藉著與酋長攀親帶故，可以完成自己無力舉行的祭典。因此酋長是非常重要的人。有些酋長師法此地

18 院落是家戶生產單位。通常是數個獨棟房屋與穀倉構成，中央有塊空地。院落群體（compound group）的核心是一男性長老，擔任群體的頭目。他有幾位妻子，通常每位妻子在院落中都有自己單獨的茅屋。典型的院落群體含有頭目的未成年孩子，以及已婚的兒子與其妻小。這個擴展式家庭（extended family）有時還可包含頭目弟弟的家庭。雖然住在單棟茅屋的每位太太及其子女構成個別的家計單位，但是較大的院落群體才是日常生活與共同經濟的中心家計單位。詳見Roger Keesing，op.cit., pp.444-445。

的強勢部族富來尼人，自抬身價，即使面對族人也拒絕說多瓦悠語。聽到母語，卻裝出聽不太懂的樣子。因此，當我拒絕和其他白人一樣說富來尼語，堅持要學多瓦悠語時，他們頗為吃驚。有些酋長還模仿富來尼貴族的富麗威武陣仗，身上配劍，有專人為他們撐紅色遮陽傘。部分酋長還有讚美歌者，走在前面擊鼓唱歌，陳腔濫調頌揚主子的特殊成就與美德，全用富來尼語。

孔里的酋長是另一種極端。他鄙夷此種文化淪喪的多瓦悠人，堅持只以母語和族人交談。我們戛然止步，我面前跪著一個裸露上身的女人，雙手交叉蓋住只有少數樹葉遮蔽的下體。馬修低語：「她在迎接你，跟她握手。」我依言照辦，她開始前後搖晃，不斷以富來尼語低吟「謝謝你」與拍掌。牆內與房屋閃現鬼祟的臉孔。接下來的場面讓我大為窘迫，一個小孩突然端出一張折疊椅，放在庭院中央，要我坐在椅上。庭院裡空無一物；我一個人堂皇孤坐，很像殖民時代照片裡那些僵硬、典型的英國人。非洲多數社會非常強調身分地位的差異；非洲人也愛大張旗鼓凸顯上下有別。他們以一種西方人無法消受的方式匍匐在地、立正行禮、下跪、鞠躬；拒絕接受此種致意是極為失禮之事。剛到孔里時，如果我與他人平坐在等高的石頭上，立即引起極大難堪。村人會想盡辦法重新安排，以便我坐得比他們高，或者讓我坐到蓆子上，雖然比坐在石頭上矮，但有身分的人才可以坐蓆，也算可以接受的折衷。

此時，寂靜越發窒息，我覺得有義務說點什麼。我曾說過田野工作的樂趣之一是讓你有機會使用日常根本用不到的辭彙。我大喊：「帶我去見你們的首領。」[19]如實翻譯後，他們說酋長在田裡，馬上回來。

祖帝保（Zuuldibo）酋長後來與我成為好友。他大約四十出頭，總是滿面笑容，有發福的傾向。他樣貌堂皇，身著富來尼長袍，配劍，戴太陽眼鏡。我頓時明白不管他方才人在何處，反正絕不會是田裡。沒有人耕田會穿得如此體面；更何況，祖帝保一輩子沒碰過鋤頭。他認為農耕這回事無比乏味，只要聽到人們提起農活便滿面痛苦。

我開始事先準備的演講，描述我從非常遙遠的白人國度來此，因為我聽說了多瓦悠人的好，孔里人尤其善良溫和。演講進行得很順利。我希望與孔里人共同生活一段時間，學習他們的語言與習俗。我努力說明自己不是神職人員，剛開始，他們根本不相信，因為我住在教會，他們也認出我開的是教會的車子。我強調自己和官方無關，也沒人相信，因為有人看到我去找副縣長。我又說我不是法國人，這點，他們完全不懂；對多瓦悠人來說，白人都一樣。儘管如此，他們還是禮貌聆聽，不時點頭低語：「很好」、「是呀，是呀」。很快的，酋長同意我在一週後可以搬進村裡，他會幫我與助理張羅一間泥屋。我們一起喝了點啤酒，我奉上菸草。每個人都興奮極了。當我離

19 作者此處是在講圈內雙關語，基辛的《當代文化人類學》裡〈政治組織〉一章說，人類學者研究每個社區都會遇到「政治」的過程，往往一到田野場就說：「帶我去見你們的領袖。」詳見Roger Keesing，op.cit., p. 514。

去時，一個老女人趴在地上抱住我的腿。我問：「她說些什麼？」馬修咯咯笑著：「她說上帝派你來聆聽他們的聲音。」這個起步遠比我想像的要順利得多。

接下來的那個星期，我又去了城裡一趟，採買用品與菸草。多瓦悠人喜愛奈及利亞黑色菸草，它在多瓦悠蘭的售價是城裡的四倍。我買了一大袋，準備酬庸報導人。我的財務狀況依舊很緊。離開英國前，我曾安排我的薪水直接由英國匯到喀麥隆。因為錢來自英國，所以會先匯到英屬喀麥隆的舊都維多利亞[20]，轉雅溫德到恩岡德雷，最後才到加路亞。結果這筆錢根本沒到；維多利亞的銀行直接扣除百分之十的手續費，便把錢退回英國。這讓我咬牙緊撐，債台高築，欠教會很多錢。你無法和維多利亞的銀行聯絡；寫信，他們置之不理，電話也不通。

就在進城時，我首度感染瘧疾。我在離城時出現初期症狀，微微感到暈眩。返抵波利鎮時，眼前已出現重疊影像，幾乎看不清路。陷入高燒，還伴隨陣陣顫抖與肚子火熱絞痛。

瘧疾的可悲在它會讓括約肌失能；當你站直身體，便尿在腳上。更糟的是瘧疾藥千百種，有的是預防性質，有的才是治療藥。不幸的，我吞下的並非治療藥，使我的病況更糟，持續高燒，變成抽抽噎噎的病夫。布朗牧師過來探視，欣然於我的病骨支離，給了我一些療藥，警告我：「在這裡，沒什麼東西保證有效。」結果居然有效。讓我及時顫巍巍按原定時間搬進村裡，但是在那之前，連續好幾個高燒不退的夜晚，我都飽受天花板洞穴飛下的蝙蝠侵擾折磨。我看過不少文章盛讚蝙蝠的飛行能力超極優秀。一派胡言。熱帶蝙蝠飛行總是迎頭撞上障礙物，製造可怕的碰撞噪音。牠們特別擅長迎面撞牆，撲翅掉在你的臉上。依照我的「田野必備」名單，我會強力推薦網球拍；迎戰滿屋蝙蝠，它具有毀滅性效果。除此之外，布朗牧師還撥冗駕臨告訴我蝙蝠攜帶狂犬病毒。對我的高燒夢魘貢獻良多。

直到我打包準備走人，才發現生病時，有人潛入我的房子，偷走了大半食物。

---

20 一次大戰後，喀麥隆被英、法佔領。一九一四年，西喀麥隆成為英國託管地，東喀麥隆則成為法國託管地。一九六〇年，東喀麥隆獨立，成為「喀麥隆共和國」。西喀麥隆獨立運動則分為兩派，一派主張統一，另一派主張併入奈及利亞。一九六一年在聯合國監督下舉行公民投票，西北喀麥隆決定併入奈及利亞，成為奈及利亞的一省。西南喀麥隆則與喀麥隆共和國統一，成為「喀麥隆聯邦共和國」的一邦。一九七二年再度舉行公投，成為單一的國家，恢復國名為「喀麥隆共和國」。

CHAPTER

6

你的天空清朗嗎？

Is the Sky Clear for You?

連番試煉與苦難，我終於抵達「我的」部落，有助理協助，有紙有筆。經過那麼多障礙，可以開始「做人類學研究」了，我突然一陣驚惶。我越是沉思，越是發現自己對「人類學研究」一無所知。如果要我勾勒人類學研究的圖像，我會完全不知道主角要幹些什麼。浮現腦海的可能是一個人正在爬山（前往「做人類學研究」的途中），或者在寫筆記（已經「做完研究」了）。顯然，「學習外國語」必須包含在人類學研究的廣泛定義裡。與多瓦悠人聊天也應算是人類學研究。

但這並不容易。首先，我一句多瓦悠語也不會。第二，今早村裡並無多瓦悠人；他們全去小米田裡工作了。一整個上午，我忙著搞東搞西，試圖讓我的茅屋變成有效的工作場所。

祖帝保酋長慷慨賜借側院落（side-compound）的一棟大茅屋給我，緊鄰他的兩個太太與弟弟。許久之後，我才知道此舉代表他對我的高度信任，通常唯有心愛妻妾的家人可以分配到這個位置的茅屋。前任屋主留下一堆無可辨認的東西，箭鏃與矛被塞在草堆裡（讓我想起京斯莉在芬族部落時，曾在茅屋裡發現一隻人手）。我將這些雜物清除乾淨後，把配備掛到屋樑上，包括一幅從首都買來的波利鎮地圖。對多瓦悠人而言，地圖是神奇之物，他們始終搞不清楚它的道理。他們要我在地圖上指出我去過的村子。我指出來後，他們又要我說出那裡居民的姓名。他們不明白我為何指得出村落位置，卻無法說出村民的名字。

為了表示對我恩寵有加，酋長請人送來兩張我初次造訪時看到的那種折疊椅。後來，我發現這是村子僅有的折疊椅，每當有大人物造訪，就得送回酋長的茅屋。因此它們就在我們兩家間來來去去，令我想起大學時代與三位同學共用的晚餐外套[21]。

茅屋內僅有的家具是一張硬土床，那是我睡過最不舒服的床。我不惜斥鉅資買了塞了棉花的薄床墊，酋長對此頗為覬覦。他最大的夢想便是一張好床。他向我透露希望死在一張可以傳給兒子的鐵床上，「不用擔心白蟻蛀食」，他咯咯笑說：「白蟻咬到鐵柱，保證抓狂。」

頭三個星期，大雨傾盆不停。空氣異常潮濕，牆壁長滿黴，我十分擔心相機鏡頭受潮。大部分時間，我都在學習多瓦悠語的基本規則。一般非洲人多操雙語或三語，但是他們全在社會環境裡自然學習，從未刻意學習任何一種語言。要求他們記錄一個動詞的所有時態、形式、陳述語態，以便了解此種語言的全部系統，對他們而言是嶄新經驗。他們從小學說話，輕而易舉便可從一種語言轉換到另一種語言。

多瓦悠人全然不了解他們的語言對歐洲田野工作者是多大挑戰。它是一種音調語言（tonal

language），一個字的音調高低可以完全改變字義。多數非洲語言為兩聲；多瓦悠語則為四聲。一聲與四聲頗易辨認，二聲與三聲卻相當不易。更慘的是，多瓦悠人會將音串連，形成滑音，一個字的音調因而受到相鄰一字的影響。此外還有方言的困擾，某些區域在使用不同字彙與句子構造時，也必須使用不同音調。最重要的是相對音調，一開始，每當我與女人說話，再轉和男人說話，便發生困難，因為後者的高音約等於前者的低音。最令我挫折的是日日為之的問候語。只要我遇到多瓦悠人，便須問候他。這沒問題，我已經請助理幫我反覆練習：「今日，你的天空可清朗？」「非常清朗，你呢？」「我的天空也很清朗。」不管碰到誰，都得重複這段問候對話。英國人吝於這類儀式，認為純粹浪費時間，但是多瓦悠人可不像我們如此忙碌，遭到冷淡對待，便覺受辱。有時我會蠢笨加上兩句：「田裡如何？」或者「你打遠方來嗎？」對方馬上臉色一沉，茫然不解。此時，我的助理便會快步向前，重複一句在我聽來和剛才一模一樣的話。對方隨即臉色一霽：「哦，我明白了。但是他怎麼不會說我們的話？他不是已經來了兩個星期？」

多瓦悠人對自己的母語評價極低，多數酋長拒絕使用此種原始、不雅，只比動物鳴叫略高一等的語言，因此他們不懂為何有人學不會它。可想而知，他們也是糟糕的語言學報導人。多瓦悠人喜歡說通用的富來尼語。我在倫敦時，靠著學習輔助器材、字典與手冊，曾學過一點富來尼語。

---

21 英國某些大學規定，學生與學校主管或教授正式在學校餐廳用餐時，必須穿著正式外套。

但人類學傳統強調母語，非母語提供的資料「不算數」。事實上，我也發現以富來尼語蒐集來的資料錯誤百出，創造出所謂的「鐵匠、仵作、理髮匠、割禮人、療者」不潔行業，與多瓦悠人的分類概念不符。依據我以前讀到的資料，這些不潔行業都由同一人為之，祭司則與其他階級隔離。事實上在多瓦悠社會裡，鐵匠才是最受隔離的階級，其他「不潔」工作則分屬各階層。此外，多瓦悠人在一起時通常不說富來尼語。只有一位村民例外，即便與朋友一起都拒說母語，但他也成為自食惡果的典型笑話。當他與村人一起在田裡工作時，他會大聲抱怨：我這個高貴的富來尼人，為何淪落到與野蠻的多瓦悠人一起耕作？他鉅細靡遺批評這個狗兒子民族的諸多缺點，聽者越聽越好笑，歇斯底里倒地翻滾，喘不過氣來。每當我堅持用破爛的富來尼語和他說話，娛樂效果更佳，好像唱雙簧一樣。

過度仰賴富來尼語有許多缺點。我可以用富來尼語訪問，但是深入交談則絕對避免。多瓦悠人說的是一種劣質富來尼語，省略所有不規則變化，並更改字義以符合多瓦悠人的概念。你必須先熟悉他們的母語，才能將這些預防「隔牆有耳」的變化抓出來。

有一次，我攀山到多瓦悠蘭最遠的邊界。那裡有許多小孩從未見過白人，看到我便恐懼尖叫跑開，大人安撫他們說我是孔里來的「白人酋長」。我們一起抽菸，笑談孩子的無知恐懼。通常我不抽菸，但是我發現一起抽菸、分享菸草可以創造社交親密感。當我離開時，一個女孩放聲大哭，抽噎說：「我要看他脫下皮膚。」我將這句話記在腦海，準備回去後問助理。通常這種狀況，我可能是聽錯字的音調或者搞錯同音異義字。但是當我詢問助理時，他卻異常窘迫。我拿出專門應付這種場合的奉承態度迎合他，給予他全副注意力；多瓦悠人常被鄰近部族譏為野蠻，只要感覺別人不看重他，馬上守口如瓶。馬修百般不情願，最後才吐露多瓦悠人認為長居於此的白人是多瓦悠巫師轉世。白皮膚是我們的掩飾，底下的皮膚是黑色的。我晚上就寢時，有人看到我脫下白皮膚掛在牆上。當我到教會與其他白人會面，我們會在夜裡拉上窗簾，鎖上房門，脫下白皮膚。多馬修邊以嗤之以鼻的口吻說他一點也不信，眼睛卻不停在我身上梭巡，深恐我當場變成黑色。多瓦悠人會有此種想法，顯然因為西方人過度重視隱私。

這也解釋了多瓦悠人為何對我學習語言緩慢感到困擾，我已在此居住數個月，卻學不好多瓦悠語，一定是企圖掩飾我的多瓦悠本性。大家都知道我如果專心想學什麼，沒有不成功的。我為什麼老要假裝不懂多瓦悠語？直到一年後，我第一次聽到多瓦悠人稱呼我為「我們的白人」，驕傲之情油然而生。我相信他們之所以接納我，是因為我不放棄學習此種不完整且高度被低估的語言。

然而，這都是後見之明。初抵孔里的三個星期，我只知道自己在學習一種超難的語言，一個村人也不見，大雨下個不停，我覺得虛弱，無比孤寂。

面臨此種情境，我和多數人類學者一樣遁入資料蒐集中。我相信人類學論文之所以充斥資料蒐集，並非源自它具有高度價值與趣味，而是來自「凡有疑惑，便蒐集事實」的態度。某種程度而言，這是可理解的研究進向。田野工作者無法預知哪些事實到頭來很重要，哪些不重要。一旦他將某些事實記錄在筆記本裡，寫論文時便很難捨棄不用；他會記起蒐集此項資料時，他在大太陽底下跋涉了多少哩，花了多少小時才逮住正確的人。此外，過濾資料會對你正在做的研究形成預設觀點，但是多數人類學論文的動機只在「寫論文」，並無其他。

所以，我每日帶著菸草與筆記出發，到田裡踱步，估算農作物產量、計數山羊數目，做一些不相關的事，至少可讓多瓦悠人熟悉我奇特、莫名的行事風格。現在，我已經開始記得他們的名字了。

不少文章寫道：人類學者被研究對象「接納」，那些作者理應心知肚明是胡說八道。他們甚至暗示：一個陌生民族到頭來會全盤接納來自不同種族與文化的訪客，並認為這個外來者和本地人並無兩樣。很悲哀的，這亦非事實。你頂多只能期望被當成無害的笨蛋，可為村人帶來某些好處。人類學者是財源，能為村人帶來工作機會。三個月後，我的關係面臨轉捩點，酋長威脅收回茅屋。討論許久，最後我同意最好的方法是我自行建屋。這耗掉我十四英鎊大洋，雇用割禮人的兒子與療者的侄子建屋。割禮人是酋長的兄弟，他的兒子向他力保我的真誠，並教我如何打獵。療者的侄子則介紹我認識他的叔叔。我的車子自然成為村裡的救護車與計程車。女人隨時可以向我借洋蔥、鹽巴。連村裡的狗都知道我心腸軟弱，群聚在我的茅屋前，大大激怒我的助理。製陶匠與鐵匠的生意空前大好。我的蒞臨提高了酋長的地位。他永遠不忘提醒我他受邀參加的各式慶典時間，好讓我免費載他一程。對那些口袋空空卻滿懷期望的人而言，我就是他們的銀行。急著為腳踏車、煤油燈汰換零件的村人，都知道找我代辦。而我，還是病人的良藥。

當然，我也有缺點。我吸引外人進入村子，這是不好的。我常以蠢笨問題累死主人，還拒絕理解他們的答案。我可能將所見所聞洩漏給外人知道。此外我常捅婁子，讓大家困窘不堪。譬如一次，我問某男人他出獵前是否停止行房。問題本身沒問題，重點是他的妹妹就在旁邊。一聽到此問題，他們尖聲大叫，起身彈往不同方向。稍早前，我才和三個男人坐在茅屋聊天。突然間，茅屋空無一人，只剩我的助理抱頭呻吟。數個星期後，村人仍在切切私語我的猥褻之舉。

我的語言能力低落構成一大威脅。多瓦悠語言裡，猥褻與正常只是一線之隔。音調稍加改變便會改變疑問質詢，使正常句變成問句，還是最猥褻不堪的字眼，如「屄」。我常令多瓦悠人錯愕捧腹，說出：「今天，你的天空可清朗，屄？」我的麻煩不止於「陰部問句」，還擴及飲食男女的諸種問題。有一次酋長召我去他的茅屋，介紹我認識祈雨巫師。我已經央求酋長好幾個星期，請他安排此次重要接觸。我們禮貌交談，互相試探。此次會面，理論上，我不應知道他是祈雨巫師；我才是被訪問的人。我猜想他很滿意我的謙卑態度，同意讓我去拜訪他。我急著離開，因為我買到一些肉（這是這個月來我第一次吃肉），卻將肉交給助理保管。我起身與祈雨巫師禮貌握手，說：「對不起，我家裡正在煮肉。」至少，我認為我是這麼說的；卻因音調錯誤，一臉錯愕的賓客聽的是：「對不起，我要去和鐵匠的老婆做愛。」

孔里人很快便成為翻譯專家，懂得將我的錯誤句子翻譯成正確句子。因此，我始終不知道自己的多瓦悠語真有長足進步，還是他們學會了我的特有混合語。

直到今日，我仍深信我對多瓦悠人的最大價值在「新奇」。如果你認為無聊乃文明特有產物，那是大錯特錯。非洲村落生活乏味至極，不僅習於日日聲光刺激的西方人覺得如此，連村人自己也覺得。芝麻綠豆的小醜聞會被一再討論爬梳，任何新奇事物都不被放過，只要可以打破日常老套，都被視為單調生活的一大調劑。人們喜歡我，因為我有娛樂價值。沒人知道我會做出什麼事。或許我會進城，帶回新奇東西或故事。或許有人會來拜訪我。我可能會去波利，發現啤酒來了。或許我又會鬧笑話。我是永不枯竭的話題來源。

為了打發時間，我已經變盡各式無聊花樣，是該正常過日子的時候了。第一要事是早早起床。每年這個時候，孔里人為了提防牛隻踐踏收成，都睡在田裡的遮棚。理論上，多瓦悠人每天都要趕牛回村裡的畜欄，他們卻甚少如此。傳統上，趕牛是孩童的工作，現在他們都上學去了。結果是牛兒隨意漫步田埂，蹂躪作物。多瓦悠女人知道如果牛隻踐踏了她的田，代表她偷人，丈夫可以痛毆她一頓，因此特別小心守田。為了防止來年糧食受損，有時孔里人好幾個星期才回村裡一趟，第二天又透早離去。

因此，我努力在天色破曉便起床，出外問候村人。「問候」是非洲重要傳統，包括素不相識的人到你家，一坐數個小時，聊盡所有話題。坐不暇暖極為失禮，因此大家搜索枯腸、一再重複相同話題——農作、牛隻、天氣。這類聊天對新手而言頗有好處：使用辭彙不多、句型簡單，有時還會出人意表，說出心中默背已久的完整句子。

一旦我完成了大家都滿意的「問候」禮節後，便可以準備早飯了。在多瓦悠蘭，吃飯是個大問題。我有一個同學曾在南喀麥隆的叢林地帶工作過，屢屢談到各式佳餚美食。香蕉長在自家門前，走在路上，酪梨從天而降，肉類供應不虞匱乏。不幸此刻，我比較接近沙漠而非叢林。多瓦悠人酷愛小米。他們不吃其他東西，唯恐生病。他們鎮日談的就是小米；他們以小米抵債；用小米釀啤酒。如果有人奉上稻米或山藥，他們也會吃，卻滿懷遺憾它們遠不及小米好吃。搭配小米的是一種野生植物提煉的膠狀酸醬。偶爾吃吃小米還不錯，但是多瓦悠人一天兩頓，早晚都吃小米。燉煮過的小米聞起來像塑膠板。多瓦悠人抱憾居然沒人要買小米。

多瓦悠人的土地是無主之物。只要願意，一個人可以任意佔地建屋、耕作。但這不代表多瓦悠人勤奮盛產。他們只種植少量作物，伐樹焚地、耕耘收成已經夠辛苦了，更糟的是，幾乎一半的耕種季節都得犁地。為了消解農作的乏味，多瓦悠人不時舉辦大型啤酒宴會，只要有酒，種田者便樂意留下，酒足飯飽後，再帶著主人前往別家的宴會。由此，孤獨的農耕不時摻雜社交爛醉。雖然小米在城裡價格頗俏，多瓦悠人卻毫不心動。富來尼商人控制了市場交易，從中賺取一到二倍的差價。富來尼人也同時控制大眾運輸工具，多瓦悠農人販售小米能獲得的報償其實有限。因此，多瓦悠人只耕種自己所需的小米，如果近期有祭典，他們會多種一些，以俾履行親屬義務所需。他們總無多餘之糧，一旦雨季降雨不多，便有飢荒之虞。想在多瓦悠蘭買東西，就好像逆流游泳；法國政府刻意引進賦稅制度（並不成功），企圖迫使多瓦悠人使用錢幣。但直到今日，他們仍喜歡以物易物，不愛用錢幣，他們累積債務，直到殺一頭牛便可一筆勾銷為止。如果他們餽贈我小米，我便必須回饋他們肉或城裡買回來的小米。

雖然多瓦悠人養牛，卻不擠奶或做為肉牛。那些是迷你牛，背上無峰，和富來尼人養的牛大不相同，幾乎不產奶。多瓦悠人宣稱他們的牛兒剽悍，我一點都看不出來。理論上，多瓦悠的牛只用做祭典牲禮。一個擁有四十頭牛的有錢人如果死了，至少得宰殺十頭牛分贈親屬。近來，中央政府禁止葬禮屠牛，認為這是浪費，但是風俗仍持續。

除了喪禮外，牛隻也用作聘禮。因此，年輕人一旦有了對象，便不願為了口腹之欲或金錢任意宰殺牛隻。每當人們餽贈我牛肉（尤其是酋長），我便由極端匱乏擺盪到極端豐盛。他會堅持送一整隻牛腿，根本還沒吃完就會壞掉，必須將他的好意分贈出去，希冀我轉送的肉可換來雞蛋。倒不是說雞蛋是什麼了不起的東西。多瓦悠人不吃蛋，認為雞蛋噁心，他們問：「你難道不知道雞蛋從哪裡掉出來的？」雞蛋不是用來吃的，而是用來孵小雞的。他們會小心捧來在大太陽底下孵了好幾個星期的雞蛋，做為回贈之禮，滿足我的病態嗜好。我像女巫做法一樣，將雞蛋浮在水中，卻不保證能篩選出壞蛋。一旦雞蛋腐爛超過某種程度，它們就會像新鮮蛋般沉入水中。好多次，我飽啖雞蛋的希望破裂，一顆顆敲開來，裡面全是藍綠色，飄散可怕臭味。

無法仰賴土地維生，我決定自己養雞。結局也不成功。人們給了我一些小雞，我又買了一些。

多瓦悠小雞骨瘦如柴；吃牠們就好像吃模型燈蛾一樣。但是細心調理，牠們還是會長大。我用稻米與燕麥餵食牠們，從不餵雞的多瓦悠人嗤之為奢華。一天，牠們終於下蛋了，我開始夢想每日有蛋可吃。當我坐在茅屋，心滿意足望著我的辛勤成果，我的助理現身門口，臉上表情得意。他喊道：「主人，我剛發現母雞下蛋了，我宰了牠們，以免牠們流失精力！」

此後，我努力限定自己早餐只吃燕麥與從教會店鋪裡買來的罐裝牛奶。茶葉是喀麥隆大宗作物，但是你在波利鎮根本買不到，倒是有不少奈及利亞走私進口茶葉。

馬修通常與我一起吃飯，他說山地多瓦悠人的食物難以下嚥。幾個月後，我發現他變得異常肥腫，原來他每天都在酋長與我家兩處吃飯。

早餐後，我開始診所時間。多瓦悠蘭疾病不少，我並不喜歡病菌聚集我的茅屋。但是我的醫術雖然淺陋、療藥也有限，卻不忍像我的助理一樣把病人趕走。依據非洲地位分級，馬修認為我該仔細過濾交往對象，不宜與平凡百姓接觸。我可以和酋長、巫師說話，卻不應該浪費時間在愚蠢的村夫村婦身上。當他發現我居然和小孩說話，更是嚇壞了。他守著院落戰略位置，只要有人企圖接近，便一躍而出，好像駐守大人物官邸前廳的祕書。每當我向別人敬菸，他都堅持香菸必須經過他轉交給對方。我向馬修抗議，他終於放棄此種行為，但不時提醒我，我與平凡百姓接觸過多，有損他的崇高地位。

前來求醫者多半是皮膚割傷或潰爛。我為他們的傷口塗上抗生素，貼上繃帶，雖然我知道多瓦悠人喜歡裸露傷口，一旦離開我的茅屋，就會將繃帶扯掉。求診病人中有一、二個是瘧疾，投以奎寧，當我向病人解說劑量時，馬修在旁協助，確保我沒搞錯。

消息迅速傳開，大家知道我有治療瘧疾的「草根」（多瓦悠人對療藥的稱謂）。一天，一個憤怒的老女人跑來指控我傳染瘧疾給她，我嚇了一跳。眾人熱烈激辯，我搞不清楚在吵些什麼，老女人被大家嘲弄轟走。後來，我與療者、巫師一起工作了好幾個月，才明白那天的爭吵內容。多瓦悠人將疾病分為幾類。一類是傳染性疾病，白人有藥可醫，包括瘧疾與痲瘋。一類是頭部巫術或以植物作法的巫術致病。也有一些病徵清晰可判是被亡靈侵擾。最後一類是污染性疾病，肇因於碰觸了禁忌之物或禁忌之人，療法唯有禁絕與禁忌之物（人）接觸。老女人聽說我有治療瘧疾的藥物，判定瘧疾是污染性疾病，藏在我茅屋內的療藥也是引起瘧疾的原因。在村落裡匿藏威力如此強大、危險的東西，當然會被指責。

結束看病後，我開始學習語言。馬修非常喜歡這個角色，欣欣然逼迫我練習各種動詞變化，直到我受不了為止。數個星期後，我換了一種練習法，馬修便覺得教書沒那麼快樂。

我有一個小型錄音機，總是隨身攜帶；在田野場上與人交談，我有時會錄下談話。多瓦悠人很喜歡從錄音機裡聽到自己的聲音，但不特別興奮，他們當中的時髦者以前便看過收錄音機。真正令他們嘖嘖稱奇，喃喃稱道「神奇」、「魔法」的是寫字。除了少數孩童外，多瓦悠人全是文盲。雖然學童會寫法語，也曾有語言學者前來研究多瓦悠語，他們卻從未想過自己的語言可以書寫。

當我以英、法文混雜拼音記錄重要的多瓦悠語時，他們會輪流站在我背後觀看，數個小時不厭倦。數個星期後，當我照著筆記，把上一次見面的對話唸給田野對象聽，他會大吃一驚。慢慢的，我累積了一大堆錄音談話、筆記與解說，建立了自己的圖書館。我可以隨時挑出一段，與助理逐字研究，要求他更正當初的翻譯，釐清某些辭彙、信仰，解釋同義詞。一旦這成為標準程序，我的語言學能力激增。馬修也越來越謹慎，放棄原有的無所不知態度，不敢再用差不多的翻譯唬弄我，他會記下特別難的地方，回去後，再與我仔細參詳。

午餐有時就吃吃硬餅乾，搭配巧克力、花生醬或米飯。飯後是一天最熱的時候，馬修去睡午覺，我則回到硬邦邦的床上，寫信、睡覺，或者絕望盤算自己的財務困境。

幾個星期後，天氣越發炎熱，偶爾大雨傾盆如注，我開始午後游泳。多瓦悠蘭地區的水十分危險，蘊含多種地方性特有寄生蟲，最恐怖的是住血吸蟲。不少多瓦悠人都染有此種疾病，它會造成內出血，導致噁心、虛弱，最後死亡。此地人平均壽命很短，很多人都熬不到寄生蟲病的最後階段便死亡。何時下水才不致染上住血吸蟲，人言各殊。部分權威人士說，只要不智地將腳踏進河水，住血吸蟲便上身，終身不去。另外一些人則說浸身污水數個小時，才可能感染住血吸蟲。一位路過此處的法國地質學家告訴我，大雨初過的河水很安全，它會將住血吸蟲寄生的水蝸牛全部沖到下游。因此，如果避免乾季的死水與流速緩慢的水，應該很安全。每當多瓦悠人在冷泉裡快樂戲水，我都只能汗流浹背乾瞪眼，很想冒險一試；更何況行走多瓦悠蘭地區，很少能跨越激流而不搞得半身溼透。我決定採用地質學者的分析，在大雨初過後到男子沐浴處游泳。那是瀑布下方、花崗岩壁的一個深潭，女性禁入，因為它也是男孩割禮處。

我第一次現身沐浴處，只有二、三個從田裡回來的人在此洗澡。我的生理構造顯然引來繽紛揣測。第二天，至少有二十到三十個男人現身，一窺赤身白人的奇景。之後，我的新奇價值迅速下滑，沐浴人數恢復正常，讓我微覺受辱。

這個地方棒透了，坐落山腳下，潭水噴濺，冰涼乾淨。四周有樹，潭底布滿細沙。溪水彎處還有岩棚，你可以躺在上面，曬曬太陽再躍入冰涼中。

只要沒事，我和馬修每天都會到此游泳。就是在這個純男性的天地，多瓦悠人首度向我透露他們的信仰與宗教。多瓦悠男人全都依照傳統接受割禮，我沒有，話題便自然圍繞這個主題，後來我才發現它在多瓦悠文化的重要性。

洗過澡後，我和馬修回到田裡繞一圈，尋找啤酒宴會。我們會在某個布篷下發現二十來個男女輪流犁地、喝酒。一位著名的法國殖民官員曾形容小米啤酒濃稠似豌豆湯，怪味似煤油。描述十分精確。多瓦悠人中午不吃飯，光喝小米啤酒，酒精濃度很低，卻能爛醉不已，讓我始終想不透。儘管小米啤酒製造過程恐怖，我卻立定決心非喝不可。我第一次參與啤酒宴會，便面臨一大考驗。他們問我：「你要喝啤酒嗎？」我回說：「啤酒皺眉頭。」發音錯了。我的助理以疲倦的語氣解釋：「他的意思是——好的，他要喝。」他們大為訝異。從未有白人願意碰多瓦悠小米啤酒。

為了表示對我這個外國人的尊重，他們抓起一個葫蘆瓢，把它遞給狗舔乾淨。多瓦悠的狗本就模樣不美，這隻更是惡心，羸弱不堪，耳朵上的傷口蒼蠅圍繞，肚皮上還掛著幾隻肥胖的蝨子。牠津津有味舔乾葫蘆瓢。他們添滿啤酒後遞給我。每個人都盯著我看，滿懷期望微笑。無計可施；我只能一口喝乾它，滿足吐氣。接著，我又喝了好幾瓢啤酒。他們大驚我居然不醉。西方人想要喝小米啤酒喝到醉，根本不可能；怎麼喝都不夠。相較之下，多瓦悠人喝工廠產啤酒，一喝便醉。一瓶啤酒可以喝上三天，還天天酩酊大醉。酋長祖帝保永遠盤旋在這類場合，從未錯過一場啤酒宴會，雖然他總是拒絕幫人犁地以為回報。如果你想要找出哪裡有啤酒宴會，最好的方法是派馬修去找祖帝保，只要找到祖帝保，便找到宴會場所。祖帝保的狗兒知道跟著我便有好吃的，所以我們的出巡陣容十分詭異。我說出的第一句完整多瓦悠句子是：「馬修跟著祖帝保，我跟著馬修，狗兒跟著我。」村人認為這句話大有智慧，不時拿來複誦呢！

巡完田地後，我會站到十字路口迎接打道回府的村民。一棵倒下的樹椿被移至此處，權當座椅，男人坐著聊天，拍打蚊子，等著吃晚飯。我的晚飯通常是燕麥、速食馬鈴薯泥罐頭（非常貴，但是新鮮馬鈴薯幾天就爛了），搭配一罐湯，就打發了。飯後，我會寫寫筆記，記錄明日我要問的問題，或者隨便讀點東西。

我的最大奢侈是一盞在恩岡德雷買來的煤氣燈。雖然我得開一百五十哩去換貯氣瓶，但是幾個月才須換一次，而且我還有備用貯氣瓶。煤氣燈讓我天黑後還能工作，這真是一大恩賜，因為此地終年七點就天色全黑。村人經常拜訪我，希望看煤氣燈奇蹟，我必須費盡力氣解釋它不是電。

幾個星期過去，我開始融入村落生活。多瓦悠人也慢慢回到村裡過夜，我比較不覺孤寂了。但是每當被大雨困在茅屋，我便感到無邊沮喪。瘧疾後，我的身體也未全然恢復，可能和飲食單調有關，我常常省略不吃，或者只把食物當燃料，強迫自己吞下。

好幾個月後，我的語言能力才略有進步。在這之前，我幾乎要相信自己在返回英國前，一定什麼也沒學到，什麼也不明白。最糟糕的，多瓦悠人似乎無所事事，沒有信仰，沒有任何象徵性活動。只是存在著。

我對理解周遭人的談話仍有很大困難，我開始懷疑是助理的問題。他教我的動詞形態似乎是錯的；我的話，他好像泰半不懂；我甚至懷疑他不懂山地多瓦悠語。有時提到某些話題，我看到他與其他男人交換無奈眼神，裡面鐵定有陰謀。

田野工作者的助理是個困難職位。當族人與他的雇主發生衝突時，族人會認為他應當站在自己人那一邊。非洲社會，一個人如果招惹親屬憤怒，日子將非常、非常難過。另一方面，雇主卻期望他做為與當地人交涉的代表，隨時提供策略與消息。對民族誌學者而言，資料真假至關重要，卻必須透過一個識字不多、忠誠度搖擺不定的學生做為中介，實在是極端挫折的事；更慘的是，大家對他的期望各有不同。譬如，多數多瓦悠人從教會經驗推之，認為白人都是瘋狂虔誠的基督徒。他們很訝異我的助理星期天會去做禮拜，而我卻不。因此，我必須在他們做完禮拜後，等在路旁和他們聊天，表示我不去教堂並不是因為自持身分優越。

一開始，我最沮喪的是從多瓦悠人身上擠不出十個字。當我要他們形容某個儀式或動物，他們會說個一、二句，然後就打住。我必須再提問，才能得到更多的訊息。對此，我非常不滿意，因為這變成我在引導他們回答，不是正確的田野方法。約莫兩個月的徒勞無功後，有一天我突然發現原因。非常簡單，多瓦悠人的對話規則和西方人完全不同。我們習慣不打斷別人說話，但是非洲習慣不一樣。兩人對話就好像在講電話，必須不時以話音打斷、輔以聲音回應，以確定對方仍在線上聆聽。多瓦悠人聽別人說話，會嚴肅望著地面，身體不斷前後搖晃，每隔五秒鐘便低語：「是的」、「的確如此」、「好的」。否則，對方的談興便會戛然而止。一旦我開始有樣學樣，訪問便大大不同以往。

馬修的最大問題不在忠心與真誠，而是他的年紀。在非洲。年紀與地位成正比；多瓦悠人表示尊崇的方式是尊稱對方「老人」。因此地位崇高的多瓦悠長者會稱我為「老人」或「祖父」。我們這些見多識廣的老人聚在一起談話，旁邊站著年僅十七歲的孩子，實在不像樣。對我而言，馬修幾乎不存在，對那些長者而言，他刺眼如爛手指。後來，每當我們要談些重要事情，長者會斷然把馬修趕出去，事後，我再與馬修研究我碰到的語意問題。幸好，馬修好像與祈雨酋長那邊的人有點親戚關係，所以，一開始做田野調查時，他們才容忍他的存在。否則我也會像那些研究多瓦悠的人一樣，空手而回，堅信這個民族是死豬頭頑固。

CHAPTER 7 啊，喀麥隆：祖先的搖籃 O Cameroon, O Cradle of Our Fathers

我每星期的調劑就是週五進城，理由是取每週五從加路亞運抵的郵件。這是天大謊言：郵件只是「理論上」週五送抵。波利鎮的富來尼酋長有一台卡車，包辦郵件運送，但是什麼時候送信、送不送信，全看他高興。如果他決定在加路亞多待幾天，郵件便下週五才來。老師與公務員領不到薪水、醫院藥品短缺、全城的人感到不便，他全不在乎。

此外，喀麥隆郵政牛步化。頭兩個月，我收到的全是加路亞銀行錯得離譜的帳戶結存通知。我不知道他們是如何巧妙變化，現在我有三個帳戶，一個在加路亞、一個在雅溫德，還有一個神奇萬分，是在我從未去過的城市。

「取信」的重點是我可以稍稍擺脫助理。這輩子，我從未與人日夜相處這麼久，開始覺得我像被迫與最不速配的人結了婚。

因此週五下午一到，我便開始快樂過濾旅程所需飲水。我堅持步行進城，一來，波利鎮不賣汽油，必須節約使用；二來，開車得搭載全村人。雨季水量豐富，飲用水只需過濾即可。乾季裡水坑變成薰臭的泥潭，飲水必須煮沸或加氯。我的水壺在多瓦悠人間是個笑話，一公升可以喝上一整天，不過，他們認為這是白人的特有奇行。事實上，多瓦悠人有自己的飲水規範，相較之下，我的不過是邏輯必然。譬如，多瓦悠鐵匠不得與族人一起汲水，必須等人主動奉水；一般多瓦悠人不能飲用山地多瓦悠人的水，除非主人奉水；祈雨酋長不得飲用雨水。這全是交換體系[22]的一部分，規範上述三個團體的女人、食物、飲水的交換。因為我不與其他團體交換女人或食物，可以有自己的飲水規範。除非我將飲水奉到他們手上，多瓦悠人絕不會碰我的水。非經邀請就喝我的水會招來疾病。

每週五步行九哩路進城是快樂經驗。平日我都在泥濘田野跋涉，數個月下來，腳踝與腳掌已染上惡毒黴菌，藥石罔效。雨季裡，長褲只有一個月壽命，之後，便從褲管開始破爛。短褲是明智選擇，卻遭馬修嚴峻否定——有地位的人不穿短褲；何況，短褲無法保護雙腳不受荊棘、刺草與叢林裡四處可見的蘆葦刺傷。

進城裡，我和所有翹望等信的老面孔一樣進駐酒吧，豎耳聆聽送信的卡車聲，喝啤酒打發時間。有時我會到市場閒逛，市場裡只有一群可悲的年邁男女，販賣一丁點兒胡椒或串珠。我無法相信這勾當可以維生，一定只是打發時間而已。城那頭的屠夫每週兩天賣肉，多數肉早被城裡大人物預購一空，普遍顧客只能買到蹄與內臟，以斧頭剁開。屠夫不用磅秤，同樣的錢，每次買到的斤兩都不同。城裡到處是閒逛的公務員、流浪者、憲兵與滿街的孩童。

因為週五取信，我認識了幾位老師。頂頂有名的是艾方瑟，他是體型壯碩的南方人，派駐法洛河（River Faro）再過去的叢林小學，極為偏遠，簡直算得上是奈及利亞領土了。那裡流通的是奈及利亞而非喀麥隆錢幣與貨品，走私甚為猖獗。艾方瑟獨自住在提查巴人（Tchamba）聚落裡。曾有朋友前往一遊，回來報告說艾方瑟身無長物，僅有兩件短褲與兩隻顏色各一的拖鞋。那裡沒有啤酒。乾季一到，通往提查巴的路頭地平線便會捲起一股煙塵。慢慢的，一個黑點浮現，那是艾方瑟跋涉、蹣跚、爬著朝波利鎮前進，嘴裡喊著：「啤酒！啤酒！」坐定酒吧後，艾方瑟開始揮霍積存的薪水。許多人認為艾方瑟一定有慈悲女神守護，因為他蒞臨鎮上的時候，從未碰過啤酒缺貨的漫長詛咒期。通常喝到下午四點，艾方瑟便進入想要跳舞的階段。

艾方瑟體型壯碩，沒人招惹時脾氣溫和，生起氣來卻顯得龐然駭人。他想跳舞時，酒保（通常是當地的逃課學生）便跑去拿收音機。樂聲響起，艾方瑟抬起龐然身軀，好像什麼偉大的自然

22 在人類學裡，交換是個複雜概念與體系，意指個人或群體之間有關寶物、權利、貨品等的互惠性轉讓（transfer）。詳見Roger Keesing，op.cit., p.829。研究一個社會的交換範式與交換機制，自然導致研究一個社會再分配的制度。法國社會學家莫斯（Marcel Mauss）認為相互的饋贈交換象徵人類社會性的互相倚賴，因此與親屬制度與社會階層制度混成一團，並加強這些制度的結構。李維史陀則將親屬制度視為交換範式，而女人正是最終的稀有物資。詳見Roger Keesing，op.cit., pp.474-475。

奇觀，渾然忘我移動雙腿，低聲咆哮，杯中酒一飲而盡，臀部左右搖晃，鼠蹊來回擺動，頭兒低垂。如此這般數個小時，艾方瑟進入另一個階段，此時每個人都得起來跳舞，否則就是侮辱他。眾人關切的焦點是郵件到底會不會在「社交群舞」前抵達？艾方瑟對所有人一視同仁，在他的君王威風下，緊張兮兮的巡迴查稅員與憲兵都得翩翩起舞，他則在角落滿足輕嘆與微笑。

他的主要盟友奧古斯丁也是南方人，喧鬧本事不相上下。奧古斯丁放棄首都的特許會計師工作，跑來當法文老師。在這個嘉許俯首帖耳的國度裡，他是徹頭徹尾的個人主義者，在我認識的人中，只有他膽敢拒絕購買黨證。據說他和副縣長有恩怨（兩人均因溺愛妻子而惡名遠播），不少本地公務員大膽預測：奧古斯丁的下場如不是因「政治因素」離奇失蹤，就是與鎮上富來尼族女人惡搞而喪命。喝酒之後，奧古斯丁會騎重型機車滿城飛馳，嚇壞老老少少。他不時從摩托車摔下，幸好都只是皮肉傷。他總給人一種災難臨頭的感覺，所到之處，淨惹麻煩。有一次他到村裡拜訪我，居然與有夫之婦公然通姦。多瓦悠文化縱容女人通姦，男人也以勾引他人老婆為樂。但是奧古斯丁和這名婦人在她老公的茅屋裡做愛，這可是公然侮辱。對方老公發現此事，依據連坐法邏輯，認定我必須賠償他。經我與酋長及其他「法律顧問」商量後，禮貌拒絕了他。他與兄弟現身我的茅屋前，威脅下次看到奧古斯丁來找我，一定不放過他，要用棍子敲毀他的摩托車。我的精明判斷是警告奧古斯丁暫時遠離孔里。但他本性難移，第二天便出現，還把摩托車停在戴綠帽子的老公屋前。我極端擔心發生暴力場面，也害怕我與多瓦悠人的關係毀了。

那位老公果然與兄弟現身。奧古斯丁拿出城裡買來的啤酒，我們靜默喝酒。不一會兒，憑著難以置信的聞香酒鼻，祖帝保立即現身。我的助理馬修在茅屋後焦急打轉。我敬上菸草。那位丈夫彷若酒醉的格拉斯哥人，始終陷於壓抑靜默的沉思，突然間，他開始唱起平板、細氣的歌曲，其他人馬上興高采烈加入和唱。隨後他便起身離去。人類學者的角色就像辛勤的工蜂，我四處打探原委，以理解這個笑話。那是嘲弄女人的歌，唱道：「噢，誰能和苦澀的陰道做愛？」顯然，啤酒平息做丈夫的怒氣，他決定男人的團結情誼比區區的老婆忠貞重要。這件事再也沒人提起。祖帝保還跟奧古斯丁變成好朋友，共享無數酒宴。

通常，奧古斯丁與艾方瑟會一起在酒吧，以待產父親的無助焦急等待薪資郵件。薪水到手後，又劇烈爭論所得稅扣除有誤。波利鎮的老師薪資和我差不多，還有免費國內機票，可以在黑市脫手。分發郵件的過程令人懷念與官僚的推擠奮戰。你必須大排長龍，等著發信人反覆檢查你的身分證、在整齊畫線的學童習字簿詳細登記各種瑣碎細節、蓋了橡皮章後，才能拿到信。技藝精湛者，一封信可以搞掉十分鐘。

接著便是發信後場景。沒信的人退回酒吧哀悼，有信的人通常也回到酒吧慶祝。因為此地七點便天黑，我總是摸黑跋涉回村。人在英格蘭會忘掉黑夜有多黑，因為我們多半離光害不遠；多瓦悠蘭的夜是一片漆黑，人人必備火炬。入夜後，多瓦悠人拒絕跨出村落圍籬；他們害怕黑暗。總是哆嗦圍繞營火，直到曙光降臨。暗處裡有野獸、妖巫，還有巨大的「甜椒頭」怪物會亂棒敲昏旅人。

他們訝異我敢在黑夜叢林裡亂走，認為是「匹夫之勇」，獨行更是瘋子行徑。其實，暗夜獨行荒涼叢林，再安全不過。空氣清爽似英格蘭夏夜，雖然閃電沉默劃亮遠處山頭，但是雨絲洗去叢林悶熱。星群明亮輝煌。稍後明月升空，叢林白亮如晝。此地並無大型掠食動物；唯一的危險是踩到蛇。比起村裡的嘈雜混亂，暗夜叢林寧靜安詳，我可以逃離人們的注視、指點、叫囂與詰疑，重拾我在非洲生活的第一個折損品──「私生活」。叢林夜行後，我總備覺精神抖擻。

偶爾，我會碰到成群飛奔逃離黑暗恐怖的旅者，有的是不小心在山地村落耽擱了，有的是參加完慶典返家。一看到我，他們總是轉身飛奔。第二天趣味橫生，他們會向村人說在叢林裡碰到「甜椒頭」怪物，幸好逃過魔爪。他們小心避免結論：自從我蒞臨孔里後，「甜椒頭」現身次數遽然增多，我一定脫不了關係。他們認為怪物恐懼可嚇阻婦人「四處遊蕩」。「四處遊蕩」暗指女人通姦偷情。有時，男人會在十字路口布下可變出「甜椒頭」怪物的草藥巫法，嚇阻女性出外遊蕩。

後來，當我慢慢釐清祈雨酋長、一般多瓦悠人、鐵匠的關係後，我也勾勒出多瓦悠文化的男女關係。具體細節是我與助理在游泳處與男人親密相處時所得，餘者仰賴奧古斯丁在異教徒女性圈中的「田野調查」補充。我曾拜託他留意某幾個主題，他都能提供豐富的性風俗資訊。他也證明了多瓦悠人在性行為方面，的確是放蕩與謹慎的奇特組合。

多瓦悠人性啟蒙甚早。因為他們不知道自己的年歲，很難判斷初次性行為的年紀，但多數八歲便開始性探索。男孩看上一個女孩，可以自由到她的茅屋過夜，當然做母親的會留意孩子的行為，不容許放蕩亂交。到了青春期，性關係卻不再甜美。婚前懷孕不算污名，反而頗受歡迎，它證明女孩的生育能力。麻煩的是月經，多瓦悠人認為男孩碰觸到經血，有可能變成低能蠢笨。割禮讓青春期更加複雜。男孩從十歲到二十歲間都有可能接受割禮，全村男孩一起舉行。因此有的男人可能結婚生子，卻尚未接受割禮。父子一起接受割禮雖然罕見，卻也非新聞。沒接受割禮者被視為擁有女性污點，包皮過長，散發女性陰部臭氣。他們禁止參加所有男性活動；死後也只能與女性埋在一起。更糟的是他們不能舉刀發誓。多瓦悠蘭地區最嚴重的咒語是「當米加瑞」，意思是「看刀」。此刀指的是男孩割禮之刀，威力強大，可以砍傷妖巫、殺死女人。如果一個男人對女人施此咒語，代表他震怒，女的恐難逃老拳。尚未行割禮的男人口出此咒，會遭眾人惡意嘲笑，堅持不改則會挨揍。每當我脫口說出「當米加瑞」都被當作鬧劇。

多瓦悠的割禮十分恐怖，整個陰莖都要劃開來。現在多數男孩在醫院割包皮，老派多瓦悠人認為可恥，因為割得不夠多。此外，他們也未與女性隔離九個月。割禮儀式透過死亡與更生（rebirth），讓男孩從呱呱墜地的不完滿形態，蛻變成一個完整的男人。我以六瓶啤酒的代價，換得割禮人宣稱我「受過可敬的割禮」。赦免代價十分便宜。

理論上，女人不能知道割禮內容，她們聽說割禮是用小塊牛皮縫合肛門。這一切隱瞞只是表面工夫。乾季裡，熱氣使植物葉片皺枯，缺少蔽身之物。多瓦悠蘭到處可見性器昂揚的男性，忙著遮掩自己，直到潭邊無人，才躲到岩石後一躍而入解放自己。事實上，女人知道割禮，但不能公開承認。我在多瓦悠社會地位特殊，女人視我為無性別者，願意向我吐實。許久之後，才有人告訴我此種知識隔離，在那之前，我一直以為女人知道割禮，只是不能在男人面前討論。多瓦悠社會有許多「男性祕密」話題——割禮、歌曲、器物等——絕不能在女人面前提及。其實，女人對這些「男性祕密」所知頗多，只是無法盡窺全貌。譬如她們知道割禮和陰莖有關，卻不知道割禮儀式幾乎和富人死後數年遺孀所舉行的儀式一樣，因此也不知道整個頭顱祭儀式完全翻拷自男孩割禮。後來，我才發現整套文化模式僅有男人得悉。

曾有人指出，女性觀點在人類學者的記述中總是神祕缺席。大家認為她們不好應付，也是極端匱乏的知識提供者。我卻發現她們幫助極大，不過接觸起始是一場大災難。

問題仍出在我的語言能力。我去找一位老女人，聊聊過去幾年裡多瓦悠人行為的改變。明智之舉是先徵得她丈夫的同意。他問：「你想和她談什麼？」我說：「我想談婚姻，也談談風俗習慣、通姦與……」。話聲未落，助理和他浮現不可置信的驚恐表情。我迅速在腦海中檢視剛剛的話語，音調並沒有錯誤呀。我把馬修拉到一邊密商。發現問題出在多瓦悠語的表達方式。在多瓦悠語裡，一個人不「做」什麼，而是「說」什麼。譬如，一個人「不做」通姦之事，他「說」通姦。換言之，剛剛那句話被解讀成我要和他的太太搞儀式、通姦。

誤會釐清後，我發現這位女性報導人非常有用。男人自認是宇宙最終祕密的寶庫，必須巧言哄騙，才肯跟我分享。女人卻認為自己所知訊息毫無價值，可以隨意轉述給外人聽。她們有時順口提到某個信仰或儀式，全是男人吝惜提及的話題，為我開啟全新的探索領域。基本上，多瓦悠社會男女分開生活。一個男人可能妻妾成群，卻終日與男同伴相處，女人則與其他妻妾、女性鄰居共處過日。這種模式非常類似英格蘭北部。多瓦悠女人負責炊爨，丈夫卻不與她同桌，而是與年長兒子共食。男女各自耕種，她種自己吃的，他則耕耘他的所需，只有在某些吃重階段才幫老婆一下。夫妻只為行房目的相聚，依據妻妾事先安排的輪值表，當班太太到先生的茅屋辦事。他們之間缺少西方夫妻的熟稔與熱情。多瓦悠人曾向我詫異轉述看到的奇事——美國傳教士遠行回來，老婆居然從屋內跑出來迎接。他們呵呵嘲笑說，要搭這位傳教士的便車還得徵求他老婆的同意，而且他不打老婆呢！

我們不能據此斷論多瓦悠老婆可憐，飽受丈夫斥罵，像朵枯萎的紫羅蘭。她們懂得捍衛自己，還以顏色。大不了，她們可以回娘家的村子。做丈夫的知道在這種情況下，他想要回聘金、牛隻非常困難，會人財兩失。丈夫擔心老婆跑回娘家，常盡量拖延支付聘金。因為拋夫之事並不少見，牛隻讓渡便成為偉大的拖延藝術，拖延效率之高，一如喀麥隆的銀行。婚姻破裂的頻繁加上許多丈夫無法清償聘金，常使民族誌調查者抓狂，因為同一個女人會被錯誤重複計數二、三次。譬如一個女人拋棄前夫再嫁，兩個男人都會大剌剌向人類學者宣稱她是他的老婆。第一個丈夫夸談他付了多少頭牛，卻略而不提這筆聘金從未送抵岳家。第二個丈夫也大談他付出多少頭牛，卻忘了說這筆聘金是付給了第一任丈夫，而不是給岳家。而那個前夫可能拿這批牛去償付他拖欠其他妻妾的聘金。這時，氣沖沖的女方家長可能跑到第二任丈夫家中，要他償付前女婿積欠的聘金，否則要把女兒帶回家。第二任丈夫則敏捷回擊說三代前，他有一個女親戚嫁到他們家，聘金到現在還欠著呢。一場毫無希望、循環盤旋的法律爭執於是開始。

多瓦悠人從不說自己娶妻娶貌，而是娶德，看重她的順從好脾氣。女人絕不能看到割禮過的陰莖，會生病。男人也絕不能看到女性陰部，會從此不舉。因此性交成為黑暗中的鬼祟行為，兩方都不脫光衣服。女人不拿下陰戶前後遮蓋的葉片。早年，男性性交時則解開纏腰布，拿下行過割禮者必戴的葫蘆製陰莖鞘。現在男人流行穿短褲，只有老一輩的參與儀式還戴陰莖鞘。女人在笑鬧時，會鼓起雙頰發出陰莖出鞘的噗噗聲；這種聲音也是性行為的靦腆婉轉說法。多瓦悠女人即使結了婚，仍向丈夫索取夜度資，讓不少傳教士無情批評多瓦悠婚姻形同賣淫，他們卻認為夫妻帳務分明很重要。諸如此類的資訊都是點滴累積而得；我所研究的慶典儀式，則和日常生活有很大不同。

真是運氣好。我來多瓦悠蘭的前一年正好是小米豐收年（多瓦悠人以十一月初小米收成到第二年十一月為一年）；不少人趁此豐收，為祖靈籌辦頭顱祭。

多瓦悠人死了後，屍體以尸布、牛皮包裹。尸布是此地棉花所織，牛皮則是死亡儀式特別宰殺的牛。屍體以屈膝抱縮的坐姿下葬。裹尸時特意露出脖子脆弱處，兩週後，死者的頭顱便自此處砍下。詳細檢查頭顱未被施咒後，便放置在樹內的瓦罐裡。接下來，男性頭顱與女性（或未受到割禮的男性）頭顱際遇不同。男性頭顱放在茅屋後面的叢林，那是頭顱最終安息處。女性頭顱則被送回她出生村落的一棟茅屋後面。換言之，女人結婚，由自己的村子搬到配偶的村子，死後則落葉歸根。

幾年後，亡靈可能會騷擾親人，出現在他們的夢中，讓他們生病，或者拒絕進入女人子宮輪迴轉世，誕生新兒。這是該準備頭顱祭的徵兆。通常，一個富人會出面尋求親人支持，奉上啤酒。如果兩場啤酒宴下來，無人有異議，便可以舉行頭顱祭。多瓦悠人喝酒後脾氣不佳，醺醉而無爭吵，殊屬罕見，需要在場所有人極力自制。連續兩場酒宴都無爭執，顯示大家對舉行頭顱祭有極大共識。

祖帝保告訴我十五哩外的村子即將舉行頭顱祭，我決定先做些調查，確定真實性。

你如想規劃十分鐘後的事，碰到多瓦悠人的時間觀，真會氣絕。我們以月、週、日度量時間，老一輩的多瓦悠人對何謂「一星期」卻只有模糊概念；它和月份名稱一樣，全是文化移植物。多瓦悠老人以現在為基準來推算日子；如果描述過去與未來，便要用到複雜句子如：「昨日的前一天的再前一天。」使用這種系統，你幾乎無法確認事件確切發生日。此外，多瓦悠人絕對獨立，痛恨有人企圖組織他們。他們怎麼方便便怎麼行事。我花了好長時間才適應；我討厭浪費時間、憎恨時間的損失，投注時間就想有收穫。每當我逮住人請教某事的確切時間，答應總是「現在不是談這個的時機」，我聽到此話的次數鐵定創下世界紀錄。和人約定時間地點碰面，絕對行不通。他們會在隔一天甚至一個星期後才露面，還很訝異我生氣了；或者讓我跋涉十哩，他卻不在家。在多瓦悠蘭，時間不是一件可安排的事，某些物品如菸草亦然，你無法畫出己有與他有的界線。剛來時，我很困擾馬修總是自行享用我的菸草，沒有一絲不告而取的歉意，可是打死他，他也不敢私自飲用我的水。多瓦悠文化與西方文化大不相同，菸草與時間都屬於彈性頗大的領域。菸草不可據為己有，朋友有權翻撿你的口袋拿取菸草。每當我酬賞報導人一袋菸草，他會公然蔑視禮節規則，急忙忙奔回家藏起來，深恐路上碰到攔截者。

這是我第一次拜訪扇椰子谷（Valley of Borassa Palms），顧名思義，此地以盛產扇椰子聞名。老地圖上有公路穿越山谷，現在已經失修不堪行。但是小心駕駛，還是可以深入雲霧籠罩的山谷數哩，遠處是奈及利亞邊界的山峰美景。此地村落比起孔里更像傳統山地多瓦悠聚落。村民的話十分難懂，音調不同，高低起伏忒是誇張。祖帝保在前開路，我與馬修緊隨於後，數個小時後，終於抵達此地酋長的院落。基於防禦理由，此地茅屋緊密貼鄰，你必須俯身膝行穿越。入口茅屋則低矮無比，我們全得趴下來爬行。孔里人身高約莫五呎六，此地人則軒昂六呎，一定覺得茅屋矮得難受。

酋長擺出龐然陣仗迎接我們。令我大吃一驚，他長得像海盜，獨眼，臉上爬滿修飾性留疤[23]。他拿出啤酒待客，祖帝保猛烈進攻。我開始擔心會整天耗在這裡。酋長證實要舉行頭顱祭；

確切日期則很模糊。搞了半天的「今天過後的一天又一天……」後，我才赫然發現酋長根本醉了。祖帝保也快速跟進。他說多瓦悠語，酋長說富來尼語。他的一個兒子參與討論，說的是法語。好一會兒後，我發現酋長根本不知道我是誰，誤以為我是住在此村好幾年、最近才離開的荷蘭語言學者。那個學者足足比我大三十歲呢！反正西方人看起來都一樣。酋長表示他很樂意讓我參加頭顱祭，屆時會派人通知我。根據經驗，我知道他不會，但還是由衷感謝他。我將水壺裝滿啤酒，確保回程有足夠的酒，才誘使祖帝保起身告別。

此刻酷暑午后，我的臉不斷脫皮。多瓦悠人密切注意這種變化，無疑希望看到我顯露「真實本色」。即使年邁的多瓦悠人走起山路來，速度都是歐洲人的兩倍，像山羊般在岩石間跳躍。我開始後悔水壺裝了酒。隨行人員對我極端忍耐，訝異白人能走長路。對白人的纖弱無助和容易生病不適，多瓦悠人有誇張解釋——都是因為白人皮膚柔軟。的確，非洲人的腳底板與手肘長滿一吋厚繭，赤足行走尖石路面甚至玻璃都不會受傷。我們終於抵達車子，開往回程方向，順便搭載一個女人。還開不到一哩，她便吐得我一身，典型多瓦悠人作風。我在多瓦悠蘭時，不少人與狗只要逮住機會，就會對我大吐特吐。雨季裡，這沒大問題；只要在河邊停車，連人帶衣服跳進河

23 留疤是指在身體上切割留下疤痕，可作為身分的證明，也是修飾身體的要素。為了美化身體，澳洲與非洲的一些部落住民常切割不同花樣。詳見芮逸夫主編，op.cit., p.197。

裡洗淨即可。

回到村裡，我很訝異馬修發揮了鄉土智慧。目睹酋長院落的酒醉場面，馬修溜去找熟悉的年輕女子，她負責頭顱祭的啤酒釀製，根據啤酒發酵程度，馬修判斷再兩天啤酒就可以做好，四天後就會酸掉，因此頭顱祭一定在那中間舉行。他的主動進取正好碰上發薪日，我給了他一小筆獎金，出他意料，我也對自己微覺吃驚。這個插曲成為我們關係的轉捩點，馬修開始熱中探聽各式訊息與慶典。但是他轉身離去時說，此行根本多此一舉，只要看到路過孔里的人大增，就知道要舉行祭典了。也沒有必要徵詢酋長允許。慶典是公開活動；外人越多越成功。

頭顱祭那天，曙光明亮清朗。和往常一樣，我被村人和馬修的對話吵醒：「他還在睡呀？」「他還不起床？」六點二十五分。這是我第一次有機會在田野場試驗我的器材——相機與錄音機。我教馬修如何操作機器，他負責錄音，我則負責拍照與做筆記。這讓馬修喜出望外，趾高氣昂排闥眾人，以示自己肩負重任。大雨沖斷了一座橋，我們必須步行繞路五哩。最麻煩的莫過穿越急流，不時從溼溜溜的岩石失足滑下，還要保護高舉過頭的器材。馬修是平地多瓦悠人，表現和我一樣差，我們的隨從則是年約五十歲的山地多瓦悠人，赤足緊緊抓附岩石，細心護衛我們過河。

大群人蝟集叢林小徑，全要參加慶典。女人脫下遮身樹葉，換上布條，這絕對是參加公眾盛會的打扮。根據法律，多瓦悠人必須穿衣，並且禁止拍攝裸露乳房的女人。如果嚴格遵守，什麼也拍不成，所以我和其他人一樣無視規定存在，一邊忐忑擔心被憲兵逮到可麻煩。抵達村子時，我們訝然發現擠了一堆陌生人。大群小孩跟在我們屁股後面，在泥裡打滾笑鬧，枯乾萎瘦的老人和我們熱情握手，殷勤的年輕人盛情奉上收音機，以免我錯過日夜盈耳的奈及利亞流行歌曲。我耐心解釋我真正感興趣的是多瓦悠音樂。老人聽了很高興，年輕人頗感困惑。

牛圈廣場上已經擠滿人。祖帝保早就坐在草席上，氣派的太陽眼鏡與配劍一應俱全。邊喝啤酒，他一邊解釋場子狀況。

多瓦悠人的「解釋」問題多多。首先，他們會漏掉最重要的事項，以致模糊不可解。譬如，沒人告訴我這是掌地師（Master of Earth）所在的村子，司管萬物的生長，因此此間的儀式規矩和其他地方不同。不過這種疏漏可以理解，太明白的事不用提。如果我要向多瓦悠人解釋如何開車，我會告訴他換檔、道路標誌等細節，卻忘了說不要撞上其他車子。

此外，多瓦悠人的解釋總是繞圈子打轉。我問：「你為啥這麼做？」

「因為它是好的。」

「為什麼它是好的？」

「因為祖先要我們這麼做。」

我狡猾問道：「祖先為什麼要你這麼做？」

「因為它是好的。」

我永遠打不敗這些祖先，他們是一切解釋的起始與結束。

多瓦悠人喜歡用慣例說法，令我困惑不已。我問：「誰是慶典的主辦人？」

「那個頭戴豪豬毛的男人。」

「我沒看到頭戴豪豬毛的人。」

「他今天沒戴。」

多瓦悠人總是描述事情「應有的狀態」，而不是「現有的狀態」。

多瓦悠人還嗜好開玩笑。照例，我會記下慶典參與者身上的特殊葉飾，不同打扮可能有不同意義，但我總被「戲謔者」（joker）[24]搞得迷迷糊糊。戲謔者是同一批參與割禮的男人，或者同一時間初經來潮的女人。他們會穿戴奇怪的葉子，打亂常軌。你必須一開始就認出他們，以免誤將他們顛覆儀式的怪誕行為視為儀式正常部分。

同時，你必須明白一個人可以同時扮演數種角色。頭顱祭裡唯有小丑能碰觸頭顱，小丑中有一個人是死者的兄弟，此場儀式就是為這個死者舉辦的。他會穿梭在小丑與主辦人兩種角色間，外人難以辨別哪一個角色開始，哪一個角色結束。因為頭顱屋巫師病弱，這位死者的弟弟還必須扛起許多巫師的工作。他一個人便在文化系統裡分佔三個不同位置。

以我當時的分析能力自然不可能理解這些。我只是坐在一顆溼石頭上呆看，問些白癡問題，拍一些看起來有趣的儀式鏡頭。

除了小丑外，頭一天還有不少精采鏡頭。小丑十分喧鬧囂張，臉上塗成半白、半黑，身穿破爛衣裳，混雜富來尼語和多瓦悠語，尖亢吶喊猥褻話語與胡說八道。他們尖叫：「臭屄啤酒！」圍觀群眾爆出歡呼。小丑還會裸露下身，用我摸不著頭腦的機關，放出震天響屁，並試圖互相交媾。小丑以騷鬧我為樂，拿著破碗當相機對著我拍照，在香蕉葉上記筆記。我還以顏色，當他們向我討錢時，我嚴肅掏出啤酒蓋給他們。

村外放著死者頭顱，男女各一堆。宰了不少頭山羊、牛、綿羊，排泄物全灑在頭顱上。主辦人砍下雞頭，把血噴向頭顱。小丑爭奪牲禮屍體，扭打成一團，奮力踏踩泥巴、血水與排泄物。暑氣逼人，人群擁擠。小丑將血與穢物噴灑到觀眾身上取樂。臭氣薰天，有幾個人忍不住嘔吐，更添濁氣。我退出人群，一陣驟雨傾盆而下，我和祖帝保瑟縮躲在樹下，拿著棕櫚葉遮頂。

群眾切切私語，一名老者是眾人關注焦點。他個頭矮小結棍，嘴巴凝固著僵硬笑容，然後我才知道他接收了別人的假牙。看他拿下假牙是多瓦悠蘭的一大奇景。他身桿兒筆直坐在一把紅洋傘下，帶著仁慈、無所不知的表情左右環顧。沒人肯告訴我他是誰。祖帝保只說：「他是慈祥聞名

24 戲謔者是擁有戲謔關係的人。戲謔關係是指一種存在於兩個人（或兩個團體）間的關係，按照習俗，一方可以向另一方戲謔揶揄，後者不得引以為忤。有時戲謔是相互的行為。戲謔的實際形式差異很大，但猥褻與取走財物是最平常的形式。此種關係是一種友情與敵意的混合，它常見於具有衝突可能性但必須極力避免的情況中。此種具有雙重價值的關係，能夠經由尊敬、迴避或允許相互輕視、放縱而產生一種穩定的形式。也有人認為交相戲謔可排除敵意，最大的功能在淨化雙方的情感。詳見芮逸夫主編，op.cit., p.304。

的老人。」馬修說：「我不知道。」一臉鬼祟。有人拿了一大罐啤酒給老者，他喝了一口後，消失於叢林裡。氣氛緊張。鴉雀無聲。十分鐘後老者再度現身。大雨逐漸止息。人人露出如釋重負的表情。我不知道發生何事，但知道不宜逼問答案；或者，祖帝保與我私下相處時，會比較願意鬆口。

現在進入了多瓦悠活動無可避免的無聊部分。我遁入田野工作的「換檔心情」，一種生命近乎停擺的狀態，一耗數個小時，不會失去耐性，也不覺挫折，更不期待精采事發生。過了許久，終於確定今天不再有節目。有幾個親屬搞錯日子，沒有出席，明天或許會現身。接下來，大家忙著安排住宿。馬修跑去安排我的落腳處。祖帝保說只要有酒，他願意睡在樹下。

我們穿過樹林捷徑，行經兩條河與刺人的蘆葦，進入一棟茅屋。一個逢迎巴結的老人將兒子趕出去，好讓自己有屋可睡。在我的追問下，他熱心解釋他的兒子可到某位多瓦悠女孩家享艷福，所以不算太壞。

這是我看過最髒的茅屋。角落的箱子放著腐爛的雞屍，顯然老者今日曾向祖先頭顱奉祭鮮血。屋樑掛著古老器物，是儀式後面階段要用的——活人獻祭時吹的笛子，還有男子與頭顱共舞時，用來裝飾頭顱的馬尾與裹尸布。地上全是穢物。我一屁股躺到床上，才發現上面有半腐爛的肉塊與骨頭，那是牲禮牛隻的遺骸。

我蜷縮在溼答答的衣服下，遠處村裡傳來鼓聲與歌聲，節奏高低有律，引我入眠。突然間，我被門上的抓耙聲驚醒，頓時恐慌想起「枯伊女士」，是馬修為我端來一葫蘆的熱水：「主人，我煮沸五分鐘，可以安心喝了。」我偷偷藏了一些速沖咖啡與牛奶，還準備了大量的糖，供多瓦悠人索取之需。我與馬修對分咖啡，他一口氣加了六匙糖。我想起自己的責任，開始詢問屋樑上的器物，得到大大啟發。馬修說：「今天那個老者是卡潘老人（Old Man of Kpan），祈雨巫師的首領。祖帝保明日會介紹你們認識。」馬修離去，我聽到一個多瓦悠人大聲問道：「你的主人這麼早就睡了？」

一早，我便見到了奧古斯丁，逃脫波利鎮的苦悶，到此透氣。和所有都市非洲人一樣，他絕不辛苦走路，居然一路騎摩托車到此。昨夜他很晚才到，與卡潘老人的某位任性老婆共度春宵。她出生此村，返家參加慶典。雖然，她的兄長帶領奧古斯丁到她的住處，卻斬釘截鐵、嚴詞威脅說，祈雨酋長如發現此事，他們一定會遭雷殛。昨日，我的腦海才開始建立祈雨酋長的檔案，現在資料已迅速累積中。

祭典隨即將祈雨酋長逐出我的腦海。多瓦悠頭顱祭有點像俄羅斯大馬戲團，四個圈子同時進行不同表演。小丑潑完最後一次穢物後，開始清洗頭顱。同時，本村出生的女人在丈夫陪伴下返鄉，打扮成富來尼戰士。她們在山頭跳舞，在「說話笛」（talking flute）的伴奏下揮舞長矛。說話笛可以模仿語言的音調，這又是一個我搞不透徹的多瓦悠語特色[25]。笛聲鼓勵返鄉女子誇示丈夫的

25 非洲許多地區的樂器均可調整音高，用來模仿音調語言（tonal language）的高低音，藉此傳達字義。最有名的是各式說話鼓（talking drum），它們是沙漏型擠壓式的鼓，藉由擠壓調整繫帶，達到變化鼓面張力、調整音高的目的。還有許多管樂器、弦樂器、嘎嘎器及其他體鳴樂器，都可以說話。

財富，丈夫則威逼老婆賣力表現，叫她們刻意打扮，除了長袍外，還炫示太陽眼鏡、借來的手錶、收音機與其他消費產品，有的丈夫並在老婆頭上別上鈔票。

村子的另一邊是頭顱祭主角們的遺孀，身著樹葉長裙，頭戴同一植物做成的圓錐形帽子，一字排開跳舞，好像歌舞女郎。此時，我只能盡力記述各式資訊，得空再做字彙分析。馬修忙著錄音，從這兒倏地飛到那兒，以一種打死我做不到的粗魯姿態排開人群，擠到最前面。

遠處，另一群人扛著一捆奇怪的東西，揮舞刀子。後來，我才知道他們是行過割禮的男人抬著頭顱祭主角的弓，一邊唱著割禮歌曲。突然間，一群男孩衝出來對他們尖叫。我以為是突發衝突，但從觀眾臉上的歡愉之色看來，它顯然是祭典標準項目。身旁一位男人自告奮勇解說：「他們是未受割禮的男孩，總是這樣……。」我忍不住問為什麼，他吃驚瞪著我，好像我是個大白癡。「祖先叫我們這麼做的。」轉身離去。

堆放頭顱處有狀況，我箭步飛過去，馬修則盯著兩組人馬的戰鬥。多瓦悠人只要集體合作，必定爭吵不休，這次也不例外。他們一邊爭論，一邊用布包起男人的頭顱。我看得出來那是割禮者穿的衣服。女性頭顱則被屈辱棄置一旁，沒人理會。女人和小孩全被趕走。他們推擠男性頭顱，吹起我在屋樑上看到的那種笛子。祖帝保解釋說：「他們在威脅亡靈要割他們的包皮。」簡直是個謎團。一個男人將頭顱高舉過頭，嗡然鳴響的鑼搭配著鼓與低音笛，吹奏毛骨悚然的曲調。他們甩開剛剛那捆神祕的東西，抖出長長的裹尸布，男人撐起裹尸布，左右搖擺，好像一隻大蜘蛛。

其餘人則將血淋淋的牲禮牛隻披在身上，頂起牛首，嘴裡咬著一片生肉，以奇怪的跺地節奏圍著頭顱跳舞，不時彎腰、歪斜。場子裡滿溢臭氣、噪音與動作。村子入口處，頭顱祭主角的遺孀們一邊跳舞，一邊向頭顱招手。頭顱陣先是圍著中央大樹轉繞，而後移往村落入口，和牲禮牛隻頭顱放在一起。頭顱祭的主辦人在頭顱旁不斷跳躍，吶喊：「感謝我，你們這些男人才受過割禮。如果不是為了白人，我將獻祭一個男人。」

當然，我自然以為他口中的白人指的是我，揣想他們因為我壓抑了許多瀆神行為。我的第一個反應是失望，差點高喊：「別管我。我就是為這個來的！」經詢問，我才知道早年此類儀式的確要活人獻祭，他的頭顱還要用石頭敲成碎片。後來中央政府（法國、德國與喀麥隆）制止了此種風俗。

接下來的進展淪為喝酒與一般歌舞，我們決定回孔里。回程路上，祖帝保繞道帶我進入山坡上的一個孤立院落，卡潘老人住在那裡。表演了冗長的問候儀式後，我擄獲了卡潘老人的心，他陷入嘆息、呻吟、咯咯歡笑的狂喜狀態，好像老姑婆看到最喜歡的侄子。溫啤酒送上，我們坐在昏暗中聊天。卡潘老人說著說著，不時爆出喜悅讚歎，很高興我來拜訪他。他知道我對多瓦悠的習俗感興趣。他住在這裡很久了，看過許多事情。他會幫助我。我應當盡速再來拜訪他。他會派人通知我。這個季節他最忙了——他露出你知道的表情，我也裝出我知道的樣子。我是第二個拜訪他村子的白人。我問：「前一個白人是法國人還是德國人？」企圖確定那個白人蒞臨的時代。

卡潘老人說：「不是，就是像你這樣的白人。」我奉上帶來的可樂果，起身離去。跋涉花崗岩大石頭與積水小徑，回到主要山徑。山谷底已經霧氣迷濛，今夜將非常冷。當我們抵達車子時，渾身發抖，渴望速速返回溫暖的孔里。西非洲的氣候非常區域化；一地下著小雨，幾哩外可能變成滂沱大雨。孔里的夜間氣溫一向比多瓦悠蘭這一頭多上十度；山的另一頭氣溫更高。

一看到車子，我們便發現有問題，角度歪斜得奇怪。我在多瓦悠蘭期間，只有生病時在教會遭竊一次，只要遠離文明地區，我習慣東西不上鎖。或許有人爬上我的車子放開煞車，移動了車子？

稍加檢查後便發現問題。原來我將車子停在峽谷邊，前方的路通向被沖毀的橋。前日的大雨掏空峽谷邊的泥土，讓車身傾斜，一邊的輪子懸掛在六十呎高的懸崖上，危險平衡，輕輕一碰便可能掉下峽谷。這種情況只有壯漢蠻力才能撥正，但眾人仍在參加慶典。沒法可想。夾著筆記本、相機與錄音機，我們垂頭喪氣跋涉回頭。好日子的爛結局。祖帝保還要雪上加霜，叨唸著：「人生來就要受苦。」顯然是從當地穆斯林學來的宗教安慰。這類陳腔濫調，祖帝保取之不竭，我們在冰冷的河水中顛簸而行，他說：「唉，謀事在人，成事在天。」當我們連滾帶爬回到村子，他還加上一句：「世事難料。」

我們開始尋找該村的酋長。如果說在多瓦悠蘭，有什麼比約定時間地點會面更徒勞無功，那就是尋找一個人或地方。不同的人帶著相同的自信回報：酋長在他的茅屋裡、去了波利鎮、生病了、喝醉了——除了駕崩或身在法國，樣樣都有可能。自始至終，我都無法確定這是認識（有別於知識、事實與證據）上的差異，還是他們單純在說謊。他們只是說些我想聽的答案？還是他們堅信錯誤總比懷疑好？或者這是此地文化，盡量混淆外來者？我傾向最後一個判斷。

終於找到酋長，對我們的不幸際遇，他大表嘆息。他說黑夜無法辦事，大家畏懼黑暗，明天他會打點這件事。我說：「人生來就要受苦。」祖帝保咯咯發笑。

馬修和我被安排住到香蕉園正中央的一間茅屋，我們在寒夜中以香蕉果腹。茅屋裡仍有餘火，一隻狗昏睡不理人。我發現這是某人的炊爨屋，為何孤立果園，不得而知。此外，多瓦悠人絕不允許狗兒進入茅屋睡在爐火旁。馬修迅即展現多瓦悠人作風，開始找木頭準備給狗兒迎頭痛擊。當他找到木頭，我說服他還是先用木頭補充爐火。當晚，我們便連著一身溼衣服睡在骯髒的硬土地上。我的位置較好，狗兒就窩在我的腳旁。但這可不是我在多瓦悠蘭最值得記憶的快樂夜晚。寒氣逼人，馬修鼾聲如雷，狗兒咳個不停。我估算著我還沒付錢的車子有多大機率會掉下懸崖，自我安慰幸好白天裡收集了不少好材料，雖然我壓根兒搞不清楚它們。天快亮時我才入眠，枕著相機，手壓著筆記本，好像中世紀學徒抱著工具睡覺。

天剛破曉，馬修便起床。喉嚨全是痰的狗繼續睡覺。我們瑟縮發抖了一會兒，便與四名高大壯漢出發。寶獅四〇四的車子非常重，難以想像四個人便能搞定它；在我估計中，十二個人還差不多。根據我當年大學的放蕩經驗，四名壯漢大約只能抬動迷你車。祖帝保沿途娛樂我們，細述昨晚和痢疾患者同房共寢的經歷。多瓦悠語有各式用來描繪動作與氣味的奇特聲音，祖帝保發揮得淋漓盡致，因此當我們抵達車子時，大家情緒都很高亢。不待指揮，四名壯漢便爬下峽谷，赤足攀住岩棚，以侮辱人的輕鬆姿態便將車子舉起，推回硬地，毫不費事，顯然兩個人就可搞定。祖帝保興奮萬分，鼓掌、拍腿，發出連串的舌頭顫音、咂聲與鼻音，以示慶祝。我則尷尬極了，我應當給這四名幫手一點零錢，表達我的感激。不幸，我身上一毛錢也沒有，只好奉上不成敬意的香菸。他們顯然有點喪氣，卻未抱怨。此後，只要我出發做田野，一定隨身帶飲用水、一罐肉、一些零錢與一週的抗瘧疾藥；我已經兩天沒吃藥，憂懼萬分，覺得快要發燒，急著卯勁奔回我的醫藥箱。

經過一天休息，我們恢復士氣。唯一的永久損害是我的腳。兩腳的大拇趾指甲附近起了奇怪的紅點，奇癢無比。那是跳蚤。這種討厭的寄生蟲會在人的肌膚掘洞產卵，讓你整隻腳都爛了。非洲田野老手告訴我碰到這種狀況，要請當地人幫忙，他們會以安全別針挑出跳蚤，不致刺破卵囊。不幸，多瓦悠人沒有安全別針，也不善對付跳蚤。我只好自己想辦法，以小刀挑出跳蚤，擔心留下蟲卵，挖下好一大塊肉。這場恐怖但必要的手術讓我許久行動不便，不過沒關係。我手邊終於有了研究素材，可從闡述田野筆記開始。一頁筆記就夠我忙上好幾天，將它們對照我的所見，與孔里這兒的儀式有何不同，又代表何種文化意義。譬如，儀式裡那個舉著頭顱跳舞的男人，不能是隨便任何人，他必須與死者有「丟思」（duuse）關係。為了瞭解「丟思」是什麼，我必須檢視所有的親屬稱謂。我不能用法國的親屬稱謂來詢問村人，那毫無用處。但是多瓦悠人使用法文親屬稱謂的錯誤，倒是可以用來參考。譬如，他們無法分辨伯叔與甥侄，也無法分辨祖父與孫子。這顯示他們稱呼叔伯與甥侄都用同一個詞，稱呼祖父與孫子亦如是。事實也證明如此。多瓦悠人的親屬稱謂是相互的。如果我稱呼某人╳╳，他也會以同詞稱呼我。我花了好長時間才破解出來。最後，我拿了我僅剩的三瓶啤酒（波利鎮啤酒缺貨，它們是方圓兩百哩僅剩的啤酒），向學校借教室與黑板。原本在十字路口晃蕩的那些男人，雀躍前來和我這個善良瘋子聊天，交換啤酒喝。他們很快便理解親屬表的原則，我得到不少知識。許多文獻都提到原始民族無法理解假設性問題。我則無法確定我與多瓦悠人的溝通問題出在語言，還是其他原因。譬如我說：「假設你有個姐妹，她嫁給了某人，你會稱呼他為……。」

「我沒有姐妹。」

「我知道。但是假設你有……。」

「但是我沒有，我只有四個兄弟。」

幾次挫折嘗試後，馬修介入了。「不對，不對。主人，你必須這麼問。一個男人有個姐妹。另一個男人娶了她。她成為他的老婆。這個男人該怎麼稱呼她的丈夫？」如此這般，馬修得到答案。我採用馬修的方法，不再碰到困難，直到「丟思」一詞。我問：「誰是你的丟思？」

「我可以和他開玩笑。」

「你怎麼知道他是你的丟思？」

「小時候，人們告訴我他是我的丟思。我和他開玩笑。」

「他住在哪裡？」

「他可以住在任何地方。」

「如果他是你的丟思，你父親叫他什麼？」

停頓。「他叫他祖父。」

「你的兒子怎麼叫他？」

「我的兒子叫他祖父。」

曙光出現。

「你是不是也叫他祖父？」

「是的。」

在多瓦悠，老人都被稱為祖父。這個稱謂沒有特殊意義，只代表對方上了年紀。前天，我花了一整個下午才搞通這點。我另闢蹊徑。「丟思是你們本家，還是姻親？」其中一人回答：「本家。」另一個人回答：「姻親。他就像祖父。」

我換一種方法：「你有幾個丟思？」

「不清楚。」

我突然想到「丟思」未必是有血緣關係的親屬，可能是完全不同的形式。我試遍所有可能：居處、頭顱屋成員、交換關係，仍搞不清楚「丟思」是什麼。我採取另一個策略，請大家介紹我認識他們的「丟思」，然後我們坐下來，辛苦追溯他們的關係。終於有了較清楚的概念。如果我有個「丟思」，他和我的關係是：我們在曾祖父（或更老的輩分）那一代有共同親戚，中間還至少有一個共同的女性親屬。換言之，「丟思」可能是我的外曾祖父，除了「丟思」外，別無他詞可以稱謂，他和我屬於不同的頭顱屋，在親屬譜中是非常邊緣、幾乎無法追溯的位置。難怪我將兩個「丟思」湊在一起，他們對彼此的關係往往有不同陳述。一個男人可以有許多「丟思」，但他只選擇其中少數人玩笑戲謔，一起參與儀式活動。

其他田野細節也頗棘手，譬如男人參與不同場合所戴的羽毛、特殊儀式使用的葉子、儀式宰殺哪些動物、不宰殺哪些動物……。這些瑣碎小事對理解多瓦悠文化都可能至關重要。譬如，豹子在多瓦悠蘭已經絕跡三十年，卻在他們的文化裡佔有重要地位。豹子獵殺人與牛，獵殺特質和人一樣。割禮人和豹子一樣讓人見血，必須發出豹子獵殺的咆哮聲，接受割禮的男孩則穿得像小豹子。如果一個人殺了豹子，必須舉行和殺人儀式一樣的儀式。殺人者被稱為豹子，他的帽上可以戴豹爪。多瓦悠人解釋死者的埋葬儀式，將它與豹子巧妙結合，說豹子和人一樣，都把頭顱擺到樹上（其實豹子是把獵物拖到樹上吃掉）。像祈雨巫師這類法力強大、危險的人物，死後會變成豹子。如果把這些想法界定在反映人性暴力、狂野的一面，諸此種種態度拼湊起來，也成一番道理。

即便如此簡單明瞭（對人類學者而言）的研究範疇，都花了我好幾個星期才弄清楚。人們不願意談論祈雨酋長與豹子的事。我是有一次星期五到城裡取信時，無意間與一個男孩閒聊，才得知此事。當時大雨傾盆，我們在樹下躲雨，話題自然轉到祈雨巫師。他指著遠方雲霧終年圍繞的山頭說：「那裡住著一個祈雨巫師，唐布科。就算旱季，那裡也有水。但是最棒的祈雨巫師是我爸爸——卡潘老人。當他死後變成豹子，我就繼承了雨的祕密。」我豎直耳朵，聽著男孩隨口閒聊我最感興趣的話題，開始挖掘金礦。抵達波利鎮時，我已經從他口中知道某些特別的山與洞穴非常重要、祈雨用的石頭，以及祈雨酋長可以用閃電殺人（還有他戴了假牙）。一旦我知道了這些事情，便可向村人查證。但是得知祈雨酋長與豹子的關連，可純粹是好運。如果我不是剛好走那條路，如果不是時間湊巧，可能永遠不知道這個祕密，或者要很久之後才知道。

誠如前面所言，就連豹子這麼重要的動物，我和報導人的溝通仍發生問題。一般人的想法裡，非洲人通曉各種有關動植物的鄉土智慧與民間傳說。他們可從芽孢、氣味、樹木記號辨認行經的動物；小心翼翼分析樹葉、果實、樹皮，便知道它屬於何種植物。非洲人的特有不幸是西方人別有居心曲解他們。早年，西方人自詡文化優越，自然認為非洲人的多數看法是錯的，而且笨得很，智商大概只及肚皮之下。無可避免，人類學者的重責大任是反駁大眾對原始民族的錯誤觀感，盡力證明非洲人自有一套西方觀察家忽略的邏輯與智慧。在那個新浪漫主義時代裡，力守職業倫理的人類學者赫然偏到另一邊。今日的狀況與盧梭、蒙田時代並無不同，西方人依然利用原始民族來證明自己的觀點，以此聲討自己不喜的社會現象。當代「思想家」不太注意「事實」，也不留心前輩學者的平衡論點。在我尚未來多瓦悠蘭前，便有過一次震撼經驗，那是一次美洲印地安人工藝展。展覽品中有一艘獨木舟，解說寫著：「獨木舟，與環境和諧共存、無污染。」旁邊有一幅建造獨木舟的照片，印地安人焚燒大片森林，以取得適合的木頭，餘者任其腐爛。「高貴的野蠻人」（noble savage）[26]不僅死而復活，還在倫敦西北區及部分人類學系所活蹦亂跳呢！

多瓦悠人的真貌是：他們對非洲叢林動物的認識比我還少。追蹤時，他能分辨摩托車痕與人類足跡，這已是能力的極致。和多數非洲人一樣，他們相信變色龍有毒，再三向我保證眼鏡蛇無害。他們不知道毛毛蟲會變成蝴蝶，無法分辨不同鳥兒。更不能仰賴他們憑樹皮精確指認樹木。多瓦悠語裡，許多植物都沒有名字（雖然他們經常使用），而是以複雜句子指稱：「那種樹皮用來做染料的樹。」多瓦悠人狩獵多半用陷阱，最沒希望「與自然和諧共存」。他們埋怨我未從白人國

26 高貴的野蠻人一詞首見於英國作家杜萊登（John Dryden，一六三一～一七〇〇年）的劇作《征服格拉那達》（*Conquest of Granada*，1672），也是十八、十九世紀浪漫主義文學的重要主題，代表作家對未開化民族的理想憧憬，認為他們象徵人類未受文明污染、天生的善良。詳見大英百科全書（Britannica.com）。Roger Keesing指出，人類學者一旦置身初民或鄉民的生活方式，濃烈的人情味與簡陋的物質條件都具有強烈吸引力，讓人類學者浪漫擁護「他們的民族」，堅決為部落生活的價值（甚至高貴性）辯護。一九六〇年代，美國俗民文化掀起一股回歸「高貴的野蠻人」熱潮，在意識形態上，是在對抗現代生活的疏離、不講私情、狂亂等現象。詳見Roger Keesing，op.cit., p.26。

家帶來機關槍，讓他們一舉掃蕩此地殘存的可憐羚羊群。多瓦悠人奉命為政府種植專賣棉花，政府發給他們許多殺蟲劑，他們馬上拿來毒魚，大把撒入河中，而後撿取漂浮河面的魚屍。殺蟲劑迅速取代傳統用來窒息魚兒的樹皮。他們說：「它很棒，丟入河裡，沿著下游好幾哩，大魚小魚全部殺光光。」

每年多瓦悠人都會故意大舉焚林，加速新草的生長。森林火災屠殺無數幼獸，也危及人類。

上述種種都和我與多瓦悠人討論豹子有關。語言部分便困難重重。稱呼豹子，多瓦悠人倒有合適字眼——納母悠（Naamyo）。獅子則是複合字——老母豹。小型貓科和麝香貓或山貓則是另一個複合字——豹兒子。大象的稱謂與獅子極為接近，只有音調稍稍不同。更糟糕的是，我請教的第一個會說法語的多瓦悠人犯了大錯，告訴我「納母悠」是獅子。此外，我怎麼知道當他們說「老母豹」時，指的是獅子、年老的母豹子，或者兩者皆是？這個問題越來越棘手。後來我終於搞到一些非洲動物的明信片，裡面有一張是獅子；一張是豹，我秀給他們看，看他們知不知道其中的差別。不幸，他們不知道。問題不在動物的分類，而是他們無法辨識照片。西方人常忘了人必須經過學習才能辨識照片。我們自小接觸照片，即便是各種不同打光、扭曲的鏡頭，依然可以辨識照片中的物體，毫無困難。多瓦悠人沒有視覺藝術的歷史；僅能辨識幾何圖形。當然多瓦悠小孩上過學，看過課本和身分證，懂得辨認照片。法律規定多瓦悠人出門都得帶身分證，上面有他們的照片。我對這事百思不解，他們多數人從未到過大都市，波利鎮也沒有攝影師，是怎麼搞來照片的？仔細檢查他們的身分證，才發現是一個人的照片大家用。顯然，官員辨識照片的能力也不比多瓦悠人好。當我收集多瓦悠詞彙（譬如人體器官）時，我畫了一幅畫，是一男一女的粗略輪廓，搭配模糊的性器官外形，好讓多瓦悠人指著部位告訴我名稱。這幅圖造成轟動，一連數個月，男人蜂擁到我的茅屋要求看這幅畫（他們尤其焦慮我是否完整表現割禮過陰莖的光彩模樣，如果是，就不能給女人看）。重點是他們無法分辨男女的輪廓。一開始，我以為是自己畫技不佳，直到我拿出獅子與豹的照片。老人們拿著明信片左轉右轉，用各種角度觀看，然後說：「我不認識這個人。」小孩雖然認得照片，卻不懂這些動物在儀式上的意義，沒有用。最後，我只好跋涉到加路亞。市場裡有一個名稱輝煌的攤位——傳統療者聯合組織，在那裡我找到各式奇怪東西，有植物的各種部位、豹爪、蝙蝠眼、土狼肛門……。我買了豹爪、麝香貓的腳、獅子尾。有了這些配備，終於可以確定我們聊的是什麼動物。

這仍未解決問題。解釋這些動物的關連，多瓦悠人說了一個故事：「一隻豹娶了一隻獅子。牠們住在山上的洞穴，生了三個小孩。有一天豹子怒吼。兩個小孩害怕逃跑，變成山貓與麝香貓。留下的那隻變成豹。就是這樣。」

自然我要問這件事只發生一次，還是所有山貓與麝香貓的起源都是如此。眾人說法莫衷一是。有人說這是山貓的起源，但是麝香貓產自麝香貓。有人則說這是麝香貓的起源，山貓的祖先本來就是山貓。

這不是單獨現象。任何有關鳥呀、猴呀等簡單問題，往往充滿驚人複雜、一點不似你在人類學文獻裡讀到的明白陳述「多瓦悠人相信……」。多瓦悠人到底相信什麼，不是直接問他們即可得之。你必須每個階段都參酌各種解釋，才能忠實反映他們的思想。

所以，日子繼續。一場祭典提供我多日的研究素材。田野工作者不可能期望永遠效率高超。據我估計，我在非洲期間，真正花在研究的時間不到百分之一，其餘都用來補給後勤、生病、社交、安排事情、從這兒到那兒，還有最重要的——等待。我漫無節制的做事渴望已經觸怒當地神祇，很快，我就受到教訓。

CHAPTER
8
跌到谷底
Rock Bottom

接下來的一段時間無疑是我這輩子最不愉快的旅行經驗，那段時間裡，我完全沉溺於喪志的罪惡中。

連串不幸始於我決定去加路亞補給用品。我非去不可。我不僅已經斷糧，汽油只夠駛到加路亞，身上還僅剩一千五百中非法朗（約三英鎊）。此等窘況導致貿然行動。我答應奧古斯丁載他進城，約好天色一破曉便在大街後面會合，希望偷溜出城，不必搭載憲兵或滿車頂的小米。加足油門快衝，我們逃出城外，開始在最爛的路段緩緩爬坡、轉彎，過了這段路後，才能連接柏油馬路。我們並未抵達柏油路，距離目標五哩處，我繞過轉角，赫然發現整條路根本被大雨沖掉了。西方人有個壞習慣，總認為一條馬路到了轉角，彎過去也一定是馬路。在非洲卻大大不然。我一轉彎，車子發出可怕的金屬嘎吱聲，隨即歪進一呎深的溝渠。

車子的轉向軸有問題了。它發出嗚咽、隆隆聲，拒不接受方向盤指揮。以往我只靠微薄的資淺講師（Junior Lecturer）[27]薪水過活，甚少接觸車子，完全不知該怎麼辦。找人幫忙才是上策。通常不管機器出了什麼問題，都可以找布朗牧師；他在機械方面的神奇能力，眾口相傳。光憑兩支衣架與一個舊犁，當場就可變出一個工具箱。他的解決方式不漂亮卻管用。當他將修好的東西送還給你時，常會加上一句：「這是一堆廢物，但是在非洲，樣樣東西都用不久。」不幸，今天他外出了。無法可想，還是得去加路亞。我們將車子推到路旁，開始步行，抵達柏油路後攔下一輛叢林計程車。當時，我並未把教會門上的銘文「上帝的意旨決定一切」當作惡兆。

我們平安抵達，乖乖遵守漆在車上的乘客守則，不吐痰、不打架、不嘔吐，也不敲破窗子。抵達加路亞時已近中午，奧古斯丁帶我去他最喜歡的非洲餐廳吃飯，菜單選擇只有兩種：吃或不吃。我選擇了吃，結果卻沒吃。他們用搪瓷大碗端上一隻牛蹄，泡在熱水裡。當我說「牛蹄」並非指用牛蹄部位做成的食物，而是連皮帶毛帶蹄、貨真價實的整隻牛蹄。我努力進攻，卻連牛皮都穿不過。突然食欲全消。奧古斯丁卻以行軍蟻精神將整隻牛蹄吃到皮肉無存，只剩骨頭。

此行有兩大勝利。第一，我從當初貿然存錢進去的銀行巧言哄騙出一筆錢來。第二，我找到副縣長的機械工載我們返回波利。當時我愚蠢以為這是鴻運臨頭。他先載我們在城裡的富來尼人區繞了幾個小時，辦了一大堆瑣事，終於出發前往波利。道路非常狹小，擠滿載運棉花、汽油，來往查德與恩岡德雷的聯結卡車。我驚恐發現這位機械工超越龐然卡車時，居然是雙眼緊閉，整個車子急速往旁一偏，車輪離路旁三呎深的排水渠不到數吋。

儘管如此，我們還是在傍晚抵達我的車子旁。他快速檢查一番。車子沒問題；他只要敲一敲就好了。他爬到車下，我聽到金屬敲擊聲以及富來尼語咒罵。他微笑爬出車底。車子雖未完全修好，但開回來波利沒問題。到時我再換新零件好了。

我高興極了。奧古斯丁與我爬上車，以緩慢速度出發。轉向軸還是怪怪的，但多少願意照方向盤的指示前進。路上到處都是貓頭鷹。牠們常會踞坐路面，突然飛起來撞向車前燈；到處都是牠們的屍體。多瓦悠人很怕貓頭鷹，認為到了夜裡，妖巫便躲在牠們的翅膀下飛行。如果你的屋外或牛圈傳來貓頭鷹叫聲，必須趕快尋找解方。

我們開抵通往波利的山頭，開始下坡。直到駛近橫跨峽谷的窄橋時，才發現轉向軸又完全不靈了。我居然還有時間想起橋頭兩邊的尖刺——那原本是欄杆，數年前，一位副縣長在此車禍死亡，將欄杆撞得只剩尖刺。我們的車子先是撞上樹幹，彈回來撞上石頭，直直往峽谷裡衝。我整個人的力量全踩在煞車上，沒用，車子在崖邊懸了一會兒，隨即掉下去。

一棵樹乾淨俐落接住我們，然後慢慢被重量壓垮。我全然鎮定，熄掉引擎，問奧古斯丁可還好，然後爬出車外。從峽谷爬上來後，看著底下尖刺嶙峋的岩石，我們突然無法自抑歇斯底里大笑，非覺有趣，而是恐懼、如釋重負與不可思議。我想我們呆坐了許久。逃過一劫，我和奧古斯

---

27 英國大學教師分為junior lecturer, senior lecturer, reader, professor四個等級，前三者都是講師。

丁都沒受大傷，他胸口瘀青，我的頭撞到方向盤，手指、腳趾與肋骨大概也受傷。徒步返回波利，我們喝了幾瓶奧古斯丁窖藏來應付危急狀況的啤酒。此刻完全符合條件。

第二天，我們才完全明白損傷狀況。仔細檢查車子後，看來修理勢必曠日費時且所費不貲。但是我們逃過一劫僅受輕傷，實在太幸運了。我請當地醫師檢查，他宣稱我們都沒受傷。但是我的手指與腳趾角度奇怪，兩根肋骨腫起一大塊，顯然他的檢查並未看出輕微的骨折。我的兩顆狀況最慘，兩顆門牙搖搖欲墜，整個下顎腫起來，痛苦不堪。

我期待狀況會好轉，回到孔里繼續研究豹子、山貓，靠鎮定劑才能在夜裡打盹入眠。

此階段我最關注的研究是疾病分類，為此，我花了許多時間跟隨當地一位傳統療者研究，不便之處是他住在孔里村旁高山頂上的懸崖。我們常常花數個小時討論各式藥草、疾病診斷與各種療法的差異。

我前面說過多瓦悠人將疾病分為傳染性疾病、頭部巫術（head witchcraft）、亡靈騷擾與污染性疾病。唯有傳染性疾病與巫術導致的意外傷害可用藥草治療。判斷疾病的成因是非常複雜的過程。有些疾病的名字同時指稱病徵與致病因子（譬如我們的「傷風」可指稱某些症狀、也代表病毒感染致病）。有些疾病的名字則特指病徵（譬如「黃疸過高」可能是多種疾病的結果）。從病徵確定疾病須使用多種占卜。病家先找來一個療者，他將雞的內臟丟到水裡。也可找一種專家用玻璃球觀看患者，確定病徵。最常見的占卜術是在手指間搓揉一種名為扎布托（zepto）的植物，口中喊著患者可能罹患的各種病名。扎布托斷了，當時所叫的病名就是正確疾病。接著占卜者再用同樣方法找出致病因子是巫術、祖靈或其他。最後才是確定療方。至少經過三道占卜手續，才能得到全部資訊。如果患者無法到占卜者處，可以請人將穀倉屋頂上的稻草送去，穀倉是一個院落裡最隱密、最私人的處所。

如果占卜者確定是患者哪位祖先搞鬼，解方是派人到頭顱屋，用血、排泄物或啤酒噴灑這位煩瀆的祖先頭顱。

污染性疾病往往需要出動專家——割禮人、巫師或祈雨酋長。疾病的因果關係判斷往往模糊曖昧。譬如，在我們看來是扭傷，他們卻認為是蟲跑進了手腳，屬外力傷害。蟲隨雨而至，因此要找祈雨酋長治療。碰觸死者而罹患的疾病則需巫師治療，療法是以死者的衣物或其他私人物品擦抹患者。最可怕的污染性疾病來自鐵匠與他的妻妾（製陶者）。與他們接觸過多，尤其是碰觸他們的工具，會生一種恐怖的病——女人的陰道會不斷向內生長，男人的肛門則會脫垂。讓男人致病的風箱非常類似陽具，它之所以攻擊男性的肛門而非陰莖，可能和割禮的「官方版本」——割禮是縫合男性肛門——有關。

有些男人會施咒製造污染性疾病，以保護自己的財產。其中和我關係最密切者是孔里的儀式小丑。他擁有全區唯一的柳橙樹，自從我向他買了兩百粒柳橙後，他便黏上了我（我必須承認我並不是要買兩百粒，而是二十粒；錯誤使用數字惹來麻煩）。為了保護柳橙樹不受孩子蹂躪，他在樹上掛了某些植物與羊角，如此一來，偷吃柳橙的人便會像山羊般咳個不停，不得不向他求解藥。

有些多瓦悠人因擁有能讓人牙疼、下痢等石頭，賺了不少錢，患者必須向他們求取解方。多瓦悠人並不認為這種賺錢法有何不對。

頭部巫術則是由近親下在花生或肉裡傳染的。因為這種妖巫害怕尖銳的東西，所以尚未接受割禮的男孩千萬不能豢養它，否則割禮時會流血至死。到了夜裡，它會四處遊蕩，有人說它長得像小雞；藏在貓頭鷹的翼下。它吸人血與牛血，會造成死亡。防止妖巫入侵，必須在茅屋頂上放置尖銳的薊或豪豬毛。一個人有沒有染上頭部巫術，唯有死後檢查頭顱才知道。一開始，我不知道所謂「死於巫術」通常不是指巫師作法讓人死亡，而是擁有頭部巫術的人反被其害：一旦妖巫受傷，它的主人也跟著死亡。多瓦悠人用此解釋旱季裡年輕人前往都市打工、死亡率偏高的現象。他們都是年輕人（根本就是孩子），不太會控制妖巫。看到城裡屠夫攤上的肉，十分興奮，不小心就被砧板上的刀子給割傷死亡[28]。

斷定一個人是否染上頭部巫術，必須在他死後檢查上顎兩塊像釘子的骨頭。如果它們呈紅色或黑色，代表妖巫已被殺死。如果一個家裡接連幾樁死亡都確定與頭部巫術有關，通常某位親戚會被指控為罪魁禍首。殖民時代以前，被指控施巫的人必經接受神判[29]。男的得喝割禮刀浸過的啤酒；如果有罪，他的肚子就會脹起來，流血至死。女的得喝摻了旦戈（dangoh，一種喀麥隆大戟科植物）有毒汁液的啤酒。如果她們不吐，就會死亡，證實有罪；如果她們嘔吐，嘔吐物白色代表無罪，紅色則有罪。判定有罪者會被鐵匠吊死。

一次，某女子被控對兩個女兒下頭部巫術，導致她們死亡。第二個女兒死後的頭顱檢查，我也在場。一名老者用彎棍將頭顱從屍身分開，技巧純熟，頗獲讚美。他將彎棍伸進眼眶內，輕輕一揮，頭顱便隨之而起，牙齒全沒掉進屍體肚內。女孩已死三週，腐爛氣味臭不可當；死者父母必須答謝老者一付羊皮。照例，檢查頭顱充斥猥褻幽默，女人不得逗留——如果我們彎腰時放屁，

---

28 此段有關頭部巫術的描繪並不清楚。譯者特地去信作者，請他進一步說明。Nigel Barley為此間讀者寫了一段詳細說明，請譯者翻譯附於文後：「頭部巫術」直譯自多瓦悠語的祖克沛思（Zuulkpase）。多瓦悠人和許多非洲人一樣，認為人的身體就像容器，可以注入力量，也可以流出力量（因此瓦甕才會在他們的象徵體系裡扮演重要角色）。頭部巫術是多種巫術中的一種，可好可壞（譯註：亦即人類學裡所謂的白巫法與黑巫法，前者可產生有利的力量，起保護作用）。你很難用英文討論頭部巫術，區分它是不是一種有物質形體的東西。多瓦悠語言並無此種分別，它是一種介乎東西、動物與抽象力量的東西。

一個人之所以染上頭部巫術，通常是由親戚透過食物下蠱。和小孩所吸收的其他力量一樣，當孩子越長越大，這個妖巫也必須加以訓練控制。它非常畏懼尖銳的東西，晚上主人睡覺時，它就出外遊蕩。剛染上者缺乏自主控制它的能力，往往不知道它的存在，它則永遠嘗食鮮血（尤其是主人的親戚）。要證明一個人是否染上頭部巫術，唯有在他死後檢查他的頭顱。雖然理論上，你可因他人施巫術而死，但多數時候多瓦悠人說「死於巫術」是指妖巫受傷，導致主人跟著死亡。

29 神判（或稱神斷）是用生理和身體的測驗來判定訴訟當事人有罪、無罪或者權利歸屬的方法。詳見Roger Keesing，op.cit., p.844。神判時被告須吞食毒藥，或把身體的某一部位浸在燒熱液體裡，或者和原告決鬥。如果身體未受傷害，則表示被告無罪。詳見芮逸夫主編，op.cit., p.189。

她們會到處張揚。女人很不高興地退場，男人開始檢視頭顱。我在多瓦悠蘭期間檢查過不少頭顱，總是無法說服自己光憑頭顱的形態差異，就能判斷死者是否中了巫術。老人卻往往結論一致。確定死者被下了巫術並不會引起公憤，而是滿意。被指控的女人是我的近鄰，大家開始笑說唯有白人才能做她鄰居，因為白人不受巫術影響。對此侮辱，她不勝其擾，表示她願意從死者頭顱上走過。如果她是施巫者，就會當場死亡。她的丈夫不肯，對我說：「有什麼用？她去走一定會死，我還得花錢再買一個老婆。」

面對巫術，多瓦悠人並無我想像中的恐懼感：他們以漠然的平常心看待巫術。他們常對我說頭部巫術分很多種，只有一種是壞的。有些頭部巫術讓你牙齒乾淨強健；有的則保佑你農耕順利，對大家都無害。當我說白人國度沒有巫術，所以我很感興趣，多瓦悠人始終不相信。後來我才知道他們認定我的前世是多瓦悠巫師。多瓦悠人從不指責我說謊，只是擺出一種奇怪表情，尤其是聽到地下鐵、英國人娶老婆不用付聘金等漫天大謊時。

大體而言，療者很願意和我合作，賺取微薄報酬。他們只擔心我會盜取療方，自己開業。原始社會裡，鮮少有免費的知識；相反的，知識有歸屬權。一個人是知識的主人，既然他的知識是花錢買來的，豈會不收錢便白白傳授他人，那就像嫁女兒不收聘金，是個笨蛋。因此他們向我收錢，純粹合理。多瓦悠人依據血統來歷判斷療方好壞。古老療方一定比新療方好；任何新療方都備受質疑，它缺少祖先的許可認證。因此療者也懶得尋找新療方。

療者原本對我的診所頗感疑懼，直到確定我只用白人藥草治療傳染性疾病，與他們沒有競爭。但是一個病例讓我面臨道德與策略的兩難。祖帝保的弟弟就住在離我數棟茅屋外，經常到我那兒拜訪。他是個瘦長、奇怪、和藹的年輕人，據說腦筋有點不靈光。一天，我突然注意到他好幾個禮拜不曾現身，我問村人他是否出外，獲知他生病快死了。他得了嚴重的阿米巴性痢疾，家人跑去山頂懸崖請療者診斷。他檢查雞的內臟後，確定他受到母親亡靈騷擾，她要喝啤酒。家人去頭顱屋噴灑啤酒，酋長弟弟的病情卻毫無進展。請來另一個療者，他說患者其實受另一個亡靈騷擾，只是這個亡靈假裝是他的母親。他們獻祭供品，患者病勢卻越來越沉重。酋長的三老婆從小將這個小叔拉拔長大，憂心如焚，跑到我的茅屋前痛哭，詢問我有沒有白人藥草可救他。我無法拒絕，事實上我的確有治療痢疾的藥與抗生素。我和大家解釋我不是療者，不知道我的藥是否有用，如果他們希望我治療他，我就試試看。我害怕此舉會破壞我與療者的關係，但是他們卻看準我診斷一定錯誤。酋長的弟弟吃了我的藥，迅速康復，幾天內，便從骨瘦如柴變得活潑健康。大家都很高興。療者也不生氣。他們只說此病例十分複雜，患者得的是傳染性疾病，但是不少亡靈也加入搗亂，讓患者病勢沉重。他們處理亡靈部分；我治療的是傳染性疾病部分。

唯有這種時候我才覺得多瓦悠人可憐，認為他們的生活型態的確不如西方人。除此之外，他們享受自由以及啤酒、女人帶來的感官滿足，自覺富足與自尊。可是一旦生病，他們便在痛苦與恐懼中毫無必要地死亡。波利鎮的官方醫院毫無助益。政府規定百姓就醫必須攜帶筆記本，方便記錄病歷。部落文盲怎麼會需要筆記本？大家都沒有；波利鎮也不賣，醫院照規定行事，不認為這是他們的責任。醫院拒收病人，不給他們亟需的緊急治療，直到他們買到筆記本為止。我和教會都盡量提供他們筆記本。結果是多數多瓦悠人不上醫院看病，不少人死於缺乏救治。這種驕傲、沒人性的官僚作風實在令人難以苟同。同時間，我滿懷罪惡發現每當我到醫院看病，僅因為是白人就可免排隊，獲得大官顯貴般特殊待遇。

另一次敏感事件是某位法國植物學者旋風來去喀麥隆，製作喀麥隆植物分布圖鑑。當我返回村子，發現這位紳士駐紮在校舍，已經連續調查本地植物六個小時。多瓦悠人當然不解誰會單純對植物感興趣，他顯然意圖竊取多瓦悠藥草療方，到他處大賺其錢。這位法國植物學者的研究站規模比我闊氣，他不愛吃本地雞，自己帶了雞來，還有兩名隨從服侍所需。我們在叢林裡共進一頓奇特晚餐，桌布與餐巾一應俱全，多瓦悠小孩則排成圓圈蹲坐我們身旁，張大眼睛好奇張望。他向我和氣解釋採集植物樣本以供日後辨識的重要性。面對非洲，法國植物學者與英國人類學家的距離顯得微不足道，我們直聊到深夜。

第二天，本地療者覺得我「兄弟」的枉法偷襲妄為實在太冒昧。我頗費一番唇舌才說服他，我和法國植物學者並非來自同一國家，祖帝保請他喝啤酒遭到拒絕，就可證明。他和新教會的布朗牧師一樣，都是外國人。這些種族和英國人的差異，就像可惡的富來尼人與善良的多瓦悠人一樣大有差別。

依我們的見解，傳統療者的療法根本無效甚至有害。這些療方大異西方世界觀念，譬如用羊角摩擦患者胸膛治療肺結核，荒謬到我們根本懶得檢查它是否有效。人類學者只要依據交感巫術（sympathetic）[30]與感應巫術（contagious magic）的一般原則，也能表現得有模有樣，這些療者根本不夠看。多瓦悠人在這方面的信仰絲毫不令我吃驚，直到我和祈雨酋長開始工作為止；有關這部分的故事容後再述。

多瓦悠多數療方以三大類神奇植物為主，從通姦到頭疼，諸種痛苦都可治療。這些植物又區分為幾類，光憑外表，門外漢絕無法區分。有時，多瓦悠人說起話來就像頑固的實證主義者，無法眼見為憑的東西，他們一概不信。我問：「你如何區分這種扎布托和另一種的差別？」或者「你怎麼知道它是治療頭疼還是斷絕通姦的植物？」他們不可置信地看著我，這麼簡單明瞭的事情：

30 交感巫術一詞是由佛雷哲（James George Frazer）所創，他在《金枝》（*The Golden Bough*）一書中說，分析巫術賴以建立的思想原則，便會發現它們可以歸結為兩個方面：第一是「同類相生」或果必同因；第二是「物體一經互相接觸，在中斷實體接觸後還會繼續遠距離地互相作用」。前者可稱之為「相似律」，後者可稱作「接觸律」。透過「相似律」引申出的巫術，施巫者能夠僅僅通過模仿就實現任何他想做的事。透過接觸律，施巫者則相信能透過一個物體對另一個人施加影響，只要該物體曾被那個人接觸過，不論該物體是否為該人身體的一部分。基於「相似律」的法術叫做「順勢巫術」或「模擬巫術」。基於「接觸律」的法術叫做「接觸巫術」。不管是「順勢巫術」或「接觸巫術」都奠基於交感作用，施巫者相信透過一種我們看不見的神祕媒介，可以把一物體的推動力傳輸給另一物體，亦即經由神祕的交感作用，可使本來無關係的兩件事物發生作用。詳見佛雷哲，《金枝》，台北：遠流出版（1991），pp.21-23。

「試了才知道，不然怎辦？」但他們又會滔滔不絕說些造雨石頭、人變成豹、蝙蝠沒肛門所以從鼻孔噴出排泄物等沒影子的事情——在在違反他們的實證主義。你永遠無法預測他們的答案會是什麼。光是「我不知道」，他們就有三種說法，怒氣程度不同。有時我能拗到直接答案，多數時候是「我不知道，我沒看到。沒看到怎麼知道？」大家開始嗤笑我這個人什麼都相信。

這段時間，我開始覺得自己蒐集到一些資料了。我逐漸適應非洲生活與田野方法的挑戰。我還記得某篇文章說淘金是每三噸廢物才瀝出一盎司黃金；此言如果屬實，田野工作和淘金頗相似。

我的雙顎並未逐漸痊癒；越來越糟。牙床開始流出血液混合膿汁、不悅的黏液，該去看醫師了。我繞道教會找布朗牧師，他雀躍聞知非洲摧毀我的所有期許，印證他對黑暗大陸的悲慘觀點。他願意幫我修車，但不保證何時能修好。如果我早知道修車要九個月，我就不會對他如此感激涕零。當時我卻覺得放下心頭大石，搭送信便車前往加路亞。

我始終不明白郵件車的駕駛為何不願順道搭載外國人；只要付點小錢，他就讓人搭便車。碰到西方人，卻搬出法規奉如聖經，斷然拒絕。有時碰到善心憲兵，他會幫你說項。找不到便車離開波利，使我的非洲生活更添挫折。終於我來到加路亞，據說全喀國只有兩個牙醫，一個潛藏在此，另一個在首都。人們告訴我有中國來的牙醫，結果只是煙幕彈，全是農耕機駕駛。最後我終於在當地醫院追蹤到牙醫。

當時我還是個頭腦不清的西方自由主義者，乖乖排隊等看病。不久來了個法國商人，擠到隊伍最前面，塞給護士五百中非法朗，問道：「有沒有白人牙醫？」護士爭辯說：「他不是白人，但是從法國來的。」那位流亡海外的法國人想了一下便離去。我留下。

當手術室門打開，我訝然發現自己被其他排隊的非洲人推到隊伍最前面。手術室裡只有一些老舊的牙科器材，還有一張大大的里昂大學文憑，給我不少信心。我對一個大塊頭男人解說我的病狀。他二話不說，拿起一把鉗子拔掉我兩顆門牙。突如其來的攻擊讓我對拔牙的痛苦來不及反應。他說我的門牙爛掉了，甚至暗示說搞不好它們老早就爛了。現在他把爛牙拔掉，我好了，可以到外面付錢給護士。我呆坐椅子，鮮血直淌襯衫胸口，試圖讓他明白他可以進行下一步治療。少了兩顆門牙，還要用外國語與人爭辯，實在很困難；毫無進展。最後他終於發現我是難纏的病人，恐嚇說好呀，如果我不滿意他的治療，他可以去叫牙醫來。他轉身離去，留下我狐疑到底是誰幫我做了拔牙手術。我居然掉進這麼明白的陷阱，誤以為站在手術室、身穿白外套、準備幫你拔牙的人，一定是牙醫。

另一個男人出現，也是穿白外套。我忙問他是不是醫師。他說是。剛剛那人是他的技工，也修手錶。補起我空空的門牙要花不少錢，難度高，需要精良技術，他有這種技術。我告訴他除非我能說話，否則我無法工作，也就沒法付錢給他。他頓時變聰明，叫我下午再來。他會做個塑膠的東西。又說我是高貴病人，配用得上麻醉，在我的牙床注射局部麻醉劑。拔完牙後才打麻藥，這實在很怪，但是我痛到毫不在乎了。

在拔牙與補牙間的空檔，我在加路亞遊蕩，門牙漏風，像狼人般青面獠牙。迎面走來的人避之唯恐不及。我胸口沾滿血，彷若身受重傷。憲兵懷疑我幹了什麼分屍壞事，盤問我時，我只能含糊不清、發音不全地回答。

下午我回到醫院，醫師為我補上兩顆在牙床上靠不住搖晃的塑膠假牙，給了我一瓶粉紅色漱口水。收費超過法定標準十倍。沒輒，只好照付。當我離去時，發現用來為我注射麻藥的針筒棄置在地。

適應這個塑膠假牙可是我情願不要的麻煩事。多瓦悠人卻喜愛不已：許多人還仿效我，刻意拔掉門牙。我問他們幹麼如此？是看起來較美嗎？不是。那是（此刻人類學者沉浸於幻想中）為了提供身體一個像村落大門的入口嗎？也不是。這是為了上下顎鎖死時，還有一個洞可以把食物塞進去。這種事常發生嗎？據他們所知，從未發生過，但有可能發生呀。能夠一邊說話一邊拿開門牙，極端吸引多瓦悠人。

現在已接近收成季，多瓦悠人趕在雨季最後一個月把許多屬於溼季的儀式舉行完畢。譬如男人死後，必須將他的弓安置在頭顱屋後面，舉行安弓儀式。女性死者的水甕必須由兒子送回到她的兄弟處。我迫不及待要看這些儀式，唯有看過並記錄所有儀式，才能分析其內在邏輯、勾勒其架構。

我的可移動式假牙大大提高馬修的地位，讓他很快慰。他聽說本地療者即將為過世老婆舉辦儀式。每次上山拜訪療者都是痛苦經驗，必須攀爬搖搖欲墜的岩石，一失足便會摔落陡峭深淵。但是沒辦法。他選擇這麼不親切的地方居住有幾個原因。首先，這是山地多瓦悠人的傳統居住方式，在陡峭山邊開闢梯田，必須四肢著地才能耕種。此外拔高數百呎，氣候適合種植少數特殊品種的小米，它們比平原地區大片種植的普通小米值錢。理論上，供祭祖靈必須使用這種高等小米，給祖先喝的啤酒也用它釀造，酒精濃度較高。此外，高地農田較少被牛兒踐踏。

相較於攀爬時的辛苦，抵達之後的工作環境宜人：山地村落氣候舒爽，人們熱情歡迎我，其實離我的茅屋也不算太遠。我檢查了相機、錄音機後，先去拜訪主人賄賂他，探詢他舉辦此次儀式的動機、該準備些什麼。先行拜訪是聰明之舉。一旦儀式開始，大批親屬四面八方湧入，誰也沒時間理會人類學者的愚蠢發問。此外，先行拜訪給我充裕時間檢查我得到的答案、思索我要問的問題，看看有無改進之處。儀式過後幾天，我會二度造訪村子，詢問儀式當天發生的一些事，核對儀式參與者的身分，它和其他村落舉行的儀式有何差異及不連貫之處。這時儀式器物尚未歸還主人，正好可以拍照，這比儀式中拍到的照片更清楚。我都將底片寄回英國，請朋友幫我沖印。在喀麥隆沖洗底片既貴又不可靠，但是底片在這種氣候一放十八個月，也很危險。寄回英國有可能半途掉了，也要回國後才能看，但整體而言，還是比較聰明。最大的缺點是大大增加我與郵局人員的接觸，即使以當地標準，他們也堪稱是蠢笨與無能的大師。

就在儀式的前幾天，我的生活水平突然大大改變。那天我進城取信，來了一輛陌生卡車，滿載箱子、桶子與行李。陌生車輛向來招引諸種揣測。卡車上是一男一女陌生白人，身為駐地白人，上前探頭探腦是我的責任。我們用生硬的法語交談，不久即發現我們都來自英語系國家，男人熱情握手，差點捏碎我兩根手指早已骨折的手。

他們是約翰・柏格與珍妮・柏格，與新教會的布朗牧師是同事，奉駐波利。他們是美國人，年紀還輕，初次到非洲，和我當初一樣飽受震撼。約翰負責主日學教學；珍妮是他的太太。我們都有受過高等教育的口音。

他們在波利鎮安頓下來後，我更是非進城取信不可。有他們愉悅相伴，你可以大說英語、在廚房吃珍妮烘培的麵包、聽音樂，聊些小米與牛隻以外的話題。約翰的任務是和多瓦悠人溝通「基督精神的意義」，我的任務則是確立「多瓦悠文化的意義」。我們的相互助益，便在提醒對方目標常有力有未逮之處。最重要的，約翰傲然擁有十二大桶垃圾小說，慷慨賜借。我在多瓦悠蘭之所以不曾發瘋，這些小說居功最偉。儀式的漫長間隔、七點之後村民全部上床的無邊沉悶夜晚，一本小說在手，便不再那麼痛苦難熬。頓時，田野工作變成我此生最濃縮的閱讀經驗，我從未有機會如此大量閱讀。不管是坐在石頭上、爬山半途中、坐在河流中、蜷縮在茅屋裡就著月光，或者拿著煤油燈在十字路口等待，我都少不了一本約翰的平裝小說。當我的期望落空、人們允諾我的神聖誓約破裂，我就遁入田野工作的備檔心情，拿出我的平裝小說，和多瓦悠人比賽誰能熬得更久。

我贏得令人艷羨的「固執」美名。如果有人約了和我見面卻爽約，我就會拿本書坐下來等，直到他現身為止。我覺得自己終於贏得西式勝利，打敗多瓦悠人的時間觀。

約翰和珍妮除了解決我的交通問題，願意幫我從城裡運送必需品，還滿足我的其他需求。約翰把辦公室鑰匙借給我，他外出時我可使用。他的辦公室裡有一張真正的桌子，這是我到多瓦悠蘭之後看到的第一個平坦書寫桌面，還有電燈與紙。沒住過非洲山區部落的人，絕無法體會這是何等奢侈。只要跨進他的辦公室，我就可將多瓦悠蘭鎖在門外數個小時。我可以攤開筆記分析資料，檢查哪些地方還不完全明白，哪些調查又是值回票價。在毫無干擾、中斷的狀況下從事抽象思考——非常不非洲。

這些當然都是我們初次見面後的事。但儀式部分的發展也超乎我的預期，前面說過我忙著記錄療者之妻的水甕儀式，我照宣布的儀式日現身，訝然發現它居然準時舉行。我必須承認爬山耗掉我太多精力，到了山頭，我差點站不住，世界在我眼前打轉。我盡力記錄儀式——死者水甕如何布置成接受割禮者的模樣、男人將水甕高舉過頭邊歌邊舞。但情況顯然不對，我的眼睛幾乎睜不開來，相機重得拿不動，多瓦悠人的「解釋」也令我惱怒不已。當時我坐在牛圈的牆上，忙著釐清儀式參與者的親屬關係，一個男人警告我不要坐在那裡，以免染上可怕重病。我問馬修他是什麼意思。馬修說問題出在角落的破瓦甕，它們蓄積氣體，會吸走我胃裡的維生素。我實在受夠這種胡言亂語，突然勃然大怒，連自己都大吃一驚，因為這是受過教育的多瓦悠人的典型答案，我早該習慣了。如果我當時心智正常，便會察覺這是傳統多瓦悠人思惟模式偽裝成西方想法。後來我頗費一番工夫，才發現破瓦甕下埋的是保佑牛隻繁育的石頭。它會擾亂人的生育，唯有喪失生育能力的老人才能接近。坐在那裡，我可能終生不育。

到了儀式尾聲，我幾乎無法記筆記，以可能摔斷脖子的高速飛奔回村，頹然倒在床上。第二天，太陽尚未完全露臉，我便爬進城裡看醫師。他看看我的眼珠，在顯微鏡下檢查我鮮黃色的尿液，宣布我感染了病毒性肝炎。他問：「最近你可曾用過不乾淨的針頭注射？」我想到加路亞那位牙醫。唯一療方是大量攝取維生素B群、休息與營養飲食。考量我的狀況，這些完全不可行。在床上躺了幾天，我覺得好多了，便回到山上繼續詢問水甕儀式的細節。

我在頭昏腦脹的狀況下工作了一個星期。約翰和恩岡德雷教會的一位傳教士開車到村裡探望我。我不記得談話內容，好像是在聊當天我買到的陽具狀山藥究竟有何性意涵。他們意味深長地看了對方一眼，開始一陣忙亂。他們擔心我的狀況，要載我去恩岡德雷的教會醫院。

我不認為自己需要這麼強力的治療。幸好，他們堅持第二天出城時再來看我，讓我思考一下。我拿著肥皂前往洗澡處，離開村子不到一百碼，便突然累得走不動。路邊正好有大石，我一屁股坐下，無法抬動雙腿。大雨驟然降下，我仍無力移動身體。想起今天是我的生日，我不可自抑放聲大哭。就在此時，鄰村的賈世登發現我。我抽噎說自己無法走路，他一把撈起我，揹我回茅屋，我沉睡不醒，直到被抬進醫院為止。

CHAPTER 9 非洲總有新把戲 Ex Africa semper quid nasty

任何一家非洲醫院就西方標準來看都很恐怖。沒有西方醫院的粉嫩色彩與低聲細語，也不在走道旁診療室或屏風後面治療傷患，而是眾目睽睽展示令人不悅的病體。非洲人生病，全家人堅持和他一起住院，在醫院裡舉炊、洗衣、給孩子餵奶，把醫院當成家，旁若無人以刺耳嗓門操持家務。收音機震天作響，小販叫賣各式垃圾貨品。長長的隊伍裡，女人背著孩子、男人一臉憂鬱，人人手上緊抓著紙，好像護身符。男護士穿過病患隊伍，心無旁鶩，全然無視緊抓他們的手與哀戚懇求。醫院周遭更是生態災難。樹葉全被摘下擦手，樹枝被扯下當柴火，新月形的草坪被踩得奄奄一息，上面一坨坨排泄物，鬼頭鬼腦的狗兒盡興大舔。

坐鎮這一團混亂的是醫師，通常是白人，工作過度、飽受騷擾，奔來跑去處理各種急難事件，以賽過十二個部門的效率提供最基本的醫療服務。他們為我注射丙種球蛋白，整整兩天，我都無法移動雙腿。再度，尼爾森牧師夫婦收容我，決心好好餵飽我。

肝炎的大麻煩是它很容易變成慢性，糾纏我直到我離開喀國為止。因此第一要事是篩檢出我罹患何種肝炎。肝炎篩檢只有雅溫德醫院才能做。那裡也有合格牙醫能幫我做一副較可用的假牙，直到我回英國為止。我的西方朋友顯然受不了我吃飯、聊天時，假牙常常飛出去，頻頻鼓勵我去雅溫德換假牙。

財務災難悄然逼近，我的錢還是沒來。銀行連最簡單的指示都無能執行，我欠教會的錢已多到難堪的地步，還得面對修車與「身體大修」的額外支出。走投無路，我發電報給英國同事，請他們借我五百英鎊度難關。如果他們能電匯給我，我可以去雅溫德的英國大使館領取。

此次身體崩盤來得還算湊巧。主要的慶典季節已經結束，我打算參觀的豐收祭尚未開始，大約有三個星期時間整修自己，再回到田野場。運氣好，說不定可以趕上豐收祭。拿著假牙，我出發前往雅溫德。

因為身體虛弱，我決定不計代價搭乘臥鋪。出我意料，臥鋪很乾淨舒適，風格頗似一九一〇年代「火地島鐵路公司」(Tierra del Fuego Railroad Co.)的出品。我的一夜好眠夢想卻被服務員摧毀，他堅持安排我與一位恐怖的黎巴嫩婦女及其瘦弱的女兒同住一間。服務員指出我的舖位，我將行李放妥，倒頭便睡。突然，那位利凡得（Levantine）[31]悍婦一把將我扯起，嘶聲怒吼：「在我女兒結婚前，沒有男人能與她同房睡覺。」她解釋說：「她還是個處女。」我與服務員以全新興趣打量這位女孩。我試著解釋我並不覬覦她女兒的肉體魅力。女孩咯咯笑，服務員咆哮，我被全然漠視。

無視那位悍婦的騷擾，服務員嘮叨唸了一大篇規定。和所有非洲爭論一樣，他們的口角亦是週而復始、無關宏旨。

「我認識一個鐵路局主管，我叫他開除你。」

「我兄弟是移民局督員，我叫他驅逐你出境。」

「野蠻人！」

「娼妓！」

隨即他們在車廂門口毫不體面地扭打，互相大啐口水。我與那位女孩沉默交換同情眼神。該擺出決斷的樣子了，我吃力起身。婦人似乎擔心我從背後偷襲她的女兒，緊握拳頭，奮力撲到我的面前。服務員趁她不注意，一把抓住她的背，將尖聲大叫的她拖到走道。眾人群集圍觀，不少是出外旅行的警察，漠然袖手，一些可惡的觀眾則鼓譟叫他們打架。

我則一跛一跛沿走道前行，發現幾乎所有臥鋪都是空的，隨便挑了一個睡上去。服務員視此為惡意背叛，用瞪視黎巴嫩婦人的惡狠眼神瞪了我許久，直到我拿錢賄賂才打發了他。整晚，我都聽到那位黎巴嫩「哨兵」只要瞥見敵人經過，便拉開車廂門對他大聲咒罵。第二天抵達雅溫德，服務員死命阻撓那位婦人找行李推伕，她則企圖潑他茶水。

31 利凡得指地中海東部以及愛琴海沿岸的國家，自希臘到埃及，包括敘利亞、黎巴嫩、以色列等。

我和上次在雅溫德認識的法國朋友約在老酒吧見面，閒聊大家的近況。多數失蹤面孔都是感染了肆虐西非洲的致命病毒性病。非洲社交生活貧乏，通姦是最大消遣。我驚恐發現那些紀念品小販還記得我是那個什麼都沒買的人，決心這一次不讓我漏網。

初抵喀麥隆時，我對雅溫德的醜陋與骯髒印象深刻，現在它卻似天堂般美麗、品味非凡，充滿文明舒適。短短數個月，我的標準便有了驚人變化。赤貧與富裕的駭人並存也不再撼動我。當我與白人同伴坐在咖啡館時，一個孩子站在人行道上，年紀小小，卻不知受什麼政治激進主義影響，對外國人破口大罵。咖啡館客人似乎覺得很有趣，丟了幾個銅板，那個孩子連忙趴到泥巴地上拾起。

我很快住進朋友的公寓，再次發現英、法兩國年輕人的生活優先順序大不相同。生活在非洲，獨立的英美人士不是自己種植，就是吃罐頭食物，法國人卻堅持法式料理。不教書時，他們的生活就是到叢林賽車、到大使館區參加派對，或者從事其他觀光冒險。他們當中有一人酷愛剝製動物標本，尤其擅長剝製穿山甲。據說穿山甲很難殺死，因此他鎮日忙著實驗各種殺死穿山甲的新方法。有時澡盆裡浮著他宣稱剛淹死的穿山甲，有時冰箱冷凍庫門關不上，裡面是他「凍僵」的穿山甲。

奇怪巧合，綜合醫院裡新來的醫師認識我，他是我一位老友妹妹的男友，我們曾在法國拉洛歇爾（La Rochelle）的酒吧見過一面。發現世界這麼小，而且依據非洲擴展式親屬關係運轉，真令人欣慰。他安排我驗血。我對這項檢查頗感矛盾。我就是因針頭感染而生病，再挨一針能治病嗎？

第二天，我去大使館打探錢來了沒。大驚發現自己成為外交工作的主角。倫敦外交部轉來一大堆誇張報告，說我的身體傷殘了，以致大使館一位人員慎重考慮走出首都護圍，尋找我的下落。典型作風，他們費勁解釋為何無法幫忙，為我安排優先看牙醫，卻矢口否認知道錢的事。

我在雅溫德待了兩週修牙，用新假牙大啖肉與麵包，某天還吃了奶油蛋糕（我回英國後，天天吃兩個奶油蛋糕，直到恢復體重為止）。再沒什麼比大病初癒後四處走動更快樂。有一天，我與菸草店老闆一起外出吃飯，不知為什麼，突然幸福感緊緊包圍我，後來我才發現我坐的是布套扶手椅。在多瓦悠蘭，我不是坐在石頭上，便是坐酋長的搖搖欲墜折疊椅或教會的硬背椅，這是數個月來我第一次坐到扶手椅。此地還有戲院，配備奢侈，坐在後座的人有一種機器可以聽音軌，不必仰賴前座的人口耳相傳。最棒的是這裡的房子不是浪板鐵皮屋頂，大雨不致沖毀一切。

但幸福感短暫。此地白人生活集中於酒吧，到了晚上，他們就群聚於此互吐苦悶、抱怨雅溫德種種。為防肝炎復發，我嚴禁喝酒，酒吧對我而言，實在乏味透頂。到後來我要返回內陸時，竟一點不覺惋惜。我也擔心只要我轉身不注意，多瓦悠人就會偷偷舉行豐年祭。

我順道到醫院拿驗血報告。第一份報告說「樣本遺失」。第二份報告說「驗血試劑缺貨」。我早就知道是一場白忙。但是我覺得身體好多了，而且配備新假牙，可以發出基本的英語發音。財務狀況則依然吃緊。數個月後，大使館才發現錢的確是匯來了，只是塞在某個抽屜裡。我更訝異大使館人員極端缺乏手腕，居然在烏龍事件後一個星期寄來女王生日派對的邀請函；請柬背面寫著：「如果閣下不克光臨，大使也不覺意外。」

我平安抵達恩岡德雷，與約翰、珍妮碰頭，搭他們的便車回波利鎮。美國派來增兵，那是布魯一家人，男主人是華特，他將在教會學校教書。他、約翰與我成為靈魂伴侶。華特迅速得到瓦區（Vulch）綽號，因為當地人將他的名字唸成兀鷹（vulture）。華特是《時代週刊》填字遊戲迷，經常坐在陽台上，與填字遊戲數個小時痛苦奮鬥，不時絕望呻吟或者興奮跳躍。他極有音樂才華，很快便取得教會那台飽受溼氣與白蟻侵蝕、油盡燈枯、哮喘不已的鋼琴獨家使用權。後來他搞到一個調音較好的樂器，我才發現他真的能玩音樂。他的太太賈桂琳是完美的陪襯者，統管一切務實工作：裁衣、養雞、釘釘鎚鎚、生養那些「瓦區」邊玩填字遊戲邊心不在焉逗弄的小孩。他們家永遠訪客川流不息；主人還歡迎多多益善。打從叢林來的客人永遠不知道他們家裡會有誰，到處是打開的行李、吵鬧的小孩、貓狗與變色龍。這就是「瓦區」的家。

我不再覺得自己在喀麥隆孤子一人。最壞的已經過去，我已克服種種困難。田野場不遠處就有我的朋友，當我生病、沮喪、被孤寂打倒時，就可逃進我的避難所。現在，我可以開始進行此行的研究了。

CHAPTER

10

儀式與錯誤[32]

Rites and Wrongs

我離開了三個星期，欣慰發現路旁的小米尚未到收割期。自從我讀了馬凌諾斯基那篇反對人類學者賴在教會陽台的激烈文章後，就對教會陽台大感興趣，我發現坐在陽台上沉思非洲，往往心情愉悅且收穫頗豐。陽台正前方是通往城鎮的幹道，背後是月光籠罩的山頭，嘈雜與閒逸在此美妙處所兼容並存。

經歷恩岡德雷的寒冽，此刻我欣然坐在陽台享受美景與仁慈的溫暖，遠處山頭飄來陣陣鼓聲。再度，我覺得自己像四〇年代英國電影裡的典型白佬，聆聽遠處山頭的土著鼓聲，懷疑這是否代表令人膽顫的屠殺即將展開。我認出那是深沉的死亡之鼓。有人死了，還是個富人。鼓聲在

32 本章的原名Rites and Wrongs，有雙關語含意，「儀式」（rites）一字在發音上與「正確」（rights）相同，因此章名亦有「正確與錯誤」的意思，扣合本章所述：作者在探討多瓦悠儀式所反映的宇宙觀時，犯了許多錯誤，也有不少正確判斷。

山頭迴響，很難判斷它來自何方。我問廚子魯賓知不知道，他說鼓聲來自蒙哥（Mango）村，結果鼓聲來自我的村子。責任感驅使我起身：迄今，我尚未見過男性大型葬禮。我和朋友告別，舉著借來的火炬，奔回孔里。

我一踏入村子，馬修便熱情迎接我，要求預支薪水。死者是孔里村最偏遠處的一個有錢人，因為馬尤（Mayo）的關係，我和那個院落關係不錯。馬尤是祖帝保父親的老朋友，政府不顧孔里居民反對與世襲原則，派封馬尤為酋長[33]。因為祖帝保的父親突發狂想，認為政府有權課稅，他也可以開徵自己的特別稅，被政府斷然否決，氣憤不已。為了酋長之事，副縣長、孔里居民與馬尤之間關係惡劣。馬尤總是散發一股乏味的冒牌酋長味道，被村民視為政府的買辦。奇怪的是，馬尤與祖帝保的堅固友誼始終不變。我認為馬尤是我碰過最好的多瓦悠人，慷慨大方、樂於助人、意志高昂，幫過我無數忙。馬修剛從馬尤的院落回來，已經記下葬禮流程，令我欣慰不已。

屍體已經用小公牛皮裹過一次，取自死者兄弟專為此場合宰殺的牛隻。女人身戴表示哀傷的樹葉，敲擊空葫蘆殼，滿村奔跑哀號。死者妻妾坐在停放屍體的圈地，眼睛呆望前方。笨得很，我居然趨前致意；她們根本不准動，也不准說話。看到我鬧大笑話，男人一邊裹尸一邊竊笑。其他親屬（尤其姻親）也獻上包裹屍體的獸皮、布疋、綳帶。死者的女婿攜妻前來，讓她站在牛隻圈地中央，對著她的小腹丟擲供品，此舉代表他與死者之家的關連。死者岳家的人則將供品丟向死者親屬的臉上。此舉通常表示侮辱，精確點出男人對岳家的尊敬。女婿與岳家的對應關係，前者居於劣勢，後者居於優勢。

葬禮時，男人互相打趣玩笑。後來，我才知道他們與死者同時接受割禮。終其一生，他們見面就應互相戲謔侮辱，而且可以隨意拿取對方的財物。突然間大雨如注，大家都消失。我問：「他們去哪裡？」

「他們去樹林裡大便。」

當時，我天真以為這是暫停，在眾人的共同默契下，讓一早就參與儀式的人可以休息一會兒，到樹林裡解放後再繼續。後來，我才發現到樹林裡大便也是儀式的重要部分，間接點出這些戲謔兄弟的割禮真相——他們的肛門並未縫合。馬修、馬尤和我躲到茅屋等待大雨停歇。馬尤告訴我

33 chief一字，一般翻譯為酋長，代表握有政治實權的人，但是在人類學裡，chief有很多定義。根據芮逸夫主編的《雲五社會學大辭典第十冊——人類學》，chief譯為首領，它在不同文化中有不同的土語稱謂，此一名詞可指(a)公認為保有唯一優越地位的人；(b)資格上具有社會所稱許的優越成就之個人；(c)少數保有世襲階級頭銜的人；(d)具有頭銜的元老，他們有優先規定頭銜繼承順序以及處理爭端的權力；(e)具有特殊但非唯一的祭儀職位者，譬如非洲努爾人的豹皮首領；(f)凡被歐洲殖民政府授以行政權的人，通常都稱為chief，不管他在原來社會結構中的地位如何。詳見芮逸夫主編，op.cit., pp.188-189。依據本書作者所述，多瓦悠社會並無一般定義中握有政治實權的酋長，孔里便至少有三位以上的首領級人物。一個是祖帝保，他原先在社會結構裡是個Waari，也就是擁有許多牛隻的人。另一個是卡潘老人，他是祈雨酋長。還有一個便是政府冊封的馬尤。

村裡如有人死亡，第二天上午男人會聚集村外的十字路口舉行儀式。這是馬尤的典型作風，主動透漏其他人吝於分享的訊息。

男人都到十字路口，小丑和巫師也去。與死者同一批接受割禮的人也去。他們面對面坐下，把草放在臉上。一個人說：「把你的屄給我。」另一個人回答：「你可以擁有我的屄。」然後，他們開始交媾，用細棍子。一個男人放火燒草。他們大聲吶喊，加入其他男人。結束了。

馬尤覺得整件事非常恐怖，邊說邊放聲大笑。基於禮貌，我也跟著笑，腦袋卻不斷打轉，企圖釐清訊息的意義。多瓦悠儀式讓我頭暈眼花，看似充滿含意，卻無法勾勒出他們的象徵體系。我始終覺得拼圖少了一大塊——一個重要事實，因為太過明顯，人們遂不覺得有必要告訴我，因此我把拼圖整個拿反了，看錯角度。我懷疑少掉的那一大塊就是割禮，但是大家還不願跟我談它，數個月後，我才將整個圖像拼湊完成。事實上，十字路口的那一幕是男孩割禮的精簡版，結構由割禮蛻變而來，多瓦悠其他儀式亦復如此。所有生命危機、歲時祭典都以割禮辭彙描述。這也是為什麼割禮衣服會不斷出現在極不合理的地方，譬如用來裝飾死亡婦女的水甕、包裹死者等。

外面傳來吶喊聲。當我們在茅屋躲雨時，男人已從樹林回來，將一頂紅帽子綁在屍體上，就像接受割禮者戴的紅帽。他們推擠屍體，威脅割他包皮。部分葬禮還有一個裸體男孩與屍體抵背而坐，男人割斷綁在男孩陰莖上的紅帶子，模仿割禮。

馬修與我待到很晚，錄下儀式歌曲，蒐集各式閒言；這些錄音帶夠我們忙一陣子了。我們才剛回到村子，坐下來吃當天的第一頓飯，便聽說鄰近村子要舉行頭顱祭，可能是明天，也可能是後天。眼前這場葬禮進度暫停，屍體要維持原狀放兩天。我們可以先丟下這邊，去參加另一邊的大事。

吃飯時，馬修又露出那種令我畏懼的狡猾表情。每當他別有居心，總是醞釀良久，以致當他表明企圖時，我反而鬆了一口氣。終於他開口了：當我進城療養時，他得空拜訪一些親戚，也整理了我的茅屋。在我的皮箱底找到一套舊西裝。那是一位同事建議的：「你總需要一套西裝吧？」理由為何，我不知道。幾個月來，我帶著這套西裝流浪，始終找不到機會亮相，終於將這位同事的勸告打入「給田野工作者的瘋狂無用建議」名單裡。馬修卻另有想法。他懇請我穿這套西裝參加頭顱祭。他說這會令大家印象深刻。我斷然拒絕。馬修悶悶不樂。那麼還有一件事，我需要一個廚子。我不該自己燒飯；何況像今天這樣，我們出去忙了一天，回到家裡就有飯吃，不是很好嗎？他可以引薦他的兄弟。為求耳根清靜，我答應與他的兄弟談談，心裡卻一點都不想加重負擔，搞什麼「居家生活」。

第二天尚未破曉，馬修便叫醒我。滿臉笑容，他有個驚喜給我。昨夜他提到的廚子——他的弟弟——已經來了，而且燒了早飯。那是油漉漉、燒得焦黑的內臟。我討厭多瓦悠人煮東西總是放一大堆油。廚子被帶到我的面前，準備接受我的嘉獎。他是年約十五歲的年輕人，奇怪的，兩手都有六根手指。我對此頗感興趣，覺得應該研究多瓦悠人對身體畸形與殘廢的想法。年輕廚子將優良手藝歸功曾在加路亞替白人工作。他在那裡做廚子嗎？不是，打掃的。我覺得疲累不堪，這個問題必須等我體力恢復了，才有辦法應付。今晚，我再和他談。

完全符合多瓦悠人的時間觀，頭顱祭儀式未照宣稱時間舉行；這讓我有機會詢問多瓦悠人祕而不言的儀式部分。嚴格來說，這不是他們的錯。我要求看「潑灑頭顱」，據我所知，這是頭顱祭的名字。沒錯，但它代表對著頭顱潑灑排泄物與血液的儀式部分。所以我要求看「潑灑頭顱」，我就只看到「潑灑頭顱」。不少刺激性活動我都沒看到，而且是由我不知道的人參與。譬如男人會抱鏡跳一種非常自戀的舞。一起接受割禮的哥兒們必須爬上死者的屋頂，用肛門摩擦屋脊。女人以形似陽具的山藥做出各種奇怪動作，令我頗感困惑，後來我才發現那是男孩受完割禮的儀式變形。換言之，死者的妻妾在最後一次辭別丈夫後，被當成剛受完割禮的人。共同特點是接受割禮者與寡婦都經過一段時間隔離，可以再融入社會生活裡。她們的丈夫——頭顱祭的主角——也被視為剛受完割禮，他的頭顱被放在頭顱屋裡，那也是割禮儀式的最後高潮地點。

自然，當時我全不明白這些。只忙著記筆記，無能猜測我努力記錄的是什麼。多數時候，我的發問只是散彈打鳥，希望能撞到一、二個可以繼續發揮的問題。象徵主義領域的困難在你很難判定哪些資料可用來解釋象徵體系。你試圖勾勒多瓦悠人的世界——他們如何建構與解釋自己的宇宙觀。但此類資料多半屬於意識不及的範圍，你不可能直接問多瓦悠人：「你生活在什麼樣的世界？」它太模糊了。解開宇宙觀之謎，某個辭彙、信念，甚或某個儀式的結構都可能至關重要。你必須將它們組織起來。

譬如，我曾說過鐵匠是隔離階層。隔離規則包括不能與族人共食、一起汲水與耕種，也不能與其他階層婚配。人類學者碰到這種案例，會懷疑是否有其他溝通形式也強調了鐵匠的隔離，譬如當地人對語言的想法。事實的確如此。我發現鐵匠講的多瓦悠語和一般人不同，有一種特別口音。多瓦悠人對亂倫與同性戀的想法，是否也強調了鐵匠的隔離？對我而言，同性戀尤其是奇怪的領域。某次，一頭公牛的睪丸感染寄生蟲必須切除，我終於有機會詢問同性戀的問題。平常如果數頭牛同時要閹割，地點會在男孩割包皮的小樹林，又是人認同牛的另一明證。那次，牛隻全被趕進牛圈，好捕捉生病的牛。這時一隻不到一歲的小公犢試圖爬到另一隻小公牛身上。我指著這個畫面，希望多瓦悠人會說同樣的事情也發生在鐵匠階層。我的問題越深入，氣氛就越尷尬。事實是，西非洲多數地方的人從未聽過同性戀這回事，都是白人在說。多瓦悠人極端懷疑同性可以交媾。公牛爬到公牛身上，他們的解釋是「在爭奪母牛」。比起西方社會，多瓦悠男子同性間的身體接觸較多，但全無性意味：男性朋友可以手牽手散步；年輕男子可以交頸共眠，絲毫不涉慾念。久未見面的多瓦悠人會一屁股坐在我的大腿上，撫摸我的頭髮，看到我對這種公開的親暱舉動大為困窘，他們覺得很有趣。所以，我的猜想查無實據，鐵匠階層並沒有亂搞同性戀的名聲，但他們吃狗與猴子，多瓦悠人不吃這兩種動物。人類學者可能會說，這兩種動物太接近人，所以多瓦悠人不吃。吃牠們，等同飲食的亂倫或同性戀。

因此，你在資料泥淖中小心行走，不斷犯錯而後修正。不過我必須承認，今天我比較煩惱的是廚子的問題，如何才能擺脫他的服務。我終於想到妙招：我正打算蓋新茅屋，可以聘他做工人。大家都不傷感情，而且他抹泥一定比燒菜好。

除了對儀式感興趣外，這次的頭顱祭也讓我有機會再訪卡潘老人，因為祭典就在他的勢力範圍舉行。和平日一樣，他被眾多隨從包圍，有人為他打紅色洋傘，他則痛飲啤酒。他迫不及待要比較我們的假牙，確定他的假牙比較高級後，他龍心大悅，邀請我一個月內再訪。他會派人通知我。

雨季差不多結束了，未來五、六個月都不會再下雨，真是一大安慰，我向來討厭下雨。回程路上，我們卻碰上可怕的暴風雨。先是山頭傳來小小的聲響，接著變成悶雷巨響。天上出現巨大雲層，在山頭旋捲。我們顯然來不及回到村子，就會碰上大雨。狂風奔過平原，撕扯綠草、拔下樹葉。馬修不認為這是普通暴風雨，而是祈雨酋長發威。我必須承認：如果我不是固執偏見的西方人，可能會同意他的看法。暴雨如鞭，不到兩秒鐘，我們便全身溼透了，瑟瑟發抖。狂風的摧殘也非常驚人，連身上的鈕釦都被扯掉，我們被迫在獨木橋旁暫停。這座橋是剖開的樹幹，上面長滿青苔，橫跨四十呎的峽谷。我們絕無法在狂風中穿行此橋，只能坐下來等待。馬修害怕卡潘老人會指揮雷劈死我們。我告訴他白人不會被雷劈，他緊跟著我就沒事。他馬上接受我的說詞。西非洲顯然是全世界雷殛意外最多的地方。我還記得自己邊躲雨邊想，此地車子都有一個「摩托約」(motorjo)，他的工作就是專門綑綁車頂的行李，或者爬到車頂替乘客卸貨，所以「我的馬車夫被雷打死了」[34]這句話可能最適用於此地。

暴風雨終於逐漸停歇，我們回到村子。故事迅速傳遍全村，一整個晚上，我都和人閒聊祈雨酋長種種；一夕間，他就成了村人可以和我公開討論的話題。

有些多瓦悠人已經開始收割小米，雖然收割季尚早，但我該去田裡四處打轉了。收割小米必須建打穀場，是在泥地上挖一個淺洞，糊上泥巴、牛糞和荊棘類植物，形成硬地。為防妖巫作怪，必須使出尖刺物法寶：薊、小米梗或竹梗上的芒刺，甚至豪豬毛。割下的小米稻穗至少要晒乾數天才能打穀。打穀非常辛苦，硬殼亂飛，頗傷皮膚，就連一身厚皮的多瓦悠人也刺痕累累。他們輪流打穀、喝啤酒，不顧體面大肆搔癢。我對打穀場特別感興趣。打穀場在其他文化裡，都是推敲象徵體系的焦點，多瓦悠蘭的打穀場也有許多複雜禁忌。我已經知道他們有所謂「真正耕耘者」的特殊階級，負責打穀場的各種防範措施。兩週後，其中一個「真正耕耘者」要收割小米，我安

34 經譯者去信作者查詢，此句話有典，語出老牌影星狄鮑加的自傳第一冊書名。狄鮑加回憶年幼時學外國語，曾在常用辭彙裡讀到「我的馬車夫被雷打死了」，覺得這句話一點用處都沒有，遂用作自傳書名。

排好了去拜訪他，屆時就知道他在文化體系裡的位置。我和村裡女人混得頗熟，她們是不錯的消息來源。據她們的說法，觸犯禁忌將影響生育能力，懷孕婦女絕不能進入打穀場，這和我想的完全背道而馳。多瓦悠文化裡，人的繁生與植物豐收交互影響，而且是好的影響。譬如女孩初經來潮，必須被隔離在小米磨坊。又譬如，唯有姻親可互贈發芽的小米。鐵匠階級不能與一般人發生性關係，所以也不能踏入女人的小米田。換言之，小米的生長週期與女人的性發展有許多階段性平行關係。據此，我認為生孩子與打穀應是對稱關係。如果治療難產是將產婦放到打穀場中央，那就完全符合我的模型。懷孕婦女不能進入打穀場，著實令我困惑良久。約翰外出時，我甚至向他借了辦公室一天，坐在裡面端詳我的筆記，試圖找出哪裡錯了。如果我的模型不成立，我前面解開的多瓦悠「文化圖像」必須重新來過。

我決定找我最喜歡的女報導人瑪麗約（Mariyo）聊聊，她是祖帝保的三老婆。自從我的藥治癒酋長的弟弟後，我們就成了好朋友。基於幾個原因，我對她頗感興趣。首先，她住在我的茅屋後面，我無法不注意到她的屋子入夜後便傳出連串屁聲、咳嗽與震天價響的打嗝聲，對她深感同情，終於有個多瓦悠人的腸胃和我一樣爛。一天我向馬修提起此事，他放聲尖笑，跑去和瑪麗約分享我的最新蠢行。不到一分鐘，她的茅屋傳出尖聲大笑，笑聲從一間茅屋傳到另一間茅屋，讓我能掌握笑話的傳播速度。馬修終於回來，笑得眼淚都掉出來，幾近虛脫。他帶我去瑪麗約的院落，指出正對我茅屋背面的小屋，裡面養著一隻山羊。我對山羊一無所知，不知道牠們排氣的聲音很像人。經此事件後，我和瑪麗約便發產出戲謔關係，可以相互欺騙愚弄。多瓦悠社會有不少戲謔關係，對象可以是特定的親屬階層，也可是互有好感的人。戲謔關係有時非常有趣，有時則十分乏味，因為它完全不考慮你的情緒。

因為我與瑪麗約的戲謔關係，她成為較無心防的報導人，也願意接受我對「開玩笑」與「問問題」的嚴格區分。在我認識的多瓦悠人中，唯有她大約知道我在幹什麼。一次我問她女性死者的水甕儀式裡，死者的女親屬頭髮剪成星形，她們在其他場合也做這種打扮嗎？她說不。其他多瓦悠人的回答一定到此為止，但是瑪麗約卻會主動加上：「男人有時會。」然後告訴我哪些場合男人會把頭髮剪成星形。因為多數多瓦悠女性儀式只能視為男性儀式的蛻變，這給了我一些解釋線索，也打開新的探索領域——身體裝飾與瓦甕裝飾的對稱關係，以及哪些當地觀念讓女人被視為有缺陷的人。

我從別的女報導人處聽到懷孕婦女不能進入打穀場，我很好奇瑪麗約的說法會是什麼。我緩慢推進問題。打穀場用什麼做的？在打穀場幹什麼？有什麼禁忌嗎？什麼人不可以進入打穀場？她也回答說懷孕女人不可以，但是加了一句：「至少，胎兒還沒有足月前不可以。」如此一來，觀點完全不一樣了。她繼續解釋，懷孕女人進入打穀場可能會早產。我的小米生長與女性生育對稱模型終於保住了。人類學門外漢絕無法體會這麼個小消息所帶來的滿足。多年的單調苦讀、數個月的生病、孤寂與乏味、連續數個小時的蠢問題，統統值回票價。人類學領域裡，假設獲得證實的機會很少，理論模型得以確立正是我亟需的士氣提振。

但是一如非洲常態，秩序井然的工作必遭無數瑣碎小事打斷。我必須停工一天，對入侵茅屋的各種生物宣戰。蜥蜴，我能忍受。牠們在屋頂上奔跑，倏忽來去屋樑。唯一的不便是牠們喜歡大便在你頭上。山羊則是永恆的詛咒，你必須學會防範。我與一隻公山羊長期對峙，牠最愛在半夜兩點溜進我的院落，在鍋爐上跳來跳去。趕走牠，只能保證一個小時安靜，之後牠又溜回來上演安可曲，用後蹄踢翻我的煤氣燈貯氣瓶。最糟的是牠一身騷臭。多瓦悠山羊臭到極點，如果你在森林裡追蹤山羊，根本無法憑氣味判斷它是否十分鐘前才打此經過。靠著賄賂酋長的狗兒波爾斯，我終於打敗這隻山羊。波爾斯狂愛巧克力，每晚給牠一小塊，便足以誘惑牠整晚守在我的茅屋前趕山羊。後來波爾斯招來老婆、小孩，變成家族事業，迅速消耗我的巧克力庫存。多瓦悠人每次看到我的狗隨從們浩浩蕩蕩跟我深入叢林，都覺得好笑，還給我取了「偉大獵人」的綽號。

白蟻也時時威脅紙張，牠們有種狡猾習慣，會從書本裡蛀起，吃光裡面的紙張，直到整本書只剩薄餅般的外殼。小小的化學戰便殲滅了牠們。

老鼠比較惱人。牠們固執拒絕我的食物。和多瓦悠人一樣，此地老鼠也只愛吃小米，此外就是我的橡皮管，一晚上便啃光濾水器管子。牠們合力攻擊我的相機。老鼠最討人厭的一點是行動笨拙，衝翻碰撞東西。牠們的命運終於在某個恐怖夜晚底定。那晚我在黑暗中突然驚醒，發現胸前有東西蠕動。我動也不敢動，深信躺在我心臟上方的正是致命綠色非洲樹蛇。我暗自估算牠的大小。我該靜躺不動，祈禱牠走開嗎？不幸，我睡相很差，萬一不小心睡著了、翻身壓到牠，豈不是致命大禍？最後，我決定上上策是默數到三，一躍而起摔掉牠。我數到三，大叫一聲，縱身往旁邊一跳，膝蓋狠狠打到床沿。我以自己都不敢置信的精確靈巧，一把抓起火炬照向我的攻擊者。就在屋樑上，一隻小得不能再小的老鼠瑟縮呆立。我覺得萬分羞愧，直到第二天上午，我發現牠居然企圖啃食我的假牙。這個發現讓我硬起心腸，到村裡蒐羅捕鼠器。一晚上就殺了十隻老鼠，全進了村裡孩子的肚子。

比老鼠更煩人的是蟬。多瓦悠蘭山區有上千萬隻蟬，愉悅鳴叫，形成熱帶非洲的夜晚氛圍。但如果只是一隻蟬困在你家，準教你發狂。牠們有一種怪習慣，總是密藏在小縫隙裡。光憑叫聲，很難判斷牠的所在。白天，牠們靜默無聲。晚上，便發出刺耳惱人的尖叫。唯一辦法是用殺蟲劑整片噴灑，過一會兒，或許會出現咳嗽不已的蟑螂、喘不過氣來的蒼蠅，以及暈頭轉向的蚊子。這也只能讓牠們逃出屏障，頭暈目眩在地板上疾奔，你再用重物至少狠狠拍打十下，才能摧毀牠們。連續數夜失眠後，執行死刑所需的暴力與怒氣會自然湧生。

但是真正激怒我全面宣戰的是發現蠍子藏在置放鞋子的茅屋牆角。毫不知情下，我拿起鞋子，大驚看到一隻巨大的蠍子從鞋裡衝出，朝我攻來。我完全不像男子漢，失聲尖叫，退到門口。門外站著一個約莫六歲的多瓦悠孩子，揶揄望著我。緊張讓我失去語言能力，一時忘了蠍子要怎麼說。我用類似舊約聖經的言語大喊：「裡面有個刺辣的畜牲！」那個孩子朝屋內望，深深鄙夷，赤足踏扁那些蠍子（為了各位的福祉，我必須提醒大家：蠍子雖甚少使人致命，但是蠍螫十分刺痛。最好先用冷水浸泡患部，然後服用治療花粉熱的抗組織胺）。

多瓦悠人總是訝異我萬分畏懼蛇與蠍，卻不願開車輾斃最恐怖的鳥——貓頭鷹。他們還會看到我抓起變色龍放到樹上。眾所周知，牠含致命劇毒，好幾個孩子因此患病，真是笨蛋行為。我唯一有用的愚行是敢觸摸食蟻獸的爪子。多瓦悠人不能碰觸食蟻獸的爪，碰了，終身陽具都會軟癱無力。食蟻獸的爪子也可用來殺人：放入麵包樹的果實裡，喊出被害人的名字；果實成熟落地，對方就死了。如果有人獵到食蟻獸，便會公開召喚我，當眾將爪子交給我，以示對族人並無惡意。我必須將爪子帶到山頭，埋到人跡罕見處。多瓦悠人頗感激我扮演的宇宙污染控制官角色。

我從旅人處得知「真正耕耘者」的小米尚未收割，所以我有喘息時間觀賞最新娛樂——孔里的選舉。副縣長宣召所有村人於某一天、某一地點集合，他要向大家說明此次選舉。結果，他根本沒現身。讓村人在那裡呆等了兩天，才陸續回到田裡幹活。數天後，村裡來了一個「古米赫」。這些討厭鬼是退役軍人，受聘中央政府，負責壓制憲兵無力維持秩序的頑強村落。每當「古米赫」光臨一個村落，便長時間霸佔民宅，白吃白喝，盡情指使主人。有些地方，民眾不知道也不懂珍視自身的權益，讓「古米赫」為所欲為。這次，「古米赫」是來確保投開票所的設立。多瓦悠人對全國性政治不感興趣，投票熱情必須激發。

所有多瓦悠男女必須在指定時間去投票。酋長的責任是確保投票順利，馬尤謙卑扛起責任，祖帝保則坐在陰涼處發號司令，指揮大家做事。我坐在他旁邊，兩人針對通姦有了一番精闢討論。他說：「拿瑪麗約來說好了，大家都說她和我弟弟上床。但是你看到我弟弟生病時，她多麼焦急。這證明兩人並無曖昧。」對多瓦悠人而言，性與愛毫不相關，甚至還互斥。我明智點頭表示同意；向他解釋性愛還有其他面向，是徒勞無功之事。

投票處，民主程序熱烈展開。一個男人沒把妻妾全帶來投票，遭到斥責。「她們不肯來。」「你就該打她們一頓。」我問了幾個人此次選舉是幹嘛？他們茫然以對，解釋說：你帶身分證來，把身分證交給那個官員，他在上面蓋章，幫你投票。我知道，但選什麼呢？他們又茫然以對，我們不是說了嗎？你帶身分證來……。沒人知道這次選舉是在幹嘛。也不准投反對票。選了一天後，官員覺得投票數不夠，把大家叫來再投一遍。選舉結果出爐那天，我正好在戲院看到新聞片，官方宣布喀國唯一政黨推出的唯一候選人贏得百分之九十九的選票。戲院觀眾在黑暗的保護下發出嘲弄噓聲，我覺得這才是健康表現。

但是村裡人人都把投票看得萬分嚴重，一切照規定來。身分證細心查驗，橡皮章一點不差地蓋在身分證的投票格內，村人的投票率務必精確計算，選舉人名冊從這個官員交給另一個官員，每一道關卡都得簽收。大家似乎不覺得費力盯緊瑣碎細節與明目張膽忽視民主原則之間有莫大矛盾。

同樣的事情也發生在學校。他們全部精力都花在一套不可思議的官僚標準，用以決定哪些學生可以升級，哪些要留級一年，哪些又該退學。他們使用這套神祕公式計算學生平均成績的時間，大約等於教學時間。但是到了學期尾，校長又獨斷決定學生成績太差，統統加二十分。或者收了家長的禮，擅自更改學生成績。也有可能政府決定不需要這麼多學生，宣布考試作廢。變成大鬧劇。看到憲兵背著輕機關槍守護考卷，你真會忍俊不住，因為幾天前便有人打開試卷封套，偷偷將題目賣給出價最高的考生了。

結束選舉插曲，該是我去探望「真正耕耘者」的時候了。到他那兒，必須步行二十哩山徑，天氣一天熱過一天。我徘徊在晚間出發比較涼快，還是白天搭人便車。最後我選擇搭便車，運氣不錯，碰到一個來往兩個教會的法國天主教神父。他好心載我們一程，聽他發表多瓦悠文化高論，旅途頗為愉快。這位神父的理論直攻「性壓抑」，一切都和「性」有關。男人被殺後豎立的木叉，一邊是陽具，另一邊是陰道；割禮的緊張代表他們對閹割的深層疑慮；他們謊稱割禮是用牛皮縫合肛門，顯示這個民族有肛門妄想。看來，這位神父不僅讀了心理學教科書，還讀了一點人類學。仔細想想，他這番理論顯示他讀過一點有關多岡（Dogon）人的文獻。多岡是馬利共和國裡知識水準最高、最喜歡自我分析的民族。談到多瓦悠人，他搖頭嘆息。他與多瓦悠人相處多年，至今他們仍不肯告訴他族人的神話和原初之蛋（primal egg）[35]。在他發現多岡人不似法國人後，簡直無法接受多瓦悠人也不像多岡人。

他說，你無法否定這個論點，無所不在的潛伏性慾和非洲文化的性自制氛圍絕對脫不了關係。或許過於仰賴聖經，會讓人深信所有真理都在一本書裡。對某些人來說，文化相對觀（cultural relativism）[36]是很難接受的觀念，尤其是信仰堅定者，不管他是神職人員、自滿的拓荒者或德國志工。一位德國志工曾一語道破他在喀國的三年真相：「如果土著沒法吃這個，幹他的，他們可以賣給白人，我才不管。」

我們的目的地是個荒涼村落，位於堅硬的花崗岩山腳下。這麼薄而乾炙的地面能種出植物，真是個奇蹟。這裡的氣溫與「我們那兒」落差頗大，馬修和我迫不及待跌坐樹蔭下涼快，村人則幫我們去找人。

「真正耕耘者」現身，是個枯乾瘦小的男人，一身破爛。他根本喝得爛醉，現在才上午十點呢！我們行問候禮如儀；人們拿來草蓆讓我們坐下。正如我畏懼的，他們開始準備食物。我頗能接受多瓦悠的怪誕膳食，包括山藥、花生，甚至小米；不幸，當我拜訪陌生村子，按照習俗，他們必須招待我吃肉，以示尊敬。既然他們不會為了取悅我特地殺頭牛，送上來的一定是那種吊在爐火上、斷斷續續不知燻了多少時日的肉。撒上沾醬後，便發出陣陣令人作嘔的臭氣。幸好，觀

35 許多神話論及萬物起源，不少神話以萬物係從原始的混沌演化而出，有時即以此混沌形如雞蛋。詳見芮逸夫主編，op.cit., p.190。

36 文化相對觀是一種倫理學的主張，強調文化是不同且各具特性的，包含了不同的期望與理想，因此只有從該文化本身的標準及價值才能了解及評量該文化。詳見Roger Keesing，op.cit., p.823。

看陌生人吃飯不禮貌，馬修和我必須退到某間茅屋進食。我大可拒吃主人奉上的佳餚，不致得罪他們，躲到牆角思索其他事情，讓馬修一個人吃兩人份。

趁他們炮製燻肉大餐時間，我開始與主人隨口閒聊，問些我早已知道答案的問題，正如我擔心的，他的答案閃閃躲躲，半真半假。此外，他還不確定是不是馬上要舉行豐收祭。或許，他可以安排明天舉行，或許不行。理想上，田野工作者應拒絕與這種人打交道，只與那些禮貌、友善、慷慨的人往來，他們會認為回答人類學調查員那些無意義、緊迫釘人的問題，是件有趣又有益的事。不幸，這種人很少。多數人不是有其他事要忙，就是很快便覺乏味，被問話人的愚蠢惹惱，或者傾向給你好聽的答案而非實情。面對這些狀況，最好的策略就是賄賂。一點點錢就可使人類學者的探索變成值得投入的活動，打開原本深鎖的門。今天的狀況亦如是。一點禮物便保障豐收祭會盡速舉行，絕不拖延，而且我可以從頭參觀到尾；他現在就去準備。當他搖搖擺擺走開，他的某個老婆端來巨大一盤燻肉。

尚未吞下一口刺鼻燻肉，我們便聽到揮舞鐮刀的聲音；開始收割小米了。馬修小聲透露「真正耕耘者」急著討好我的原因。快要繳人頭稅了，他可以用我送的禮去繳稅，省得和那些有需要的親屬分享。

田裡整天都在忙碌，我坐在一旁觀看，急著想和工人說話。多數時候，我們都言語不通，顯示我對多瓦悠語的了解非常區域化。我們的談話經常陷入漫長尷尬的沉默，你無法對無言的陌生人大喊：「說點什麼吧！」這有違多瓦悠的習俗，保證驅散所有談話念頭。

田裡的男女工作一整天，彎腰割稻時，汗水像小河流下臉龐與胸膛。田裡，小米梗颯颯翻騰，地面上，彩色稻穗堆積如山，約莫十到十一呎高。偶爾他們休息一會兒，喝口水或者和我一起抽菸。我的旁觀並未帶來困惱，他們反而擔心太陽的方向是否讓我不適，會不會太熱了。大家都在猜測今年的收穫量。收穫就擺在眼前，估算有何困難？事實並非如此。他們以一種未來式談論收成，好像缺乏精確實據足以論斷。小米倒下的方向象徵生成好壞，稻穗高及男人腳踝又代表什麼。他們極擔心妖巫會在最後一刻搶走收成，或者讓好小米變壞，怎麼吃都不飽。為防破壞，堆放收割小米的地方豎起層層尖刺物，對付前來掠奪的妖巫。奇怪的是，兩名工人踩到竹刺流血，卻未被視為惡兆。「真正耕耘者」的數名兄弟在營火旁交頭接耳，據我猜測，是在討論深奧的巫術祕密。我派馬修送上菸草，刺探他們在說些什麼。他們在討論我的頭髮抹了什麼藥草，才這麼直而細。女人喜歡這樣的頭髮嗎？白人為什麼不順其自然，照上天打造我們的樣子維持黑又鬈的頭髮。

此次收成動用十到十五名工人，全是「真正耕耘者」的兄弟與兒子。不到一天便收割完畢，工人退下去休息、吃飯。遠處傳來歌聲，我循線而往，來到幾哩外的山頭，看到女人的葬禮，死者已經用獸皮與尸布包裹，要從丈夫的村子送回父親的村子下葬。出殯隊伍必須經過山間小徑，讓害怕黑暗的多瓦悠人更添恐懼，急著在太陽下山前出發。馬修跟我保證天亮前田裡不會有事，我便放他跟隨出殯隊伍，履行親屬義務。我站在璀璨的紅色夕陽下，肚皮因整天未進食而咕嚕作響，看著出殯隊伍高舉臨時做成的擔架，邊唱邊跳，煙塵滾滾地出發。當他們爬上夕陽餘暉的山頭時，暮色悄然掩沒村子。田裡突然爆出一陣歌聲。有事了。

我一直不知道是村人的狡猾、誤解，還是馬修搞鬼，我才被排除在這個儀式外。這種事情問得越多，越不可能得到答案。根據我先前參加的豐收祭經驗判斷，我尚未錯過重頭戲。男人全聚在打穀場，女人與小孩除外。各種預防妖巫的植物放在小米堆上，男人齊唱女人不准聽的割禮歌曲。沒人在乎我的現身。打穀儀式開始，男人全身赤裸，只著陰莖鞘，一邊打穀一邊緩慢舞動。他們右手高舉一支木棍，左手握緊右手，用力揮打稻穗。然後往左移一步，重複同樣的打穀動作。連續數小時，他們不停吟唱，伴隨木棍敲打小米穗的齊聲悶響。月兒浮現天空，打穀節奏仍不停歇，米糠四處飛揚，黏在汗溼的身體上。即使夜色已深，地面幅射出來的熱氣依然令人窒息。

接下來我便什麼都不知道了，張開眼已是天亮。男人還在工作、吟唱，靠大量啤酒撐精神，我則四仰八叉躺在石頭上，屁股因靠到荊棘而疼痛不已。喝了大量啤酒的宿醉感好似一整晚奮泳英吉利海峽。我被一隻山羊驚醒，牠已吃掉我帶來打發時間的二次大戰德國潛水艇艦長自傳，又努力啃食我的田野筆記。幸好，我學會多瓦悠人將重要物品掛在樹上的習慣，檢查後，只有鞋帶被啃掉一半。我斷然趕走那隻羊，回去加入那些男人，現在儀式已進行下一個階段，替打過的小米吹糠。男人們互相打趣說笑，顯然不僅是親戚，有的還是同一批接受割禮的人。一個男人大叫：「今天沒風，我們要怎麼吹糠？我們必須一起放屁。」他將小米穗高舉過頭倒入籃子裡，糠皮四飛。

他的話引起眾人歇斯底里狂笑，連我都受感染。吹糠工作快速進行。有人剁下雞頭丟入小米堆，並煮了當地人稱為「蠍子食物」的野山藥，從四面八方丟入小米堆中。我的主人身穿慶典服飾，從村裡被請了出來，抓起小米堆放入籃子裡，籃子上掛著一頂紅色的富來尼帽。他快步奔回村裡。當第一批收成倒進高大、圓錐形的穀倉後，整批收成都安全了，不受巫術傷害。

我無法精確說自己是何時開始分析資料的，但是一點一滴，它們逐漸拼湊成形。我確信剛剛看到的那幕只能用割禮模型來理解。我聽過不少割禮的事情，知道打穀過程是遵照「打死富來尼老婦」故事的結構。

一個富來尼老婦有個兒子。他生病了。他在斯克草中奔跑，割傷了自己。陰莖變得腫大，裡面都是膿。富來尼老婦拿出一把刀割他的陰莖，他就好了。陰莖變得漂亮。她又割了第二個兒子。有一天，她散步經過多瓦悠村落，多瓦悠人看到割過的陰莖美好，便將老婦打死，奪走了割禮。他們不准女人觀看割禮，但是富來尼女人可以看。故事結束。

好幾個場合會重複搬演「打死富來尼老婦」的故事，最重要的便是男孩割禮。扮演老婦者呻吟走在路上，多瓦悠人則潛伏突襲。她從他們身邊走過兩遍，第三遍時，多瓦悠人一躍而出，亂棒將她打死，割下她身上的葉子。男人堆起石頭，上面掛著籃子與老婦的紅帽，之後，他們便唱起割禮之歌。女人與小孩都不准在場。

「蠍子食物」點出其他連結。特別是祈雨酋長主持的繁生儀式。在每年的收成首度送入村子前，必須先舉行某些儀式，否則蠍子會侵入茅屋攻擊人。到目前為止，沒有人告訴我蠍子跑進我的屋裡，是因為我愚蠢觸犯上述禁忌，將外面的食物帶進村裡。將「蠍子食物」丟到收成上，是讓蠍子分心留在叢林裡。正如頭顱祭時潑灑山豪豬的排泄物，是讓危險的祖靈遠離村子。後來我才知道「蠍子食物」也和人的儀式有關，譬如女孩初經來潮與男孩割禮後。因為這個關連，我才能確定快要成年的男女被視為即將收成的作物。多瓦悠人會特意安排受完割禮的男孩與新收成同時進入村子。顯示兩個儀式模型相同。

我在村裡又待了一天，確保沒有儀式還要進行。我那任性的助理天黑才回來，衷心懺悔，為表歉意，他偷偷讓我看可以讓女人流產的巫術石。懷孕婦女為求生產順利，必須付錢給石頭的主人。他的家族靠著這顆威力強大的石頭，收入頗穩定，但不及前面那個人家，他們的石頭可以讓人下痢。多瓦悠人不敢讓傳教士知道這些石頭，因為曾有一位法國副縣長下令傳教士摧毀這巫術石。多瓦悠人相信這位副縣長的真正目的是將石頭據為己有，大發其財。

第二天我們跋涉回孔里。在這趟冗長乏味的旅程裡，唯一的意外是我在渡河時失足，一頭栽進深水裡，浸濕了所有我在豐收祭拍的底片。令我沮喪到極點，從物質角度來看，這趟探險並不成功；底片沒了，筆記也完了。但是，照片與筆記不過是（也應該是）激發概念的工具，我腦中已有幾個想法了。

為了犒賞自己，我走訪教會，待了好幾天，直到週五取信日。數日不曾梳洗、天天睡在草地上，又吃得不好。此刻能睡在一張真正的床上、洗個真正淋浴、吃頓像樣的飯，實在太棒了。最棒的是能夠和人聊天，甚至還聽到新聞。多瓦悠人過著幾近「山中無歲月」的生活，從不知什麼叫新聞。副縣長要滾蛋了！

消息指出，在副縣長統治波利十四年後，終於要改朝換代了。當我回到孔里，大家都對此條新聞興奮震驚不已。村裡瀰漫一股嘉年華氣氛，男人群聚狂飲慶祝「宿敵」終於滾蛋。這是收集閒言閒語的大好時機，他們迫不及待告訴我副縣長過去的諸種惡行。村人決定派人前往波利打探最新消息。祖帝保說他願意協助副縣長搬家，甚至願意幫他把家具扛到十字路口呢！我聽說副縣長聽到調職命令後，曾到多瓦悠村落找人施法改變命運。村人甜蜜微笑，遺憾答說作法植物都死了，愛莫能助。另一個打城裡來的人說，他曾和副縣長的僕人隔著臥房窗子說話。他的主人一點東西都不肯留給這個年邁僕人呢！他窮得連件襯衫都沒有，副縣長還命令他燒掉所有拿不走的衣物。這段話引起公憤。我已預見將來告別孔里時，必先滿足他們的期望。

訪客川流抵達，不斷增添珍貴的訊息。最後是奉祖帝保命令、騎腳踏車去採買啤酒、打探消息的賈世登。他看來有點驚魂未定。多瓦悠人喜歡說故事，賈世登逮到機會。大家全坐到營火堆旁，我則坐到遠處。

賈世登說，波利鎮人人喝得大醉（祖帝保頓時露出艷羨顏色），人事不知。有人看到副縣長在打包。他則到市場看看有沒有新消息，誰知道市場擠滿從監獄出來的囚犯。波利鎮前不著村後不著店，獄卒認定他們哪兒也去不了，就把他們放出來，自己好去喝酒、釣魚。賈世登騎車經過市場時，兩個男人正在攻擊一個多瓦悠女人。那個女人尖叫：「這下你們可好了，我丈夫來了！」兩名惡棍放開她，撲向可憐的賈世登；那個女人趁勢逃跑，放聲大笑。大家都覺得這個故事好笑極了。賈世登也為自己的倒楣遭遇捧腹不已。這個夜晚遂以狂歡騷鬧收場。唯有祖帝保鬱鬱不樂，那兩名歹徒偷走了他買的啤酒。

CHAPTER 11
雨季與乾季
The Wet and the Dry

乾季真的降臨，大地焦乾，變成短草覆蓋的荒地。多瓦悠人的生活型態也改變了：除了有灌溉系統的高山區，其他地方都休耕，直到下個雨季來臨。男人致力飲酒、編織、呆坐無事，偶爾出去狩獵；女人捕魚、編籃、製陶。年輕男子則到城裡尋找打工或幹壞事的機會。

我腦中有幾個計畫，都得等耶誕過後再說。此刻正值歲時祭典的低潮期，留在多瓦悠蘭實在太沮喪了，所以我約了約翰、珍妮到恩岡德雷教會共度佳節。我們過了簡單清新的耶誕，比我印象中的耶誕更具宗教氣氛，但是寧靜與狂熱交錯跌宕。華特更是狂熱，全副精力投入節日慶祝。我們肆無忌憚喝到爛醉，努力忘記窗外並無厚雪，空氣並非冰爽。此次耶誕當然也有沉重時刻。某位魁梧的異鄉客看到主人端出冰淇淋，居然感動落淚；目睹芒果乾與香蕉乾製成的耶誕蛋糕，另一個客人也大為感動。看了太多閃爍的耶誕燈火，我莫名奇妙瘧疾發作。一個星期後，我精神抖擻、滿載糧食返回孔里，開始建屋工程。

建屋麻煩得要命。一會兒地太溼，隔一週又變得太乾。一會兒沒有桶子可裝水，接著鋪屋頂的草還沒好。監工不是生病、出外訪客，就是要加價。合約條件，包工已裝模作樣談判過三回。如果我不多付一點，就必須為嗷嗷待哺的小孩、哭泣的老婆、哀傷的男人負責。如此數個星期，我決定採用多瓦悠人的方式，請酋長召開法庭仲裁。

多瓦悠法庭對所有人開放，但是在長者面前，女人與小孩必須謹遵身分規矩。庭訊開始，村人便聚集村口圓形廣場的大樹下，隨即展開冗長無意義的討論。訴訟雙方雄辯滔滔、傾訴自己的痛苦，接著傳喚證人，圍觀者均可質詢證人。酋長雖不能強制仲裁，當事者卻能感受輿論壓力，通常會接受酋長的調停。否則案子就得送到波利鎮，接受外人的仲裁，還要蒙受騷擾地方官被判刑坐牢的風險。

基於多瓦悠語能力不足、對法庭程序陌生，我照著馬修為我準備的講詞簡單說明自己的告訴，講詞結尾是：「在多瓦悠人中，我不過是個小孩。我委請馬尤替我解說事情原委。」馬尤進行得很順利，將我的對手勾勒成沒良心的壞蛋，欺負我沒親沒戚，看我天性善良就訛詐我。辯論你來我往，我則搖晃身軀，不時呢喃：「就是如此。這樣很好。」最後我答應付兩倍價錢，大家都滿意了。我必須強調這不代表我被敲詐。多瓦悠富人做什麼都得多付錢；否則便是對族人不義。有了這個經驗，我都讓馬修採買東西，雖然我知道他會從中抽取回扣，結算下來還是划得來。新屋落成，連花園與遮陽台，共花了我十四英鎊。

當天另一個案子則呈現多瓦悠法庭的典型功能。一老者指控某年輕人偷了他一袋小米。老者說年輕人從他的穀倉裡偷走小米；男孩矢口否認。老者遂破對方家門而入，沒找到小米，只找到他宣稱屬於他的小米袋。開庭時兩造互相侮辱，觀眾興奮不已，加入侮辱陣容，口出更荒謬的謾罵：「你屁眼長刺。」「你老婆的屄聞起來像爛魚。」最後大家忍不住大笑，訴訟雙方亦是。

某男子聲稱看到男孩侵入老者的穀倉，但是他沒出庭。酋長宣布休庭，下次要聽證人證詞。下次開庭，男孩與證人都來了，但是原告沒來；證人說他什麼也沒看到。第三次開庭，有人提議神判：男孩將雙手伸入滾水撈石頭，隨後包紮雙手；一個星期後，手傷如果痊癒，他便是清白的，老者必須賠償他的損失。老者不接受此建議，男孩隨即要求老者賠償撞壞的門。老者否認破壞他的門；是男孩自己弄壞門，藉此侮辱他。酋長宣布休庭，下次要宣證人。第四次開庭，證人來了，但是原告與被告都沒出席。案子就此無疾而終。自始至終，兩造對對方似乎都無真正惡意。對多瓦悠人而言，法庭是公共娛樂，因此不吝芝麻小事都要告上法庭。我另一次出庭機會是被當地人告上一狀。

人類學文獻經常記載田野工作者不被當地人接受，直到某天他拿起鋤頭，開始闢菜園，境遇才獲得改變。多瓦悠人可不是如此。每當我試圖做點勞力工作，他們便大驚失色。如果我去提水，顫巍巍的虛弱老婦會連忙替我提水甕。當我想要闢菜園子，祖帝保嚇壞了。我幹麼要做這等事？他絕不碰鋤頭；他會找人幫我種菜。所以，我有了一個園丁。這個男人的菜圃就在河邊，乾季裡也可以種菜。他拒絕討論報酬；我應當等到收成後，再依他的工作好壞決定酬勞。這是多瓦悠人常用伎倆，迫使主人出手慷慨。我給他一些朋友寄來的種籽：蕃茄、小黃瓜、洋蔥、萵苣等。要他每樣種一點，看結果如何。

我差點忘了此事，直到一月底，園丁通知我菜園收成了，可以前去一看。那天熱氣氤氳，即便以乾季而論都異常炎熱，大地烤成棕焦色，深深龜裂。但是深入叢林步徑兩哩，就是一個綠色窪地。走近一看才發現是沿河岸闢建的梯田。顯然這是艱難工程，雨季一來，梯田便會沖毀不見，第二年還得重來。園丁現身了，當著我的面給所有作物澆水一遍，一面誇張拭汗，確保我明白大熱天工作的辛苦。他說他到處收集黑泥與羊糞送來此處，每天耐心給幼苗澆水三次，看守它們不被動物踐踏。雖然紅蘿蔔給蝗蟲吃了，富來尼人放養的牛隻踏壞洋蔥，但是保住了萵苣。橫在我眼前的就是，整整三千顆，同一時間播種，再過一個星期便全部熟透。他誇張比劃：這些——全是您的。我必須承認：我被從天而降的「北喀麥隆萵苣大王」頭銜嚇得說不出話來。我絕無可能應付這麼多綠色蔬菜。我連拌生菜的醋都沒呢！

接下來幾個星期，從未有人像我吃了那麼多萵苣。我送了一些給教會，波利鎮官員也大啖我的奉獻。多瓦悠人收到我的贈禮，覺得十分有趣，拿去餵羊，因為不適合人吃。我說服園丁把萵苣拿到市場販售，成績不佳。最後我們因我該付他多少錢起了爭執。原先我只想闢一小塊經濟實惠的菜園子豐富我的菜色，對此結果甚為不悅。我說要付他五千中非法朗買下我能吃的萵苣。他可以保留剩下的莴苣，賣到城裡。他堅持我該付他兩萬法朗，毫不讓步。

我們的爭執鬧上法庭，莴苣繼續生長、熟透、腐爛。我依據馬尤建議我的法律程序，給酋長送了六瓶啤酒，幫助他深思審議案件，我的對手也送了六瓶啤酒。

在廣場的中央大樹下，案件辯論許久。我堅持自己的論點，那些收成對我毫無用處，我從未叫他一口氣種三千顆莴苣，而是不同種籽各種一點。我的對手堅稱無論如何，他做了多少工就應得到多少報酬。我們不斷重覆相同論點，直到力竭。最後酋長介入：裁定我應付一萬法朗。根據以往經驗，一個人不能輕易答應任何條件，我現出猶豫之色，終於點頭同意，說我不希望園丁難過。園丁勉為其難接受，說他也不希望我難過，為了表示感激我的慷慨，他要退給我一半的報酬。所以他最後拿的就是我原先提議的金額。大家的尊嚴都保住了，皆大歡喜。我始終搞不清楚這是怎麼一回事，也沒有人能解釋。

我與法庭的交手經驗讓我想到法律案例可能成為有用的歷史資料。在英國時，我曾在古老的殖民地期刊裡讀過一些此地的法律案例，資料相當有用。能找到這類資料的地方是波利。我好奇想見新來的副縣長，最好去拜訪他，自我介紹一番。在村裡校長的陪同下，我步行到波利鎮。

這位年輕校長是巴米李克（Bamileke）人，他們有時被稱為「喀麥隆猶太人」，充滿爆發力與企業家精神，只要有企業、利潤與生意的地方，就有他們。他們掌控許多行業，也是北方教師陣容的主幹。他們派駐未開發地區，做為兵役替代。這位老師有習慣在上午授課空檔光臨舍下，喝杯咖啡。他的談話內容總是同一主題的變奏——北方的恐怖落後原始。他解釋：「這些人就像小孩。你教他們洗澡、穿衣、分辨對錯，當然他們覺得太難了，開始哭泣。但是到頭來他們就會知道好處。這就是我們南方人在北方的工作。」

他會一連數個小時滔滔解釋為何需要教導北方人邏輯思考，想要邏輯思考，當然得學法語。有時我們靜靜啜飲咖啡，他會告訴我南方人對抗法國的故事，以及他如何幫助親戚謀殺了一個白人老師。

新來的副縣長矮小精悍，穿著富來尼長袍，兩頰有深深的裝飾留疤。多瓦悠人稱他為「布威洛」，意指「黑皮膚的白人」。他才上台沒多久，城裡已展現新氣象。辦公大樓整修過了，新官邸有人居住。市場小販被迫使用磅秤，貨物必須標價。最驚人的改變是馬路修好了，現在固定有巴士來往其他城鎮。他真是新官上任三把火。

「黑皮膚的白人」愉快迎接我，我們針對他的施政計畫交談許久。他說得一口流利法語，去過歐洲許多地方，他決定教化多瓦悠人，意指將他們變成法國人，像他經歷的蛻變一樣。值得注意的是，每當富來尼人進來報告，打斷談話，副縣長都堅持對他們說法語。他會找人幫我查閱法律案例；我還可以帶走。我吃驚極了。從未有喀國官員如此願意合作。

我們和善告別，他答應到我的村子探望我，因為他正在全縣走透透，視察轄區現況。我沒把他的話當真，不期望任何官員會遠離城裡的舒服住所；但是我錯了。他真的到孔里來看我，並巡視全村，提出尖銳問題。多瓦悠人震嚇不已。富來尼官員光臨就好像祖靈現身。當他離去時，以愉悅樂觀的口吻指著村子說：「想想看。幾年內，進步將取代這一切。進步跡象已經出現。怎麼說呢？今天我在市場居然買到萵苣。已經有人開始種了。」我喃喃不置可否。摧毀這種對未來的罕見信心，太不應該了。

西方人常訝異發現非洲人擁抱許多西方人早已揚棄的態度。一九四〇年代的殖民官員可能會同意那位巴米李克族校長或這位富來尼副縣長的看法，但是這兩位非洲人鐵定不喜被相提並論。他們對何謂進步只有模糊觀念，加上土著常被刻劃為固執、無知，為了土著自身的好處，必須逼迫他們趕上時代，兩者相加，就使這些非洲人與帝國主義者連成一線。

不僅帝國主義的「優點」遺留下來，缺點也是，包括打著發展旗號遂行經濟剝削、愚蠢的種族主義與殘暴酷行，全是這類場景的典型要件。這些帝國主義盟友也正是土生土長的非洲人。我們不須全盤接受浪漫的自由派觀點，認為非洲的所有優點都來自當地傳統，所有缺點都是帝國主義遺毒。就連受過良好教育的非洲人也不承認你可以是黑人又是種族主義者，雖然非洲部分地區仍保有奴隸制度，而且每當他們提及多瓦悠人，就朝地上吐口水，以免髒污了嘴。我曾與一位大學生聊起薩伊境內屠殺白人的慘劇，他的回答便是雙重標準的例證。他說活該，誰教他們是種族主義者，因為他們是白人。這是否代表你願意娶多瓦悠女人為妻？他瞪著我，好像我瘋了。富來尼人絕不能與多瓦悠人婚配。他們是狗，畜生而已。這跟種族主義有什麼關係？

富來尼人急著與周遭黑人劃清界線，富來尼人又泛稱恩博羅羅（Mbororo）人，他們聽說南美洲有個民族叫博羅羅（Bororo），因此認為自己與南美洲此民族有關，從南美洲播遷至此，統治殖民了此地的劣等民族。不少年輕人都向我提及這個類似海耶德（Thor Heyerdahl）[37]的播遷理論。他們說，這解釋了他們的淺膚色、長而直的頭髮、挺直的鼻樑、薄嘴唇。他們痛苦指出我和他們一樣，衣服遮蓋處是白的，曬到太陽的部位呈棕色。

這個乾季裡，最令多瓦悠人雀躍的發展是我的冰箱。我一直想買個煤油冰箱，每次進城都渴欲望著商店櫥窗內的冰箱，可是我買不起，搬運也有困難，遂打消念頭。但是荷蘭語言學者廢棄的研究站裡就擺著一台煤油冰箱。一次我在恩岡德雷碰到他們，他們慷慨將冰箱借給我。真是鴻運當頭；此後，我就有冰水可喝、新鮮肉可吃。終於可以減少對罐頭食物的依賴，紓解我的經濟困窘。我將冰箱放在剛鋪好屋頂的漂亮茅屋外。我問工人為何我的屋頂沒有尖刺物預防妖巫，他們覺得真是好笑，誰不知道白人不受巫術攻擊，而且他的茅屋必須是方形而非圓形。我的便是方形，屋頂上沒有尖刺物，只有空啤酒瓶。

約翰和珍妮前來慶祝，我們和興奮的祖帝保一起喝冰啤酒。我的「冰穀倉」是多瓦悠人眼中的奇觀。煤油冰箱的原理令他們困惑（我也一樣），為何「穀倉」裡的火可以讓東西變冷。我忍不住向他們炫耀冰塊（只有見過世面的多瓦悠人才看過冰），他們怕極了。他們從未碰過這樣的溫度落差，堅稱冰塊看起來是「燙的」，摸它會燒傷手。我無法說服他們冰只是水的另一種形態。

看到冰塊在太陽下融化，他們會說：「冰東西跑掉了，只剩下裡面的水。」連卡潘老人都因身為宇宙祕密的守護者，不得不前來觀賞。

這使我和卡潘老人重新建立聯繫，提醒他曾答應讓我去拜訪。他說我可在下星期去找他，他會派兒子來帶路。

出我意料，那個男孩居然準時到來，祖帝保堅持同行。當我們首度抵達令人生畏的山麓，在山徑碰到不少山居多瓦悠人。我很吃驚此地女人都稱我為「愛人」。打情罵俏是此地特有習俗。我們穿過漫長炎熱、散布含鹽地的平原，牛兒和其他動物成排佇足舔食生存所需的鹽巴。過了平原，我們開始攀高。每年這時候正午氣溫達華氏一百一十度（約攝氏四十四度），馬修和我汗流浹背。我隨身攜帶的飲水，他拒絕喝；途中經過河，他也不能暢飲。我前面說過除非當地人奉水，平地多瓦悠人不能飲山地多瓦悠人的水。號稱卡潘老人「兒子」者根本不是正牌兒子，只是遠房侄子，無權奉水。山徑穿過形形色色的樹木，緩慢升高。無論哪個季節，走在這個山徑上都有喪命或斷手缺腿的危險。雨季時，攀爬岩石可以抓住草木，但是雜草覆蓋地面，山徑變成懸崖上的淡淡虛

37 海耶德是挪威民族學者，曾在一九四七年、一九六九年、一九七七年三度召募探險隊，用仿古代的船隻遠渡重洋，企圖證明古文明的播遷路線。一九四七年那次他搭乘一種原始木筏Kon-Tiki，從南美洲的大西洋岸航行到玻里尼西亞，企圖證明玻里尼西亞人源自南美洲。一九六九年，他與探險隊員搭乘古希臘的Ra船，從摩洛哥橫渡大西洋到中美洲，企圖證明哥倫布以前的西方文明曾受到埃及文明影響。不過，海耶德的理論並未被人類學界接受。詳見britannica.com。

線，稍不小心便可能一腳踏空。乾季時，你雖可看清地面，不至踏空，失足時卻無草木可抓，修正致命錯誤。

沿途，狒狒在我們上方來回蹦跳，崩落的泥板岩不斷掉到我們頭上。腳下是驚悚的三百呎高懸崖，其下河水奔流繞過花崗岩大石，轟隆作響。祖帝保說他害怕失足，因為他不會游泳，我們都緊張發笑。數個小時辛苦折騰，我們終於抵達一個景觀優美的高原，可以鳥瞰整個多瓦悠蘭以及遠處的奈及利亞。正當我們以為步入坦途，山腹卻開始出現深淵裂縫，唯有縱身躍過這些深坑，緊緊攀附對岸的泥地，才能維持身體平衡。

最後我們終於到了陰涼翠綠的山谷，山峰潺潺流下的溪水讓山谷水源豐富。山峰底是一個相當大的院落，正是祈雨酋長的家。一群年輕女子出來迎接我們，全是卡潘老人的妻妾，圍繞我們身邊咯咯吵鬧、大驚小怪。我們要坐在外面還是裡面？要吃點東西嗎？喝水還是啤酒？像白人一樣喝冷啤酒，還是像多瓦悠人一樣喝溫啤酒？老人去遠處田裡治療一位病婦；馬上派人去找他回來。我們坐了約莫一個小時，聊天、打瞌睡。傳話人回來了，他去告訴卡潘老人我們來了，卻發現他打另外一條路去了波利鎮。我們確信這是預謀行為，卻只能以良好風度接受。在山區裡，以我和馬修的腳程是萬萬追趕不上這位老人，也不必去找他了。祖帝保瞌睡醒來，說他夢到牛兒走失，必須趕回去看是不是真的，還是祖靈在他夢裡作怪。我們只好下山回家。

從那時起，我開始大力結交祈雨巫師，說服他們與我分享祕密。所有專家——傳教士、行政官員等——都深信多瓦悠人的無理頑固會讓我一無所獲。剛開始，我也這麼想。

但是我發展出一套策略，一一拜訪祈雨巫師，邀請他們路過孔里時到寒舍一坐，然後我無恥操弄他們之間的矛盾。我告訴蒙哥村的祈雨酋長：我之所以拜訪他，是想知道有關「真正」祈雨酋長卡潘老人的事。當我見到卡潘老人，告訴他我搞錯了，先前我以為他是真正的祈雨酋長，誰知道他對祈雨祕密所知甚少。或許他可以告訴我有關蒙哥村祈雨酋長的事？卡潘老人與蒙哥村祈雨酋長是死對頭，我的矛盾手法正中要害。有一次卡潘老人經過我的村子，村人告訴他我去蒙哥村，已經兩天沒回家了。卡潘老人終於崩潰。我開始連續訪問他。第一次訪問，他說他的父親也是祈雨巫師，為了我的問題，他四處探問，或許能回答其中一、二個一般的技術問題。我刻意表現無任感激，奉上豐厚之禮，雖然我的經濟再度陷入窘況。

接下來的半年裡，我大約到山上拜訪卡潘老人六到七次。每次他都不全盤托實，只願透露一點。我拿他透露的那一丁點去和村人查對，村人以為我知道很多，又脫口說出更多。當馬尤與卡潘老人為了拖欠聘金起嫌隙，我逮到大好機會。馬尤大大詆毀卡潘老人及他的工作，臚列他過去的種種惡行，譬如用閃電殺人、叫豪豬破壞田地等。就算卡潘老人降下旱災，他也不怕。他告訴我哪幾座山和祈雨有關，它們的不同重要性，以及用來製造不同雨的各色祈雨石。到他和卡潘老人和好時，我已對整個結叢（complex）[38]有了相當了解。重點是我必須證實這些資訊，親眼目睹祈雨過程，因為它是關係繁生與死亡的數個象徵領域的中心。

幾件事拉近我們的距離。盛傳卡潘老人擁有神奇植物扎布托，可以治療陽痿。雖然他的十三名妻妾在外喧騰抱怨他有不舉之症，奧古斯丁在怨婦間的私下調查亦證明如此，大家還是不疑卡潘老人擁有扎布托。他問我白人是否有治療陽痿的藥草，我回答我聽過此類療方，但不知道是否有效。這個回答頗令他滿意，直稱我是「實話實說者」。透過倫敦的一家性趣用品店，我買到一些人參，放在繽紛彩繪的瓶子送給卡潘老人，對他的不舉，我只能幫這麼多。結果卡潘老人腹瀉不已。他不認為是生病，只說最好的藥也有不靈的時候。他睿智地搖頭嘆息：「無藥可讓老田回春。」

年底副縣長光臨，使卡潘老人與我的團結情誼更加鞏固。副縣長宣布牛隻獻祭必須禁止，男孩割禮只准在學校放假時舉行。這些全是多瓦悠蘭現代化運動的一部分。一大群公務員與官僚搭乘汽車，從波利鎮浩浩蕩蕩抵達孔里，在大樹下召開法庭。官僚一個接一個慷慨激昂演說，禁止這個、不准那個。多瓦悠人嚴肅點頭，偷偷互扮鬼臉。不知誰的通風報信，巴米李克族校長早有準備，藉此場合痛批村人的懶儂與野蠻。多年來，他們一直承諾替他蓋新校舍，卻不斷推拖拉。每當他休假完回來，就發現校舍裡的家具甚或部分建築不翼而飛。聽到這裡，我不安扭動，知道我新屋的部分脫胎自他半毀的教室。蹲在一旁的卡潘老人突然「意味深長」看了我一眼，朝山的方向點點頭。此刻正是乾季尾聲，天空到處可見雲朵，但還未開始下雨，八、九哩外的山頭卻開始飄雨。副縣長口若懸河闡釋教育的價值。多瓦悠人應抓住機會，利用政府給落後地區的優惠待遇接受教育。大雨越來越近。因上級的關愛鼓勵，校長拿出一份名單，這是不讓小孩上學的父母。

接著掏出第二份名單，這些家長只給孩子準備傳統午餐——啤酒，學童到了中午就醺然大醉。正當他把名單交給上級時，一陣狂烈無比的暴風吞噬所有人。邊詛咒邊抱怨，高官們迅速躲入汽車，消失回去城裡。我們都奔回茅屋。卡潘老人與校長躲到我的屋子喝咖啡暖和身子。校長大叫說：「你看到沒？這些人！裡面鐵定有巫師。作法起暴風阻止我。這些人真是無藥可救。」

馬修附耳卡潘老人，用多瓦悠語翻譯剛才那段話。我與卡潘老人都笑了。我和校長展開一番長辯，我否定有人可以作法呼風喚雨，也沒有巫覡存在，巫術根本無效；他卻堅定支持這些信仰。卡潘老人越笑越厲害，歇斯底里，臉兒脹得通紅。

校長走了後，我問卡潘老人剛剛是不是他讓老天下雨。他像隻天真的老烏龜看著我：「唯有神才能讓天下雨。」他笑翻在地，太滿意自己的傑作了：「但是下星期如果你來，我讓你看我如何協助神造雨。」

目前為止，卡潘老人已告訴我造雨的大部分祕訣。最重要的是擁有某種特殊石頭，它也用來維繫牛隻與植物的繁生。但是直到數個月後，我才在瀑布下方的神祕洞穴裡看到這些石頭。每次卡潘老人都說帶我去看，每次都無法實現。一會兒是乾季尚未結束，接近那些石頭會造成洪水。

---

38 結叢是指文化特質的任何整合與模式體系，它在社會中如一個單位般行使功能，有時稱為文化特質叢或僅稱為特質結叢。詳見朱岑樓主編，《社會學辭典》，台北：五南圖書（1991），p.219

一會兒是雨季來臨，我們可能會被雷劈死。要不然就是他某個老婆月經來了，此刻去看石頭，對石頭有不好影響。他有十三個老婆，幾乎天天都有人在排經。

現在他只能讓我看隨身攜帶的祈雨法器，一旦他以山上的石頭正式啟動雨季後，便可用放在牛角裡的東西製造局部大雨。他帶我進入森林，蹲在石頭後面。我們誇張眺望遠方，四下張望是否有人。他從牛角拿出一撮未閹割的公羊毛，解釋說：「這是起雲用的。」然後是將雨控制在局部地區的鐵環；譬如他去參加頭顱祭，可以在儀式進行到一半時讓天降雨，直到村人奉上啤酒為止。然後是最重要的法器，他從未讓人看過這個偉大祕密。他彎下腰來，用力從牛角搖出一顆東西到手上，那是你到處都可買到、小孩玩的藍色彈珠。我伸手去拿，卡潘老人面露驚色，急忙將手縮回去：「它會殺了你。」我問他這個珠子是否來自白人國度？當然不是；它來自數千年前的祖先。這個石頭怎麼造雨？用公羊毛油脂抹它。這倒有趣，因為死者頭顱也須用公羊毛油脂擦抹，才能擺到樹林裡。我開始懷疑頭顱、瓦甕、祈雨石都和同一個結叢有關。果真如此，祈雨酋長便是不同領域的轉接點。祈雨酋長的頭顱可以造雨，因此慶典時多半與水甕放在一起，而置放祈雨石的山稱為「男孩的頭冠」。換言之，山被認為是「大地的頭顱」。再度，以祈雨石與頭顱為中心的單一模型被用來架構多個領域，讓降雨與人類繁生產生關係。

我謝謝卡潘老人，並致上謝禮，在沉默中與馬修下山。當我回到村子，煤油冰箱壞了，毀了我好幾個月的肉品存糧。此後它便不再正常運轉。似乎知道我無能維繫它的正常，只要我一轉身，它便自動停止運轉，吐出熱氣，數個小時便讓食物全部腐爛。好幾次我遠行返家，發現多瓦悠人站在我的「冰穀倉」前泫然欲泣，哀悼食物毀壞，無法讓冰箱運轉，又絕望不能取走食物，因為那不是他們的東西。不久，我便將這個煤油冰箱列為無用的板箱廢物。聞此，布朗牧師欣然宣稱：「西非洲又贏了。」

在祈雨酋長的山上，我想到一計。明天，約翰與珍妮要載我到恩岡德雷採購補給品，馬上就可知道我的計策行不行得通。我回到家裡，匆匆換件襯衫，丟掉腐臭的肉，出發前往教會。三天後我返回祈雨酋長的村子。懷裡勝利揣著我從華特小孩處巧言哄騙、賄賂得來的藍色彈珠。

「你記得上次給我看的石頭嗎？」

「記得。」

「我問過你那石頭是否來自白人國度。」

「是的。」

「它是不是和這個一樣？」我把藍色彈珠遞給他。他驚呼一聲，拿起彈珠對著陽光審視。

「一樣，這個石頭裡的雲彩比較暗些。」

「它也能造雨嗎？」

他驚訝望著我：「我怎麼知道？我要試試看，才知道它行不行。沒有親身試過，我無法判斷。」

他搖搖頭，驚訝我居然要他在未經實驗前就發表毫無憑據的結論。

直到我在多瓦悠蘭的最後一週，才獲准前往參觀造雨的神山。歸期緊迫，我決定下注一賭解開造雨之謎。我告訴卡潘老人我將在哪天前往辭別，很高興這是最後一次爬那個要命的山。當我們抵達時，村裡靜悄悄，女人全被打發出門。我們閒聊了一會。當我返回家鄉村子，我的妻妾已經替我播種小米了嗎？我的父親擁有許多牛隻嗎？雨季開始了沒？這是我發動攻擊的暗號。馬修與我早就細心練就一篇簡短的謝詞，混合傷感譴責。我很感謝他告訴我許多事情，但是我心哀傷，因為我即將返回白人國度，卻尚未看過祈雨石。這番感言必須詞藻華麗，才能讓多瓦悠人接受。我臨場發揮：「就像一個小男孩與父親同行。父親告訴他：『不要喊累，等我們到了山邊，我就揹你。』他們到了山邊，父親並未實現諾言，只說：『別難過，到了半山腰，我會揹你。』但是到了半山腰，父親還是不守諾言……。」卡潘老人明白我的意思，鼓掌打斷我的表演。他早就猜想我十分難過，決定帶我去看祈雨石，也信任我不會笨到向女人張揚所見。我們現在就去。馬修急得翻白眼，懇求我不要去：我會送命。我提醒他白人不會被雷打死。卡潘老人要我脫光衣服，他也一樣。他開始咀嚼一種特殊植物，根據氣味，我認為那是「基爾由」(geelyo)。卡潘老人將嚼爛的「基爾由」噴滿我全身、塗抹我的胸膛。我還得戴上陰莖鞘，因為肌膚柔弱，特准穿上靴子。卡潘老人警告我不可出聲，也不可亂動、亂摸。我們便出發了。

山坡極陡，我們不時從鬆動的岩石滑下。卡潘老人沿途咯咯笑，顯然頗愉快；我沒那麼輕鬆，擔心相機的安危，還不時被散布懸崖的荊棘刺痛屁股。終於我們抵達近山巔、海拔兩千公尺高處。

冷極了。山峰處一條河流垂直而下，冰冷瀑布下有個大岩石，裡面有個大洞，放置一些大而矮胖、看似水甕的陶甕，裝著顏色不同的石頭，分別用來祈求陰性雨和陽性雨。卡潘對著這些石頭噴吐「基爾由」，將石頭捧出給我看。還有一個東西。我們涉河而過，來到一個巨大的白色岩石旁。卡潘老人說，這是多瓦悠蘭的最後防線，如果他移開白色大石，大水將淹沒世界，所有人都將死亡。

我們急速奔回村子，享受溫暖，洗澡，穿衣。卡潘老人回去自己的茅屋。他已經讓我看了全部祕密，也解釋了各種不同的雨，以及如何用紅赭土塗抹鐮刀製造彩虹，甚至讓我看了祈雨甕的地點。我滿意了吧？我的確很滿意，致上豐富酬勞，酬謝他分享祕密。還有一件事：我從未看過他真正造雨。他可以示範一下嗎？

他開心笑了。剛剛我沒看到他朝祈雨石吐藥草嗎？待會，從這兒到波利鎮之間會下雨。我們最好趁天未黑就下山。他是不怕黑的，言下暗示他具有傳說中在夜裡變成豹子的能力。

下山途中，我們碰到超級大雨，又必須像山羊般縱躍深淵裂縫。下雨時，花崗岩石溼滑不堪，好幾次，我幾乎是四肢著地爬行。卡潘老人吃吃笑，指著天空說：「你看到了嗎？」暴雨如盆，我們必須吶喊說話，我叫道：「夠了！叫雨停止。」他眼睛淘氣地一閃：「一個男人可不會在一天內結婚又離婚。」

馬修與卡潘老人對此場大雨洋洋得意，至於我，沒有更多證據，不會相信這種極端違背我文化背景的事。我和他們一樣，只是看到想看的事。田野場上，人類學者極少被周遭人的「假」信仰干擾，他只將它們一一分類，然後看這些資料如何拼湊成圖，學著以平淡心面對這些信仰。

當我們返回孔里，瑪麗約很高興看到我們的狼狽樣。卡潘老人的陽痿盛名加上妻妾成群，讓她深信我勤於拜訪老人，鐵定有不可告人的原因，尤其我去拜訪時，卡潘老人常常不在。她染上高山多瓦悠女人的習慣，也稱我為「愛人」。為了讓我的「卑劣情慾」有其他發洩管道，她杜撰了一個胖大的富來尼女人，說她是我養在加路亞的情婦，還穿有鼻環。我的情婦擁有神話般的壯碩身材：胖到必須用貨車載運；如果沒有僕人架著，根本無法走路。乾季時，我和親人都可坐在她的陰影下乘涼。

我投桃報李，也捏造一個科瑪（Koma）老人，說他們暗渡陳倉。每個民族都有自己鄙夷的民族，科瑪人之於多瓦悠人便是如此。他們是異教民族，住在河對岸三十哩外，語言是多瓦悠語的低劣變形，也是極端骯髒、恐怖原始的野蠻人。多瓦悠人常拿科瑪人的醜惡開玩笑。

每當我送禮物給瑪麗約，會假裝那是她的科瑪老情夫送的。雖然他的牙齒全掉光了，但我還是聽得懂他的話，知道這些禮物是答謝瑪麗約的性服務。我滔滔不絕描繪瑪麗約為他縫製的壽衣。還嘲笑說科瑪老人老得快死了，根本不必用裹尸布，直接丟進墓坑就好了。有一次，我抓到一隻竹節蟲，拿去給瑪麗約看，打趣那是枯乾萎瘦的科瑪老人前來拜訪她。每當瑪麗約面露疲色，我就歸咎於她藉汲水與姦夫偷情；我們都知道這是她偷溜去樹林密會情人的藉口。這類打趣大大紓解村落生活的乏味，也是多瓦悠人逐漸「接納」我的主因。

多瓦悠人性生活活躍，不解我為何能無性過活。男人直接問我如何生存？為何不會生病？在非洲，性關係只有兩種基本模型。第一種模型裡，女色會使男人孱弱，奪走他的元氣，十分危險。第二種模型裡，男人可採陰補陽，性交次數越多越強壯。

出我意料，多瓦悠割禮雖強調「男性隔離」，他們的性觀念卻傾向第二種模型。他們認為我沒有老婆卻能存活，十分神奇，拿我和神父相提並論，修女環伺卻無性生活。此地神父堅持不稱修女為「姊妹」而叫「院長」（mother）[39]，實在睿智。因為多瓦悠文化裡，所有與自己年紀相當的男女都叫「姊妹」，但你萬萬不能與母親發生性關係。沒多久，我的進城之旅就被眾口鑠金為「荒淫探險」，更添瑪麗約笑話的可信度。通常我進城都是為適應不了非洲混亂狀態的器材購買汰換零件，因此「進城買零件」這句話迅速變成我與約翰的黃色打趣語。可悲的是，我的真實進城之旅一點不似多瓦悠人的性狂歡集體幻想。在非洲，性接觸非但不浪漫且本質粗暴，無法紓解田野工作者的苦悶，反而更添孤離，最好是避免。根據我與同僚的非正式交談，發現以前並非如此。伴隨西方性觀念的改變，田野工作者對性接觸的立場也大幅改變。殖民時代，你不能與非我族類（包括社會階級與信仰的不同）發生性關係，現在界線已逐漸模糊。你很難想像早年的女性田野工作者可以自由行走「野蠻人」中，不必擔心受侵犯，只因為她不在可性交對象的圖譜裡。現在

39 意同母親。

情況改變，單身女性田野工作者似乎有必要與田野對象發生性關係，以迎合「被接納」的新觀念。田野調查結束，卻未與田野對象發生關係，會讓同僚詫異甚至譴責，寶貴的研究機會白白浪費了。

至於男性田野工作者，他們有更多露水姻緣機會，通常都是金錢交易，較不引人側目。和民族誌學者的助理一樣，這個話題也在人類學文獻中完全缺席，但不代表人類學者沒有這方面經驗。有些田野工作者基於性接觸可能會為家庭及個人生活帶來極大衝擊，極力避免，但是長時間放逐異文化，此類誘惑不可避免。以我而言，被多瓦悠人視為無性之人，反而是一大福氣，使我享有多瓦悠男人所缺乏的自由。譬如，孤男寡女共處一茅屋，這是通姦鐵證；但是想像我與多瓦悠女性交合，卻是鬧劇，我很高興他們如是想。

長期以來，我的真面目與身分頗令警方困擾。乾季尾聲，危機終於爆發。先是直升機違規闖入。一個經費寬裕的瑞士教會自作聰明，認為感化山區異教徒最好的方式莫過借用快速的直升機空降牧師，效果一定驚人。一天，當我在教會時，直升機從天而降，在空中盤旋，發出巨大噪音；顯然在召喚人們前往降落場。既然在場的只有我會開車，便借了一輛車前往降落場。直升機上有兩個來自恩岡德雷、狀似困惑的神職人員，他們要找一早便前往恩岡德雷的布朗牧師，直升機在空中盤旋，希望發現布朗牧師的車蹤。一陣煙霧翻滾後升空而去。就在此刻，一卡車荷槍實彈的憲兵據線報前來緝捕剛降落的「奈及利亞走私客」。我被拖出車外。直升機的降落許可、飛行計畫、飛行執照在哪裡？我困惑無知的抗議絲毫不起作用。我無法交代誰在直升機上，也不知道他們的目的與飛機編號，甚至不願發誓這架直升機並未接近邊界十哩，這些都是走私活動的如山鐵證。花了好長時間，我才洗刷冤情，恢復我「無害白癡」的清譽。

好不容易此事塵埃落定，我又陷入麻煩。一晚，我去波利鎮醫院探望被蛇咬的村民。不幸火把壞了，一下子便在城外迷宮般的路徑迷途，在漆黑中跌跌撞撞半小時，幸好看到前頭有燈光。我奔往燈光處，驚訝發現自己置身副縣長助理家的後門。我停下來向門口一位懶洋洋的年輕人問路，隨即找到大街。

兩天後，當我正在訪問製陶匠時，約翰與珍妮現身孔里——憲兵到處在找我。一份正式公文傳喚我到警察局查對身分。我確定了明天前不會開始燒陶，便與他們出發前往波利鎮。那位嘴裡含針的司令官在辦公室接見我，我們花了半小時確定我的身分，以及我到底在波利鎮幹什麼。詢問過程裡，他的眼睛不時在頭巾下意味深長望著我。我開始緊張了。

有人指控我拍了副縣長助理家後門的照片，這構成「戰略消息」。目擊證人指稱我手拿相機，在那棟房子後面鬼鬼祟祟。我多久去奈及利亞一次？我的否認不被接受；他們有目擊證人。有人看見我穿越邊界，我不知道那是違法的嗎？他們反覆質詢許久，才將我釋放，嚴厲警告此後會嚴加監視我的行動。第三世界國家對間諜的妄想執著常陷田野工作者於危境，唯一原因可能是的確有些感興趣的單位贊助研究者到敏感地區做研究。我的問題是面對一個對純研究一無所知的人，該如何解釋外國政府為何對叛亂山區的一個孤立部族感興趣。對警察頭子而言，最合理的解釋莫過鄰近奈及利亞的地理之便。但我既不是走私客，也不是替奈及利亞大軍入侵打前鋒的間諜，副縣長助理住家後門的照片到底有何價值，沒人跟我解釋。

許久後，當我與副縣長混得更熟，他才說他一直注意事情的發展，會保護我不受狂熱憲兵傷害；他認為整件事是笑話。我的反應卻是憂心焦慮，尤其事件之後，警察不時突襲孔里探訪我的行蹤，更是雪上加霜。不知是巧合還是精心設計，我駐紮波利鎮時拍的一批底片也離奇失蹤。一如往常，約翰堅定支持我度過難關，帶我去教會猛灌啤酒，直到我好過點為止。

CHAPTER

12

第一批與最後一批收成
First and Last Fruits

我離開英國快一年了，雖不敢說在多瓦悠蘭賓至如歸，但至少已進入所謂的「中間」階段，樣樣事物都有種虛幻的熟悉假象。該是我開始整理筆記，並進攻我原本閒置一旁、打算等語言能力與人脈更好時才研究的領域，最重要的一個便是祈求繁生的農地儀式。部分儀式以卡潘老人為中心，有的則和他的親戚有關，我們在早先幾次頭顱祭時便認識了。他們的任務包括以特殊藥草塗抹神奇石頭，以確保植物豐收。在卡潘地區，這個儀式和祈雨儀式同時舉行：藥草隨雨降下，可使「大地復原」。在多瓦悠蘭的另一頭，此類儀式則是用石頭在村尾排成一行，「阻擋饑饉入侵」。我開始抽冷子拜訪這些地方，與儀式祕密的擁有者——掌地師——聊天。

我的車子仍未修好，再度仰賴約翰和珍妮的慷慨。虧了他們的幫忙，我才能免去跋涉十數哩之苦，經常拜訪這些遙遠的村子，與卡潘老人保持聯繫。出我意料，這些掌地師樂意展示儀式配備，知道我不會向女人洩密。大家都知道我和卡潘老人一起工作，他們也願意信任我，尤其話已傳開，大家都知道我樂意付錢。接連幾個星期，我忙著從這個洞穴爬到那個山頭，跋涉到頭顱屋，又奔回卡潘巧言哄騙卡潘老人透露祕密。同時間，蒙哥村的祈雨酋長也派人傳話：他快啟動雨季了。我又抽身衝去他的山頭。這裡的山地多瓦悠人施展老套，矇騙我們兜圈子，希望我們厭倦了走開。打從政府在波利鎮駐軍以來，多瓦悠人便用這套方法保護自己。馬修與我不為所動，聘用一位當地人做嚮導，堅決不准他半路丟棄我們，威脅說如果我們找不到祈雨酋長，便要睡在他的茅屋外，第二天他走到哪兒，我們便跟到哪兒。威脅奏效，我們很快便找到祈雨酋長，他很高興看到我們；在山裡兜圈轉顯然是對付外來者的標準程序。奇怪的是，他居然聽說我和司令官的摩擦，大表同情；顯然他們也有一番過節。

蒙哥村的祈雨酋長是個聰明開朗的年輕人，他很願意馬上宰殺一頭黑山羊，為窖藏於頭顱屋的祈雨甕塗抹山羊血，正式啟動雨季。他的顧問卻大表反對。這位強盜般的老者是祈雨酋長的叔叔。他說，如何確定我沒有和月經來潮的女人接觸？而且，村人認為雨季還要一個星期才來。直到他開始質疑讓未受割禮者接近祈雨甕是否明智時，我才確定他是故意找麻煩。外來者無須受過割禮才能參加多瓦悠儀式；連外國女人都可在場。我們開始討論價碼。整整一個小時我不斷搖頭，每當他提出一個價格，我便露出恐怖之色。最後我們談妥價碼。多瓦悠蘭終極祕密的代價是八英鎊，我並未受騙，因為我還可得到半隻牲禮羊。儀式迅速進行，絲毫沒有卡潘地區儀式的敬畏氣息。一點都不戲劇化，就像尋常屠宰羊隻一樣，他們將羊兒翻倒在地，一腳踏住牠的喉嚨使其窒息。當羊兒昏了過去，他們便切開牲的喉嚨，用葫蘆盛住鮮血。

我們連忙奔進森林中一個破爛的頭顱屋。這個地方禁止外人進入，因此，我們全都得四肢著地，爬過滿地刺人的短樹叢，來到一塊雜草叢生、陰暗的空地，那就是頭顱屋所在。裡面的祈雨酋長和我在卡潘老人處看到的一樣。祈雨酋長敷衍噴灑羊血了事後，我們便回到村裡，長談數個小時。

就是在蒙哥村祈雨酋長處，我得到解釋多瓦悠文化象徵體系的最重要資訊。先前資料顯示祈雨酋長和人類繁生、降雨有關。透過「打死富來尼老婦」這個儀式情節，「真正耕耘者」的收成則與植物繁生、割禮產生聯繫。擦拭祈雨石的那天是乾季的開始，是多瓦悠人開始焚山（山是「男孩的頭冠」，而焚山會讓山變乾）的日子，也是第一批收成與剛受過割禮的男孩一起進入村子的日子。多瓦悠人鄙視包皮，它讓男孩性器潮濕，發出女性陰部的氣味；受過割禮的陰莖乾燥且潔淨。當男孩離開村子去接受割禮時，他們是「濕的」，必須跪在河裡三天。男孩接受割禮後，雨便下個不停，直到他們慢慢離開河邊營區往山裡走，天空才開始放晴。乾季降臨，接受割禮的男孩才能返回村子，到置放死牛頭顱的聖壇前等待。同時間，第一批收成準備送入村子。換言之，多瓦悠人用單一模型統合所有繁生面向，雨季到乾季的更迭則和未受割禮的「濕」男孩蛻變成受過割禮的「乾」男孩連結起來。

我是在回到英國後，經過幾個月的研究與詳細分析，才將這個象徵系統的細節全部搞定。可是那一天，先前在田野場上觀察到的基本架構與辛苦記錄的一切資訊突然間都有道理了。「我找到了！」的時刻總是令人興奮；我的卻是突如其來，發生在高山上，透露這個資訊的男人全然不知它對我的重要性，更增添我終於窺知多瓦悠儀式背後簡單架構的快樂。下山途中，馬修顯然察覺我的飄然。狂喜中，我省略了過濾與加氯，直接飲用山泉水。我不知道這是上天對我自傲的懲罰，還是潛伏我肝臟裡的病毒作怪，我再度被肝炎擊倒在床。

就在我病得最沮喪時，奧古斯丁與他的最新女友移駕拜訪。他們熟知肝炎，覺得我的病況嚴重。奧古斯丁篤定地說：「最好是吐。你必須大吐特吐。」他的女伴不同意：「應該灌腸。唯有強力灌腸才能驅除病魔。我們村裡好多人都死於肝炎。」

「灌腸不好。他必須吐。」

「才不是。必須灌腸到出血才行。」

他們來回爭辯。我謝謝他們的建議，說很多東西都讓我又拉又吐，保證他們滿意。

恩岡德雷教會的一位好心人路過孔里，告訴我治療肝炎的偏方——熱水熬煮芭樂樹葉。結果證明它比什麼都有效。後來我才知道德國一家藥廠也在試驗類似成分的藥。我派馬修去找芭樂樹葉，北方地區這種樹很少。馬修說他在五哩外河邊看過一棵芭樂樹。我很懷疑我們說的是同一種樹，他卻打敗我，帶回一整袋真的芭樂葉。

我的病況逐漸改善。多瓦悠人大感驚奇，也開始用芭樂葉治療肝炎；所以，人類學者多少還是會改變他的研究對象。我的另一大成就是「地名研究學」。我的菜園證實特別適合種植萵苣，數年後，他們改叫它「沙拉之地」。

大約這個時候，今年的第一場大雨終於降下。在眾人的歡樂聲中，乾季的無情酷熱瞬間消解。我則沒那麼亢奮，因為我的新屋頂整夜漏水。我被迫蜷縮牆角，渾身抖顫，皮箱顫巍巍擺在頭頂上的平台遮雨，雙手緊緊抓住筆記。第二天上午，鋪屋頂的人說所有新屋頂都是這樣；幾天後就好了。我並不相信他的話，但缺乏鋪屋頂經驗，無法反駁他的篤定。就像出租漏水船隻給我、宣稱木頭下水後就會膨脹堵住漏洞的人，或者堅稱我的牙床會縮小適應搖晃假牙的喀國牙醫一樣，他的說辭頗不可信。經過一個星期可悲的洪水氾濫後，該找鋪屋頂的人履行保證了，他隨即修理屋頂。令我吃驚的是，他只用一塊木板敲打茅屋屋頂；更令我吃驚的是，它居然奏效。

差不多就在那段時間，田野採集者在工作接近尾聲時的精神病終於發作。我將筆記藏到教會，遠離濕氣、白蟻、山羊、小孩，以及我幻想中的各種危害侵襲。

我送筆記到教會時，約翰和珍妮正好前往森林辦事，一陣怒吼吸引我到門口。那是自封「黑鹿」、身材壯碩的銲工。他大叫：「喂，白人，你的車差點殺死我。」剛才，他正在銲接我的車子（我極想忘了它的存在），突然間，車身掉了一大塊，差點砸死他。他似乎認為這全是我的錯。

我問：「你還好吧？」

「還好？你看！」他從褲子裡掏出巨大陰莖，對我揮舞控訴。突如其來的暴露讓我丈二金剛摸不著頭腦，仔細檢查後，才發現它有一小條「黑鹿」堅稱必須「急救」的割傷。老實說，我有點茫然，不知道該用什麼藥品。翻箱倒櫃後，只找到濃縮漂白劑。這恐怕不是好療法，我建議他去找布朗牧師，他就住在山下，據我所知，他有各式急救藥品。「黑鹿」猶帶盛怒，跛行走開。

直到我回房繼續給筆記分類時，才想起布朗牧師不在家，他去幫人修卡車了。他的老婆可是以神經緊張著名，我想像「黑鹿」緩緩走到她的門口露出下體。或許我該奔下山阻止此事？但是，審慎為勇敢之本。何況，我並未聽到布朗太太的尖叫聲，或許「黑鹿」也懂得審慎行事，不露出他的傷處。

我的身體已經完全恢復，可以再度攀山越嶺。馬修和我最後一次出訪，前往多瓦悠蘭最西邊參觀扇椰子豐收祭。扇椰子是一種類似椰子的圓形水果，豐收祭裡，扇椰子的角色類似頭顱，被擱在擺放牛隻頭顱的聖壇，防止蠍子危害村莊。我從未見過扇椰子，迫不及待要品嘗它的滋味。

當我們抵達掌地師的村落時，發現他端坐在一大堆扇椰子中，開懷大嚼。扇椰子有兩種吃法。第一種是浸在水裡，讓它發芽，嫩枝的味道似芹菜。第二種方法是直接吃，果肉橘紅色，纖維很多，咬起來像擦鞋墊，味道似桃子。我雄赳赳大嚼一陣後，開始掌握訣竅，發現扇椰子頗好吃。一位好心的老太太顯然發現我啃食扇椰子頗費力，端上一葫蘆已經剝了皮的果肉給我。我和馬修說，這軟多了。

「當然。主人，」他回說：「她已經幫你嚼過了。」

我在多瓦悠蘭的日子逐漸接近尾聲，人們開始絡繹拜訪我，梭巡我的財產，提及他們迫切需要一條毯子，或者讚美我的燉鍋多好等等。祖帝保說他將十分想念我，細數我們一起做過的事，雖然我給他惹了不少麻煩，他還是頗享受我們共處的時光。馬修開始不經意提起買老婆的棘手事。他解釋說：「你必須趁她們還小時就買過來，才能照意思打造她。」馬修相中的對象為十二歲。「但是她們如果年輕，多半會要你出錢供她們念書。」他嘆氣。他認識的人中誰願意借他錢供老婆念書呢？唯有瑪麗約不把我當搖錢樹。每當提及我即將離去，她總是掉下眼淚，說她將懷念與我聊天。

為了即將來臨的國慶日，波利舉鎮沸騰，準備各式表演，多瓦悠蘭必須派人表演割禮舞蹈。我沒機會看到真正的割禮，對此極感興趣。多瓦悠的年分為陽年與陰年，割禮只在陽年舉行，我來的這年恰巧是陰年。此外，接受割禮的男孩必須長時間待在森林裡，還要考慮小米收成是否足夠所需。多瓦悠蘭已經五年沒舉行割禮，快要變成一大恥辱。之前，我都仰賴報導人的描繪理解割禮過程，也透過割禮人口述了解儀式程序，割禮照片則蒐羅自文獻紀錄與在多瓦悠蘭多年的傳教士。我的研究少了多瓦悠象徵體系的中心部分，原本很嚴重，幸好許多儀式都翻拷自割禮儀式，一模一樣複製。

我還是很慶幸有機會看到男孩行割禮前跳的舞。他們身著壽衣、豹皮，披掛動物角、厚重的袍子，以及其他配飾。沒時間教導年輕男孩表演，兩名受過割禮的男孩被迫挑起這項討厭、丟臉的任務。一開始，他們十分厭惡這項提議，拒絕接受任務。祖帝保承諾給他們錢與啤酒，才勉強上陣。第二天，祖帝保現身我的茅屋要求我付錢，他說整件事是為了滿足我的興趣而籌劃的。

最近，祖帝保的好逸惡勞遭到嚴重威脅，因為副縣長下令每人都得種一塊自己的菜園子。祖帝保先是說菜園子要長得好，必須有仙人掌圍籬擋住動物入侵。光是等仙人掌扎根就要一年。接著又說園裡如果沒有茅屋招待工人喝啤酒，又有何用？可惜現在不是蓋屋季節，又得等一年。算算得等三年，祖帝保的鋤頭才會第一次翻土，但是，每天上午他都哀愁宣布「他要去田裡」，然後坐在樹下（通常有我作伴），隨意漫談。有時我覺得自己像不收錢的心理醫師，聽他閒扯夢想、他所認識的女人，以及位居高職的壓力。

慶典那天，所有地方重要人物齊聚足球場。卡潘老人身著富來尼袍子、配劍，我逮到機會又騷擾他一番。其他部族也派出歌舞隊，頓足吶喊，塵土飛揚令人窒息。行政部門的高官全穿上最登樣的制服，副縣長看起來像極「法國航空」的空中少爺。群眾大力揮舞旗子，踱步巡視，黨工則趁機痛毆百姓。大家齊唱國歌。一架收音機莊嚴放在椅上，當總統的演講伴隨嘈雜的靜電干擾聲傳出，所有人都舉手敬禮。孩童表演進行曲與遊戲。副縣長尚未離席前，大家都不准離開，我們在大太陽下都快枯萎了。一大群跟著媽媽的小娃兒開始尖叫哭鬧著要走；據說是媽媽故意掐哭他們。少數參加慶典的白人熱烈討論北邊兩個傳教士被謀殺分屍。美國人十分緊張，法國人則誇張描繪屍體模樣，樂得讓美國人更不安。在場只有我一個英國人，有必要扮演板著臉孔的角色，雖然在老式電影裡，這類角色根本撐不到第二本就被謀殺了，到不了多瓦悠蘭，更去不了偏遠北方。

全城的啤酒與冷飲全被副縣長徵收使用，所以我漫步前往教會找約翰與珍妮，等著看晚上的餘興節目——選美比賽。

在這個特殊夜晚，波利鎮陷入誇張情緒。人們湧上街頭，歇斯底里表達獨立紀念日的快樂。受邀參加副縣長派對的客人與一般慶祝民眾略有不同——警察會不時衝向後者，毆打驅散他們。

大街上擠滿人，唱歌、跳舞、吶喊致賀語。多數人早已爛醉。或許，這就是我的西裝派上用場的時候；果真如此，我恐怕早就融化了。這是官方宴會，一切極為正式。場子裡擺著一排排既硬又不舒服的椅子。座位安排顯然有一套神祕系統，依據往例嚴格分配，總之，我完全摸不著頭腦。醫師與胖大的老婆在列。行政部門的人也在。警察局司令官惡狠狠瞪我；郵政局長則完全無視我的存在——顯然因為我質問他為何從波利寄至英國的郵件，統統沒有貼上郵票。負責核對邀請函的那個人則大批親屬統統在座。

籌辦選美大賽極為簡單，就是發函給各地酋長，規定他們在那一天送多少名女子進城。山上的人如何看待此事，我根本不敢想。早年，富來尼人有強徵奴隸與女人的習慣；或許多瓦悠人認為舊習俗復辟了。總之，參賽的女人個個受迫模樣。不少女子長途跋涉，一臉旅途勞頓。富來尼人當然唾棄用這種方式展示女性同胞，卻欣然有機會飽覽他族女性。參賽女子被迫走台步，在一大圈觀眾面前無精打采走動。她們有一種奴隸市場待售貨品的仇恨表情，有的瞪著地面，淚水在眼眶中打轉，有的怒火瞪視折磨她們的觀眾，齜牙咆哮。面對此種情勢，觀眾的反應令人「折服」，他們回報以嘲笑噓聲，間雜猥褻要求各種交合（結婚除外）的熱烈話語。受邀客人與不請自來、不斷湧入的觀眾起了衝突。有些觀眾爬到樹上，希望看得更清楚；參加派對的官員用力搖晃樹幹，樹上客紛紛跌落地面，痛得流淚，眾人大樂。幾經討論，波利小姐誕生了，還有波利小姐第二名、波利小姐安慰獎。副縣長的新任年輕助理負責頒獎，一一得體擁抱得獎者，並與波利小姐第一名跳舞。奪得后冠的女孩顯然來自偏遠山區，被選美過程嚇壞了。當高貴的年輕助理伸出純潔的擁抱之手，她怕得蜷縮一團。當人們催促她跳舞，她淚眼汪汪緊握拳頭，斷然拒絕。官員先是尷尬微笑，進而低語威脅。她則趿著簇新的藍色塑膠拖鞋，頓足不依。兩名憲兵老鷹捉小雞，將她扔出場外。觀眾高興喝采。安慰獎波利小姐不負頭銜美名，挑起重擔。派對開始。

舞會曲目融合最新西方流行樂與沒完沒了的奈及利亞流行歌曲。不幸，當我與醫師太太跳舞時，演奏的正是奈及利亞歌曲，至少長達二十分鐘。我們獨自繞著場子飛轉，旁人不是熱得發暈，就是為我們的優雅航行目眩結舌。醫師太太是個超級胖女人，跳了十分鐘便疲態畢露，不是時而撞翻椅子，就是不時踩到自己的腳。唯恐對方失面子，我們都不敢叫停，繼續踉蹌打轉，汗如雨下、氣喘如牛，直到某個好心人遞上啤酒。邊跳舞邊就著瓶口喝酒並不容易，但是我們辦到了，令人敬佩跳完一曲，開釋退場，博得觀眾喝采。

我自覺已克盡喜慶義務，安靜頹坐角落，醫師頻頻叫我多喝點，他早就知道與老婆跳舞的滋味。慶祝派對繼續，酒和燒烤內臟源源不斷供應。午夜時，我和叢林來的兩位老師——派崔施和修柏特聊天。派崔施有個怪癖，走到哪兒都隨身攜帶折疊椅。據說他曾在佛科（Voko）住了一年，那裡完全沒有家具，令他沮喪萬分，因此和朋友前往加路亞買了一張折疊椅，並發誓永遠不與它分離。他甚至與這張椅子共舞，直到擔任憲兵的表親苦口相勸為止。因為這位表親，他才受邀參加派對。現在啤酒快喝光了，不少人改喝紅酒。根據經驗，喝混酒可不妙，我只淺嘗為止。其他人則說還要再喝酒。現在只剩波利鎮偏遠處一家非法酒廳還有啤酒，老闆是個嚴肅的穆斯林。一位喝到下半身癱軟的男護士扛起重責，騎摩托車去買酒。他連路都走不穩，被眾人抬上車後，飛馳消失於夜色中。我看他連穩坐車上都有問題，遑論拿酒回來。但是五分鐘後，他騎著車子回來。再度，由眾人扛他下車抬回座位，繼續喝酒，真是個英雄！派崔施、我和他的折疊椅一起去聽幾個多瓦悠人吟唱描寫偷腥的歌曲。派崔施慷慨讓出折疊椅給我。歡樂吟唱被打斷，一個獄卒拿出錄音機，打算錄下他們的歌聲，卻忘了付錢，際遇教我大吃一驚。男人一擁而上毆打（嘴裡還在唱歌），女人踏毀他的機器，小男孩咬他的腿，還打算用細棍子戳他的耳朵。派崔施小心保護折疊椅，我則擔心自己在某些田野場合的行為是否也和這位獄卒一樣。我決定明日要問問祖帝保，我為何倖免此等待遇。在西非洲，成為犯罪事件目擊者殊為不智；警察會傳喚所有目擊證人、被害人親友，痛毆他們直到吐實為止。此種破案法效率奇高。派崔施、我和折疊椅迅速逃離現場。

我們回到副縣長的派對，現在已全部被警察霸佔，捉對跳舞。我與某位警官羞澀跳完一曲，覺得該閃人了。清晨五點，我偷偷溜回教會，約翰竊笑迎接我，認定我的夜遊鐵定幹壞事去了。

我的嚴肅研究接近尾聲，該處理現實問題了。我聽說離開喀國工程浩大，絕非到機場買票上飛機那麼容易。我必須擁有離境許可；在拿到它之前，我是這個國家的囚犯。對此，我頗感憤怒。教會向我解釋取得離境許可的流程。聽起來頗不可思議，誰會認真執行這麼刁難、無意義的行政流程？不久後，我便發現是真的。

奮鬥的第一站是恩岡德雷。不幸，我的簽證快要到期，所以我必須同時申請簽證延期與離境許可。政府部門沒人明白我為何兩樣都要：我要不就留下，要不就走。但是根據經驗，我知道在喀國境內旅行，不時會碰到身分攔查，少了有效簽證，麻煩可大了。他們叫我三天後再來。

下一步是去稅務局。又有麻煩。他們不知道我該去恩岡德雷報稅，還是去核准我研究許可的首都。我工作的地點在北方，歸加路亞管轄，但是我最後的居留簽證卻是恩岡德雷簽發的。他們要仔細研究。我必須填寫繳稅申報單，上面的問題包括「幾個小孩？存活者數目？」反映了喀國可悲的嬰兒夭折率。我在稅務局混了好幾天，企圖面見督察。終於獲准。他答應處理我的報稅問題。過去一年來，我都在英國繳所得稅，這又是個問題。英國與喀麥隆兩國間有稅務協定嗎？我一無所知。他斷然闔上我的公文夾。很好，你必須去大使館取得一份稅務法的說明。我懷疑英國大使館願意發出此類聲明；此外，我也不想去雅溫德。我將問題推回給他，但是他態度堅決。

我又繼續混了幾天，期盼居留簽證下來。最後他們告訴我無線電壞了；已經壞了一個多月。

無法與首都通話，不能簽發簽證。

接下來一個月，我在加路亞、恩岡德雷、雅溫德三地來回奔波，破財又傷身。後來我終於認清事實，我的事情牽涉三個行政區域，永遠無法合法離開喀國。我與雅溫德的法國朋友討論此事。身為法國人，他們較不受困擾，憑身分證便可自由來去。他們為我引介法國軍需處的證件專家。他面帶峻容聆聽我的疑難雜症。沒問題，他微笑解釋；我必須採用大家都用的策略。我的說詞將變成我抵達喀國後便一直待在首都。至於我的居住地址必須借用朋友的。因為我是白人，所以我雇用僕傭。既然我有佣人，便要有文件證明我至少付了他們喀國規定的最低薪資與社會保險。這些都可以借用我朋友的。又因為我與朋友共住一間公寓，為了簡化作業，所有文件都登記在一個人名下，所以我的名字不在那些證件上。據說各種機構都沿用這套方法，以規避恐怖複雜的官僚作業。唯一的危險是對方可能要求查訪我的住處。不算大危機，但必須先賄賂佣人照劇本說謊。

整套計畫開始進行。接下來數個星期，我牛步爬行各衙門，取得蓋滿章、不可或缺的九份文件，忍受了不少初來時所受的那種氣，不過我已不再訝異或氣憤。

我借來的文件好用得很。社會保險局的督察也的確打算造訪我的住所，但是當他知道我沒車載他，馬上打消念頭。此時正是雨季；他拒絕步行。我收集所需印章後，繼續吃力奮鬥。

終於我抵達核發簽證的警政署。再度被當成皮球，在各個辦公室間踢來踢去，似乎沒人知道核發簽證是怎麼一回事。我早上九點便到警政署，直到下午三點才獲准到署長辦公室。唯有他才有權決定，因為我現在既無居留簽證，又無離境許可。他帶著一種厭煩的優越感聆聽我的故事，然後大聲對屬下說：「給他簽證！」沒人要看我花了大錢、演出卡司多達十二人、辛苦收集七個星期的文件。我搖晃步出辦公室，因難以置信而覺虛脫。當上帝將石板交給摩西時，他大概也是這種感覺吧！

我開始分階段搬離波利鎮，再度仰賴教會幫我將器材搬到恩岡德雷。我與恩岡德雷行政官僚的一頁勞孔（Laocoon）[40]角力史，已變成經典笑話。

參加了副縣長的派對，再加上馬修的敦促，我決定在村裡舉辦自己的離別派對。為了這場派對，我們透過各種曲折管道搞到四十瓶啤酒，瑪麗約也答應幫我釀些小米啤酒。不脫多瓦悠本色，釀啤酒也有大麻煩。我付小米的錢被某個男人拿走，因為他說祖帝保欠他兄弟一頭牛。這個人的兄弟的岳家又欠他小米，所以他的兄弟要到老婆的叔叔家拿小米……。結局也一本多瓦悠特色，小米最後一刻才到，開始釀酒。連續兩天，整個村子興奮沸騰。祖帝保忙著編織給客人坐的蓆子。瑪麗約一邊杵米，一邊唱春米歌。小孩忙著到處借葫蘆、瓦甕，礙手礙腳。村人尤其熱中掠取我打算丟掉的東西。噴霧殺蟲劑搖身一變成樂器，火柴盒用來儲存穀倉裡的祕密東西，火柴盒上的標籤條被仔細撕下做捲菸紙。空錫罐大受歡迎，被拿來當煮鍋。我必須將多餘的藥品偷偷拿到樹林掩埋，防止小孩搜去吃。男人不時光臨寒舍，查看啤酒發酵程度，傳布宴會消息。

整體而言，這場宴會超級成功。馬修很煩惱我不肯像副縣長一樣發表演說，但很驕傲我託付他分發啤酒的重任。他要大家排成一列，並指派一名助手分發每位村民一瓶啤酒，仔細和他們解釋啤酒是誰請的，為何請的。似乎只有我對此過程感到尷尬。沒多久，全村人都酒醉喧鬧。樂器上場，一個老人開始踏足舞蹈，另一個人跟上節奏。眾人開始跳舞。暮色降臨，田裡幹活的村民陸續回來，奇蹟似的，啤酒供應居然足夠。祖帝保的兩個妻妾趴到我的腳邊，哀傷哭泣；鼓手跪在我的面前，在搖曳的火光中固執打奏節拍；舞者不斷繞圈，拍手頓足。顯然我必須有所回應。我不可能發表演說；人牆擁擠，也無法加入舞蹈行列。此刻馬修神奇現身背後，拿了一把百元中非法朗的銅板給我。他大聲說：「在每個人的額頭貼上一枚銅板，主人。」我照他吩咐做，融入情境中，邊用銅板按住村人額頭，一邊賜福說：「願你的額頭隆起」，這是多子多孫象徵。

顯然這就夠了。多瓦悠人歡喜接受傳統降福，舞著離開，繼續進攻酒吧。

馬修和我退回茅屋，祖帝保與其他大人物都等在那兒。我結結巴巴發表了感謝演說與道別；然後坐下來喝了數個小時啤酒，雖然我渴望回到孤單的床上。有趣的是，我發現馬修在這段與我共事的期間，從滴酒不沾變成頗愛喝酒，我則因為肝炎幾乎戒酒了。屋外，派對熱度不減；屋內陷入沉寂，我們靜聽音樂。慢慢的，他們一一告退。最後只剩我一人，感激爬上床。下雨了，茅

40 勞孔是希臘神話人物，特洛伊城阿波羅神殿的祭司。特洛伊戰爭時，因識破木馬屠城之計，遭雅典娜女神派遣海蛇絞死。後來此字被用來形容苦鬥。

屋頂又開始漏水。

第二天毫無預警，我突然聽說我幾乎已經成功忘懷的車「差不多修好了」。檢查後，我發現它的狀況確有改善。四輪健在，雖然懶洋洋歪一邊。可是從修車處開回村子，我總共發動了三次。有兩次是引擎停止轉動，第三次當我打開車燈，它突然冒出一陣白煙。比起搞到汽油，這些都算小問題。最後是透過奧古斯丁中介，我才自副縣長車庫的工人處買到汽油。至於他的汽油來自何處，奧古斯丁嚴禁我提問。

一切妥當，可以出發離去了。衡諸啟動器的狀況，發動車子後最好不要熄火。一小群村人現身送行，淡淡微笑，磨蹭雙腳，小狗巴尼搖著尾巴，約翰與珍妮評估我順利抵達恩岡德雷的機會，極力忍笑。揮揮手，引擎轟然，我離開這個我為了奇怪目的一待數個月的山頭。分離總帶來空虛，一種淡淡的無邊寂寞感觸。很快你就忘記田野工作多數時候極端乏味、孤寂與身心崩解。金色濛霧降下，原始民族開始變得高貴，儀式變得更震撼，為了達成現在的某個偉大目標，過去無可避免被重組了。直到重讀田野日記，我才明白當時的情緒主要是結束多瓦悠研究的歇斯底里狂喜。

旅途當然不是平平順順。我的車子有了嶄新毛病，會把順著車身流下的雨水吸到風管，噴得行人一身都是。但是我終於抵達恩岡德雷，又花了兩個星期企圖寄回一卡車陶器到英國。這次我早有心理準備，知道此舉勢必挑戰喀國尊嚴，必須與七個不同單位的官員交涉。

離開喀國的日子終於到了，我與教會裡的朋友道別，沒有他們的協助，我的研究絕不可能完成。在馬修開口向我最後一次貸款後，我爬上了飛機。

但是喀麥隆還有最後一張王牌。我必須在杜阿拉港待一晚，簡單的一頓晚餐便讓我染上該城聞名遐邇的上吐下瀉。唯一的安慰是旅館房間裡有馬桶也有淨身盆[41]，讓我免去英國浴室的痛苦折磨。第二天上午，我幾乎是被扛上飛機的。

41 用來洗下身的坐式小澡盆。

CHAPTER 13 英國異鄉人 An English Alien

飛行常是漫長、不愉快、難過。我的田野之旅最後階段更是如此，被迫坐得筆直，像個老姑婆啜飲瓶裝礦泉水，全副注意力都放在我洶湧作嘔的腸胃，同時間，飛機上以超大音量播放法國調情電影，供我取樂。撒哈拉沙漠消失於我的腳下。

就在此時，我突然想出聰明點子，要在換機的羅馬停留一晚。我眼前浮現美麗景象——安靜涼快的房間，微微漿過的乾淨床單。綠葉繁茂的樹影灑落床鋪；或許還有寧靜的噴泉。

下機後，我發現自己虛弱到無力提行李，只好放到寄放處。我看著寶貴的田野筆記、相機消失於張大嘴的門後，懷疑它們還會現身，也不敢相信自己居然瘋狂到與它們分離。緊緊抓在我手上的是因旅行而污損的衣物，牧師娘給我的褲子吸引優雅的羅馬人好奇注視，狂野雙眼與憔悴面容則招來輕騎兵行注目禮。

我找到房間，又熱又吵，燈光閃爍嗡響，價格高到離譜。這正是渴望與現實的真正關係。我躺下睡覺。

一般人較少注意非洲村落與歐洲城市的最大差別在時間的流逝。對習慣農居生活規律節奏、腦袋裡只有季節而不知今夕何夕的人而言，都市住民似乎以一種挫折瘋狂的營營碌碌呼嘯而過。漫步羅馬街頭，我覺得自己就像多瓦悠巫師，神祕的緩慢速度標示出我的儀式角色與身旁日常活動的差異。小餐館的菜色太多，我無力應付：多瓦悠生活的別無選擇使我失去決定能力。還在多瓦悠時，我成日幻想狂吃痛飲；眼前，卻點了火腿三明治。

人們老是警告我在羅馬免不了被搶、被打、慘遭當街劫掠，我特地只帶足夠買火腿三明治的錢。或許我對接下來的際遇不該吃驚，返回燈泡嗡嗡作響的旅館房間，我發現門上鉸鏈被撬開，東西被洗劫一空：飛機票、護照、錢，甚至我從多瓦悠帶回來的衣物也都不翼而飛。旅館人員堅稱他們不負責行李保管責任，我的西非式憤怒尖叫能力雖令他們欽佩，卻於事無補。我火速檢查口袋，全身只餘一英鎊。這種情形下，下一步很明顯。我走進餐館，省略火腿三明治，直接點了一杯啤酒，哀悼我的不幸。餐館主人是個壯碩古怪的人，摸清我的國籍、職業、婚姻狀況後，拿出一張翻到破爛的照片，上面是他的大群可愛孩子。他說曾在威爾斯做過戰俘，略帶靦腆說威爾斯女孩非常熱情。不久，我也對他傾吐遭遇。

他以奇怪的羅馬／克爾特口音說：「所以，你沒錢、沒機票、沒身分證明。」我說是的。他說：「那我借你一萬里拉。」他拿出一疊紙鈔放在吧台上。我點了一份火腿三明治。在我的困惑狀態裡，這種超乎尋常的慷慨似乎不比我先前的可悲遭遇更不可思議。我又擺盪回田野工作的備檔心情。

我的恩人打電話給英國大使館，我則悶然不悅還要和官僚打交道，想像自己在羅馬無止盡奔波，拿著公文四處蓋章，還要掙脫小孩的包圍糾纏，才能登上飛機。他和大使館說好了。我先到警局作筆錄，然後大使館會安排我遣送回國。「遣送」聽起來好像上鐐銬運回國。

警察局擠滿憤怒、絕望、沮喪的各國觀光客，全慘遭羅馬青年的劫掠。一個煩悶冷淡的警察耐心將英國觀光客一一挑出，與德國觀光客放在同一房間。法國人則被安排到較大且涼快的房間，令我們憤怒不已。一個布拉福（Bradford）口音的人對大家說：「我是替蓓諾兒難過，她是我老婆。」他指著身穿斜紋軟呢服的端莊太太說：「她不能離開露營地，他們還以為她在玩。男人跑來騷擾她，對著她大按喇叭。她只好拿李子丟其中一個痞子。」我們望著她思索。「後來又有兩個年輕人騎著摩托車跟在我們後面，用鐵鎚打破後車窗，完全無視我們的存在，搶走我們的行李。」

德國人要求翻譯，深恐我們隱瞞極高機密。我試圖解釋卻放棄，因為他們似乎來自提羅爾（Tyrol）[42]，語言沒有母音。

吃著火腿三明治，我遁回田野備檔心情。許久之後，我終於被帶到地下室深處的辦公室，由

42 位於奧地利。

一個警察詢問。「你在火車站被搶？」「不是，在旅館。」他哼了一聲，記下來。「損失什麼？」我一一列出丟掉的財物。「多少現金？」「大約一千英鎊。」他蹣跚走開。

另一個警官出現，一言不發，將一個眼神狂亂、渾身毛髮驚人、手帶鐐銬的男人安置在我對面椅上，轉身離去。那名男子彎身向前，瘋狂瞪視我。我們都知道如果此刻我轉開眼神，他就會掐死我。他瞪著我，我也回瞪他。兩人都不說話。不知過了多久，詢問我的警察終於回來，完全無視多毛男子，叫我簽筆錄。書寫漂亮的義大利文並不難解。上面宣稱我在火車站被搶了一千英鎊。我可受過比這更不堪的官僚待遇，高高興興地簽了名。

現在我該進攻大使館了。那裡又是大批慘遭蹂躪的觀光客，由一個面容嚴厲、嘴角緊抿的領事館女性人員發落。她正對一個非常年輕、骯髒、穿著破牛仔褲的女孩說教。「這是你第三次在火車站被搶。我們沒法一直補發護照給你。我要打電話給你的父母。」那位浪蕩的流浪女嗤之以鼻：「他們在乎嗎？」領事館人員緊抿雙唇表示不滿：「這次又是誰？讓我們看看那兩個男孩……。」年輕女孩不同意，揮手打斷她。「我要打電話給你父母，在這裡等著。」她轉身離去，留下我們面面相覷，對年輕女孩感到同情、難堪與好奇。女孩以挑戰眼神望著我們。我前面的男人對她說了些什麼，她開心笑了，一起走開，坐到窗邊的椅上。我則再度掉入生命暫時停擺的狀態。

終於那位一本正經的領事館人員回來了。「過來。我已經和你的父母商量好，我們先預支一筆錢給你回英國，但是你不能繼續留在義大利。明天就走。」

我們緊張了，覺得那位少女絕非含羞紫羅蘭，肯乖乖接受安排。出我們的意料，她甜甜蜜蜜笑道：「沒關係，親愛的。這個傢伙，」她指指剛才和她說話的男人：「邀請我去住在他的遊艇上。」說完，兩人連袂在我們沉默的熱烈喝采中離去。

我的案件處理則屬一般流程。她嫌惡地瞄了我的褲子一眼，噘嘴表示不滿，便安排了我的遣返。我小心調整自己的陳述，以符合筆錄所載。

闊別十八個月，我終於回到英國，身無長物，只有一件破褲子、七本記載西非洲筆記的破爛練習本、一架蒙了沙的相機，還有一份義大利文筆錄。我瘦了四十磅，黑得像炭，眼白發黃。我面對海關官員。

「護照？」

「我的護照掉了。」我將義大利文筆錄交給他。他瞇了瞇雙眼：「您是英國人，先生？」

「噢……啊……是的。」

「您願意簽名保證所言為實，先生？」

「當然。」

「好的。您可以走了。」他揮手叫我通關。

不可能這麼簡單，我懷疑其中有詐，狡猾望著他：「你意思說我不必大喊大叫、威脅你，或者給你錢？」

「您可以走了，先生。」

讓數學家頗感困擾的矛盾之一是愛因斯坦的時光旅行者。他以極高速航行宇宙數個月，回到地球，卻發現已過了十年了。人類學旅行者正好相反。他行到另一個世界，在那裡待了不可思議之久，思索宇宙之謎，快速老化。當他回到家鄉，卻僅僅過了數月。他種下的橡實並未長成大樹；時間太短，嫩芽還來不及探頭。他的小孩並未變成大人；唯有最親近的朋友才注意到他曾離開一段時間。

世界少了他依然正常運轉，這實在太侮辱了。當人類學旅行者遠行異鄉，尋找印證他的基本假設，旁人的生活卻不受干擾、甜蜜行進。他的朋友繼續蒐羅成套的法國燉鍋。草坪下的刺槐依舊長得很好。

返鄉的人類學者不期望英雄式歡迎，但是某些朋友的平常以待實在太過分了。返家後一個小時，一位朋友打電話給我，簡短說：「我不知道你去哪兒了，但是大約兩年前，你丟了一件套頭毛衣在我家。什麼時候要來拿？」你覺得這類問題豈在返鄉先知的思慮範圍內？

一種奇怪的疏離感抓住你，不是周遭事物改變了，而是你眼中所見的一切不再「正常、自然」。現在「做為英國人」對我而言，就像「假扮多瓦悠人」般作態。當朋友與你討論一些對他們而言很重要的事情時，你發現自己居然懷抱一種疏離的嚴肅態度，好像在多瓦悠村落與人討論巫術一樣。這種因缺乏安全感而產生的調適不良，更因舉目望去都是匆匆忙忙的白人而更加嚴重。

舉凡和購物有關的事都變得非常困難。看到超級市場的貨架沉重呻吟堆滿食物，我不是作嘔厭惡，就是無助發抖。我會連繞三圈仍無法決定買些什麼，或者瘋狂大買奢侈商品，因害怕被人搶走而恐懼抽噎。

長期獨處後，禮貌性談話也變得非常艱難。對話間的沉默空檔只要稍長，我就認為對方不高興，街上行人則恐懼看著我大聲自言自語。適應互動規則殊屬不易。有一天，送牛奶的人將我家並未訂購的牛奶放在門前，我循西非洲規矩大吼大叫追趕他，可能還扯住他的衣領。根據西非洲規則，我只是立場堅定；照英國標準，這可是難以忍受的粗人行為。突然看到自己變成這等模樣，真是教人謙卑的經驗。

一些小事則帶來無限滿足。我瘋狂迷上奶油蛋糕；另一個從田野場回來的朋友則不可自抑大啖草莓。自來水、電力真是神奇。同時間我染上怪癖，百般不捨丟掉空瓶子或紙袋；它們在西非洲可是珍貴之物。一天裡最棒的時刻莫過早上醒來，發現我已不在非洲，一股如釋重負的暖流穿過全身。我的筆記丟在書桌全沒整理；連續好幾個月，只要看到或碰到它們，我都感到惡心。

最奇怪的心理經驗是目睹我數個月前從非洲寄出的瓦甕抵達。當初，我細心用多瓦悠布疋包裹它們，裝在鐵製行李櫃裡，上面貼了四種語言的「易碎物品」警語標誌。祖帝保震驚於我的鄙俗。我幹麼不把它們送給村民？大家都知道我很有錢，幾乎和那些製陶的女人一樣富有，大可購買奈及利亞產的富麗搪瓷器。我的老婆看到我帶回村落瓦甕，可不會太高興。

看到這個一度放在我茅屋裡的行李櫃此刻躺在倫敦的濕冷車庫裡，實在很怪。它完全變形。托運時，它是長方形的；現在幾乎變成圓形。箱上的巨大皮靴印證實經手者將它變成這等神奇模樣。我必須用千斤頂才能撬開蓋子。接到自己寄的包裹本來就是奇怪經驗；微帶一種人格分裂的味道，尤其寄件的我對收件的我而言，已經逐漸變成陌生人。我的朋友一致讚美這些陶器的優美簡樸造型。太可惜了，我幹嘛拿它們去煮東西；我不能買些便宜進口盆盤，保留這些美得不該拿來用的東西嗎？將我這些朋友介紹給祖帝保，讓他們的不同觀點大打一架，可能不錯。返鄉的田野工作者可以接受這兩種不同立場，一個也不必認同。

此刻，你不可能不評估此行損益。我當然學知了西非洲某個無足輕重小民族的許多事情。田野工作的完成與否完全是定義問題而非事實認定。我可以繼續待在多瓦悠蘭五年，獲致微小的研究成果，卻仍無法窮盡「了解一個全然陌生民族」的研究目標。但是想要獲得特殊成就，總要有一般能力做基礎。現在我閱讀人類學文獻有全然不同的眼光，能察覺某些句子是刻意模糊、逃避或者勉強，也能察覺某些資料不恰當或無關。若非去了多瓦悠蘭，我不可能有此能力。我的研究也讓其他有興趣的人類學者工作起來較輕鬆。我甚至認為我在解開多瓦悠宇宙觀上的成果，驗證了某些常用的解釋模型與文化象徵間的關連。整體而言，我的研究結論頗站得住腳，我很滿意它們在整體人類學的地位。

至於我個人有了許多改變。與其他田野工作者一樣，我的健康毀了一陣子。我曾對第三世界文化與經濟的最終救贖懷抱模糊的自由主義信念，現在則遭重擊。這是返鄉田野工作者的共同特色，當他們像返回地球的太空人踉蹌笨拙遊走於自己的文化時，只能莫名感激自己是西方人，生活在一個突然間變得珍貴萬分也脆弱無比的文化裡；我也不例外。但是人類學田野工作會陰險讓人成癮。田野工作的宿醉頭疼不比厭惡療法更有效。返鄉數週後，我打電話給那個當初鼓動我投入田野工作的朋友。

「啊，你回來了。」

「是的。」

「乏味吧？」

「是的。」

「你有沒有病得要死？」

「有。」

「你帶回來的筆記是否充滿不知所云的東西，而且忘了問許多重要問題？」

「是的。」

「你什麼時候要回去？」

我虛弱發笑。但是六個月後，我回到多瓦悠蘭。

PART

2

重返多瓦悠蘭
A Plague of Caterpillars

CHAPTER 1 再訪杜阿拉 Duala Revisited

「所以，你從未來過我們國家？」喀麥隆海關人員以狐疑眼光看著我，一邊無精打采翻閱我的護照。汗水從他的襯衫腋下滲出，形成一個狀似非洲大陸的漬痕。此時正是杜阿拉（Daula）旱季高峰，熱不可當。每次指頭翻過文件，都留下棕色汗跡。

「是的。」我早學會不可跟非洲公務員意見相左。意見相左的結局是浪費更多時間與心力，還不如簡單的消極順從。誠如某位殖民地法國人向我解釋的——此種權宜之計是「調整事實以順應官僚」。

其實，這不是我初次造訪喀麥隆，而是第二次。先前，我曾在北部一個山區村落待了十八個月，研究某個異教部族，是他們駐地人類學家。但是途經羅馬時，我的護照被猖獗匪徒偷走，因此沒有舊簽證可揭穿我的謊言罪行。我欣慰於美麗的新護照沉著不露一絲口風。這次應可輕鬆過關。如果我承認曾造訪喀麥隆，馬上被迫陷入官僚作業的恣意胡鬧劇，要坦白交代上次入關與離境時間、核發簽證的次數……要求一個普通遊客記住這些瑣碎細節，實不合理，但這不構成辯解理由。

「在這裡等一下。」他以專橫姿態揮手要我到一旁等待，拿著我的護照消失於屏風後。屏風頂探出一張臉，細細審視我。我聽到翻動紙張聲。想像他們正在厚厚的黑名單檔案裡尋找我的名字，就像我在倫敦的喀麥隆大使館所見。

海關人員回來，開始細細審查一位樣貌鬼祟的利比亞人的旅行文件。這位先生聲稱是「一般商人」，行李數量卻多到匪夷所思。他以驚人的腆顏無恥解釋此行是「尋找嘉惠喀麥隆百姓的商機」。出我意料，海關居然揮手叫他過關，毋需其他手續。緊隨其後的是一大群極度誇張的人物，小偷、惡棍、藝術品掮客的滑稽集合——冒充一般觀光客，這位海關人員也全盤接受他們的說詞。然後就剩下我。

他慢吞吞翻閱我的文件。意態悠閒。直到他滿意他的主宰地位後，才賞我以傲慢銳利的眼神：「你，先生，必須去見督察員。」

他帶我穿過一扇門，進入一個顯然閒雜人等莫入的走廊，到了一個毫不舒適的空蕩房間，我坐在硬椅上等待。地板油布磨損厲害，因無數次疏失而漬痕累累。天氣真是溽暑難耐。

嚴格來講，我們在道德銀行的帳戶都已嚴重透支，只要官方稍示質疑，便足以讓我們陷入內疚深井。眼前狀況，我的處境尤其可危。我上次前來喀麥隆研究多瓦悠人——我的山地部族——

時，發現割禮儀式是該文化的中心。但是多瓦悠的割禮每六到七年才舉行一次，因此我一直未能目睹。雖然我記錄了割禮儀式的細節，也拍攝了拷貝割禮儀式的其他慶典照片，卻始終無緣親見正宗的割禮儀式。一個月前，當地線民通知我割禮儀式即將舉行。錯過這次，誰知下次割禮會是什麼時候——還是根本不會舉行？這樣的機會豈容錯失？從上次經驗，我知道想要申請到喀麥隆做田野調查，根本來不及；因此這次我以觀光客身分入境。對我而言，此舉並非全然撒謊，我做的事和觀光客沒兩樣——拍照而已。割禮儀式舉行時一定會有其他觀光客，興高采烈獵取鏡頭、放進相本裡。獨獨不准人類學家做這些會計師們度假時幹的事，豈是合理？

但是，顯然他們發現我撒謊。怎麼可能？我不相信真有人看了我上次來喀麥隆時在大使館與機場填寫的那些文件。只能自我安慰，既然我離多瓦悠蘭還千哩遠，就算有罪，也只算輕犯。

督察員的等候室絕非什麼好地方。脾氣再快活的人進了這裡，也會注入絕望氣息。漫長的等待讓人更添偏執狂想。我開始擔心自己的行李，腦海浮現畫面——露齒微笑的海關人員把手伸進我的行李翻撿衣物，說：「你看。這行李無人認領。我們分了吧。」

許久之後，我被帶進一個簡樸的房間。桌子後面是個帥氣男子，留著軍人式短髭，搭配雄赳赳氣質。他嘴裡含著一根長菸，菸圈裊裊飄上垂吊得極低、北方惡棍不小心走進來就會被扇葉斬首的吊扇。我不知道應該採取無辜者的憤怒姿態，還是跟他攀攀法國同志情誼。由於不知道他掌握了什麼不利證據，我最好的賭注是扮演「笨蛋英國人」。英國人之大幸乃在多數人認定我們脫軌怪誕，碰到文件細節就手足無措。

帥氣官員揮揮我的護照，上面已經覆滿菸灰。

「先生。問題出在南非。」

這可真教我吃驚了。發生什麼事？難道因為我國與南非隸屬同一個板球聯盟，我就要受報復、驅除出境嗎？還是我被當作間諜？

「但是我和南非沒有任何關係。我從未去過南非。甚至也沒有親戚在那兒。」

他嘆口氣：「任何人只要暗助法西斯、種族主義黨羽對南非實施恐怖統治、抗拒受壓迫人民追求社會正義的熱望，我們一律不准許他入境。」

「但是……」他舉手制止我發言。

「讓我說完。有些政府為了防止我們知道哪些人曾入境南非這個不幸國家，誤以為核發新護照給去過南非的人民，就不會留下簽證『罪證』。你，先生，你的舊照護仍未到期，卻持用新護照。就我來看，這證明你去過南非。」

一隻壁虎匆匆奔過牆壁，珠子般晶亮眼睛控訴地瞪著我。

「但是我沒有。」

「你能證明嗎？」

「我當然無法證明。」

針對如何證明一件「沒發生」的事，我們展開邏輯辯論，你來我往，直到突然間，督察員厭倦了這番粗糙的哲學論證。露出官僚本色，他提出折衷方案。我必須「口頭切結」隨時可以簽下我沒去過南非的「書面切結」。這就夠了。牆上壁虎熱心點頭同意。

走出督察員辦公室。我的行李胡亂堆疊，遭人鄙視，棄置一旁。當我彎腰拿行李準備前往報關檯時，一個腰圍粗壯的男人一把抓住我的手臂：「噓。客人，」他低聲說：「你明日要去首都吧？」我點頭。

「你行李要托運或者你回來時，你找我，賈奎。行李超重不收費。只要幫我買罐啤酒。」他側身悄悄走開。

我在督察員那兒搞了太久，海關人員等得頗不耐，慍怒下，他根本懶得看我的行李，揮揮手叫我過關。我知道搭乘計程車的地方。

我深信非洲一定有個地方，那裡的計程車司機善良、溫和、有知識、誠實、謙恭有禮，不幸，我還未找到那個地方。初到非洲者幾可確定會被計程車司機欺騙、蹂躪、海削。前次造訪杜阿拉，在我尚未摸熟該城道路前，曾搭計程車去僅半哩外的地方，司機卻假稱至少十哩遠，獅子大開口超收車資，載著我亂繞圈子，直到我完全失去方向感，一邊賺我的錢，還順便到郊區送報紙。回程我自己摸索道路，才走了十分鐘，就看到下榻旅館。在非洲搭計程車真是苦刑，多數時候，走路還輕鬆些。

我深呼吸，投入計程車司機聚集的角落。馬上，兩個司機抓住我，企圖奪下我的行李。在西非洲，行李常被綁架，等著換取高額贖金。

「這邊走，客人，我的車子等在那兒。你要去哪裡？」

我緊緊抓住行李。看熱鬧的人察覺有趣景象，全轉頭注視。接下來幾小時都不會有旅客，我是最後一個——不容輕易放過的大獎。兩個司機隨即不體面地撕打，我就像兩隻狗搶奪的骨頭。一個企圖幫忙的旁觀者大叫：「叫他們住手！」我知道此舉會讓兩位司機聯合起來對付我，轉身走向第三個司機。見狀，前面兩個司機馬上詬罵第三個司機。利用他們分心之際，我堅定衝向門口，第四個司機等在那兒。

「去哪兒？」我說了旅館名字。

「好，我載你。」

「我們先講好價錢。」

「你先把行李給我，我們再談價錢。」

「先講價錢。」

「只要五千中非法朗。」

「這個距離只要一千兩百法朗。」他頓時垂頭喪氣。

「你來過這裡呀！三千法朗。」

「一千三。」

他擺出啞劇的吃驚昏倒狀：「你要我餓死？難道我不是人嗎？兩千。」

「一千三。這樣已經太多了。」

「兩千。再少不行。」他的眼睛泛起誠懇淚光。我們顯然抵達交涉的高原，他還會繼續撐上一會兒。我感覺自己的毅力與決心衰退了。最後以一千八百法朗成交。照例，太貴了。

這輛計程車一應俱全，有不斷喧囂放送音樂的收音機，還有一個每次踩煞車就會發出金絲雀叫聲的玩意兒，以及涵蓋所有信仰、適用所有絕望狀況的各式護身符。車窗把手拆掉了，似乎沒有離合器，也無換檔裝置，只有惡兆般的陣陣摩擦噪音。照例，開車只是連串瘋狂加速與緊急煞車。

在西非洲，人們喜歡試煉各種人際關係，直至它們崩盤為止；也有不可抑制的欲望，非要探測人際關係的極限不可。或許剛剛討價還價時，我的態度過於強硬。我看到司機的眼睛盯上路旁一個向他招手的胖女人。他猛力踩煞車。簡短對談後，他企圖將這個手捧巨大搪瓷盆，裡面裝滿生菜的龐然女人塞進車來。我抗議。巨大女士的搪瓷盆與膝蓋擠向我。冷水淋上我的大腿。「她和你幾乎完全同方向，又不要你多花錢。」司機表情委屈。胖女士向我兜售生菜。我們三人全高聲爭論、揮舞拳頭。胖女士威脅要打我。我威脅要下車不付錢。我們尖聲吶喊、憤怒生氣。最後，胖女士退下車去，我們不帶一絲怒氣與積怨繼續前行，司機甚至還低聲哼唱。

僅僅幾個小時前，我抵達喀麥隆，氣態悠閒、心情鬆弛，因在英國休養了六個月而增肥不少。現在，我人還沒到旅館，就已經憔悴、疲累、沮喪。

我們終於到了旅館。司機轉過頭來，面帶微笑：「兩千法朗。」

「我們講好一千八的。」

「可是，你現在看到路程是那麼遠，兩千。」

我們重演爭論戲碼。最後，我拿出一千八百法朗，用力甩在車頂上。

「拿不拿隨便你。不然，我叫警察。」

他甜蜜微笑，把錢放進口袋。

一會兒，我搬進一間狹小、空氣窒悶的房間，地上鋪著清涼的油布氈。冷氣機發出陣陣恐怖嘎啦聲，終於吐出一絲涼氣。好不容易，我朦朧睡去。

隨即傳來敲門聲。門外站著一個身材肥壯、臉色紅潤、身著寬大短褲的男子。他只簡單介紹自己為韓福瑞，住在隔壁，口音無疑是英國人。他的姿態與其說是受到侵擾，不如說是飽受虐待。

「是你的冷氣機。」他解釋：「噪音太大聲，吵得我無法睡覺。你前面那個房客很有禮貌，都關掉冷氣機睡覺。很講道理，想想，他還是荷蘭人呢。」

「我很抱歉冷氣吵到你，但是關掉冷氣，我真的沒法睡覺。窗子打不開，我會被烤死。你為什麼不向旅館經理投訴？」

他對我投以令人畏縮的憐憫眼神。

「我當然試過。沒用。經理假裝他不會說英語。來我房間吧，我們一起喝一杯談談這事。」

幾杯酒下肚後，我們發展出海外碰到同胞時很容易迸發的短暫熱烈友誼。他訴說自己的故事，他目前的工作似乎和內陸地區的援助計畫有關——製造外銷的罐裝果汁。這原本是台灣的援外計畫，後來因為喀麥隆承認中共，遂告終止。韓福瑞花了蠻多時間尋找適合台灣牽引機的零件，這是前任留給他的機械。

我則訴說自己在機場的遭遇。他認為平淡無奇。他細心告訴我托運行李關卡那人不是要啤酒，而是索賄一千法朗。我謝謝他，說我曾來過喀麥隆。韓福瑞提議一起吃晚飯，帶我前往旅館餐廳。紅色的假皮椅子、赤裸的燈泡，這家餐廳令我想起一九五〇年代的捷克豪華旅館。壁虎在燈泡間好似大彎道滑雪般狂亂奔竄。

體格魁梧、一身閃亮的侍者領班走近我們，指指韓福瑞裸露的膝蓋，大喊：「回去換衣服。」我們停步互望。韓福瑞怒不可遏。我看得出來他真的生氣了。他沉著說道：「不行，我剛從叢林回來，所有衣服都送洗了。只有這一身。」

侍者領班不為所動：「你必須回去換衣服，否則沒飯吃。」我們好像被奶媽呵斥的小孩。

韓福瑞轉身，帶著貴婦人的傲氣高視闊步離開。我只好跟隨其後，好似他勃然怒火下的一抹蒼白影子。

出於泉湧的兄弟團結情，他坦承知道一個更好的地方。他以贊許的眼光上下梭巡我：「通常我不告訴別人這個地方。」我盡力擺出受寵若驚的模樣。

他帶我穿過正門，來到計程車與「暗夜女」聚集之處。異文化的相互觀感一向很有趣。從他們企圖兜售給對方的東西，便確保窺知一二。譬如我們英國人總是信心滿滿美國人希望到英國鄉間付費參觀的大宅邸喝下午茶，西非人則認定歐洲人都愛木雕與買春。西非洲城市近來流行的是猥褻慾求女色的表情。這些身材壯碩如籃球明星的女孩將此牢記在心。她們誇張噘嘴、甩頭、款擺漫步。韓福瑞堅定地說：「今天不行，謝謝你。」

他的計程車殺價術顯然遠勝於我。不僅交涉過程短，而且絕不讓步。我們上車。幾個女孩企圖一起上車。韓福瑞像父親般慈祥推開她們。

車子接著在泥巴路上行駛許久，兩旁是叢林。韓福瑞不時指示路徑。我們穿過一個鐵軌，又橫越一個在月光下邪惡閃亮的鐵軌。沃土混合排泄物、沼澤的奇怪氣味包圍我們。最後抵達一條靠近碼頭的碎石焦油路，油汙水面隱約浮現廢船的影子。

我們來到一個廣場，三面是法國殖民風格的建築，尚未竣工就已經開始傾頹。牆上灰泥剝落，爬藤入侵陽台水泥格子欄杆。韓福瑞滿懷自信帶我走向廣場的第四邊，這裡，叢林植物正與砍伐柴火的都市人奮戰，結局是留下一大片詭異捲曲的蔓藤。

「到了。」韓福瑞粗重喘息。

回憶會戲弄人，不是美化事實就是簡化事實。或許我受到韓福瑞的影響。但是我清晰記得那是城裡唯一剛刷上新油漆的房子，在月光下閃閃發光，綠色植被汪洋裡的一顆銀色珍珠。那是個越南餐廳。

韓福瑞顯然在這家餐廳人面很熟。餐館女主人是東方陶瓷美女，綻放細緻笑容、鞠躬迎接韓福瑞。她的先生——餐廳主人——是旅居海外的法國人，曾在中南半島待過許多年。他們的孩子被叫出來見客，蜜蠟膚色，依年齡大小排成一列，對著韓福瑞微笑。他們鞠躬致意、擁抱他，稱呼他為「糖糖歐飛」。韓福瑞當場變成傷感男子，我看到他偷偷拭去眼角的男子漢淚珠。吃飯時，主人陪坐，幫我們倒黑醋栗果甜酒與白酒，一邊交換家庭近況與懷舊。從他們的對談，我知道韓福瑞在英國北部有老婆，但是在喀麥隆首都還有一個他所謂的「常設安排」。

接下來一小時，我們大啖精緻美食，每道菜的口味與質地都有細緻變化。背景播放的是溫柔的東方音樂卡帶——笛子與鑼交織而成的金絲銀線細工作品。

吃水果時，韓福瑞向我吐露祕密。「我常有非來這兒不可的欲望。」他解釋。「但是我也不會太常來，以免失效。這兒可滌除非洲的一切惡俗。非洲女人尤其可怕——瞧瞧她們走路的樣子，八字腳又垂頭彎腰。你看！」他肅然起敬高喊。

女主人手捧裝著檸檬水的碗優雅滑行到我們的桌前，以同樣流暢的動作將它們置放在我們面前。像塊精緻衣料沙沙低語，她又飄然走開。

我必須巧言誘騙才能讓韓福瑞重返非洲。穿出詭異彎曲的蔓藤，他一臉抑鬱與沮喪。

當我們步入廣場，他看到一個穿著鮮豔、身軀瘦長的年輕人在廣場另一頭漫步，立刻跳脫憂鬱情緒。

「我發誓，那是早熟。」

他隨即為這句沒頭沒腦的話解謎，「早熟」是那位年輕人的綽號。

「他可真是一號人物。來吧。」韓福瑞箭步向前。

雖然韓福瑞一眼就認出「早熟」，但顯然「早熟」認不得他是誰。或許白人在他看來模樣都相同。他露出潔白整齊的牙齒，口出令人沮喪的老套詢問：「你們要找女人？」

「當然不。」韓福瑞回答。

「甘加？」「早熟」裝出吃驚吸氣、陷入非凡狂喜的姿態。此人顯然戲碼貧乏。

「少來了。早熟。是我。」

「早熟」視線遲鈍地打量韓福瑞，甚至抬起時髦的太陽眼鏡。從「早熟」迷惑的臉色可以知道他還是認不出韓福瑞是誰。

「白色寶獅啦。」

「哦。」

顯然「早熟」認出韓福瑞了，但是一點都不高興。韓福瑞卻堅信他與「早熟」友誼深厚，不容否定，拉著一起到鄰近酒吧。在那裡，我得知他們的故事。整個過程，「早熟」都擺出時髦的性感模樣。

「早熟」年紀輕輕，卻經歷不少暴起暴落，彷彿命運之輪的玩物。韓福瑞剛認識他時，「早熟」擁有一輛白色寶獅轎車，那是他最耀武揚威的樂子。他並未明說轎車來自何處，而是模糊一言帶過。他載著韓福瑞一起探索非洲夜生活，到一家名為「沼澤」的破爛俱樂部。西非洲都市小孩最「可愛」的習慣是幫車主看守車子。事實上，這是一種略具雛形的保護業。車主施捨一點小代價，可確保車子安全無虞。如果車主不願打點小賞，回來後，會發現車子刮損、車胎割破、門鎖失靈。

看到韓福瑞與「早熟」從白色寶獅下來，任何無知單純的非洲孩子都會自然以為韓福瑞才是車主，「早熟」是司機。他們衝向韓福瑞要求「看守」車子，韓福瑞自然拒絕，態度堅定——甚至堪稱過於嚴峻。

當「早熟」回來時，車前燈被偷了。他歸罪韓福瑞。韓福瑞必須賠他新車燈。當時他們都醉了，交涉談判冗長，最後陷入火熱激辯。「早熟」揚長而去，棄韓福瑞於不顧。「早熟」企圖在沒車前燈的狀況下開車回家。發生車禍。沒有行照的尷尬醜事曝光。車子沒了。

「早熟」厭倦了敘舊。把希望投向我。我剛到喀麥隆嗎？我能認識他，真是好運。他啊，是藝術家，雕刻象牙垂飾。他從外套裡掏出一些作品，顯然隨時可成交。他強調他可不是靠賣雕刻藝品賺錢。事實上，賺得還不夠成本呢。對他來說，雕刻是表達藝術靈魂的方法。通常，他是不賣的。

我端詳那些雕刻藝品。顯然，「早熟」的藝術靈魂讓他創作出象牙製大象，以及髮型複雜的黑人女性側面雕像——全是非洲海岸線熱門觀光陷阱常見的垃圾。據「早熟」所言，他之所以被迫販賣這些藝術品，是因為要買德國製的昂貴器材，以繼續他的藝術創作。

韓福瑞靠近。吐出重如鉛塊的話語。

「他不會買的。早熟。他來過喀麥隆。」韓福瑞對我眨眨眼。「但他或許會買杯啤酒請你。」

韓福瑞和我返回旅館。「暗夜女」的鬼祟身影依然在旅館外徘徊。我們各自回房。因為韓福瑞現在是朋友了，我關掉冷氣，一身大汗，睡睡醒醒到天明。

CHAPTER 2 進入山區 To the Hills

在非洲搭飛機一直有種非現實的感覺。你坐定、置身膠囊般機艙、吹冷氣、啜飲冰涼的果汁，從那些站在茅屋陰涼處仰望天空的人頭頂飛過。這些人一輩子沒想過離開出生地二十哩遠，他們生於斯、死於斯，終生視線不離開同一座山。這倒不是說非洲人都不是偉大的旅行者。葛斯達瓦斯．瓦沙（Gustavus Vassa）[1]之類十八世紀作家的隨筆，記錄了他們從非洲遠赴西印度群島、美國維吉尼亞州、地中海甚至北極的旅行，但也生動記錄了任何人如果愚蠢遠離親屬網絡與血緣建立的小小保護圈，便必須面臨接踵而至的危險與苦難。多數非洲村民的地理知識幾近神話。拿我做

1 葛斯達瓦斯．瓦沙本名Olaudah Equiano（1745-1797）出生於奈及利亞，小時被綁架販賣為奴，帶到新大陸，成為皇家海軍某艦長的奴隸，後來又被賣給一個奎格教派的商人。他終於存夠錢為自己贖身。來到倫敦，投身廢奴運動，寫作了*The Interesting Narrative of the Life of Olaudah Equiano, or Gustavus Vassa the African*（1789）。這是一本宣揚廢奴的自傳體作品，也是第一部非洲人寫作，卻廣為英語人口閱讀的書。

採集的村子來說，村人從未見過海，晚上圍坐營火旁時，老人會反覆問我「海」是否真實存在。光是想到海的壯闊，他們便膽戰心驚，聽我形容海浪的洶湧，他們發誓永遠不想看到海。村裡一個經驗老到的旅者宣稱他曾在八十哩外的城市看過海，向我們誇張形容海的模樣。我都不忍心告訴他，他看到的是河水氾濫。

飛機要在首都雅溫德暫停，然後才飛往我要去的中央高原，在那裡，我將搭便車回到山地多瓦悠人懷抱。飛機滑行後停下，空中小姐解釋飛機要在機坪上停半個小時，我們可以待在飛機上，也可以前往候機大廳。

實在難以判斷何者才是明智之舉。如果是韓福瑞，他會如何選擇？非洲飛機以重複劃位惡名遠播，尤其假期時，老師會將拿到的免費機票賣到黑市。唯有莽漢才會貿然放棄既有座位。另一方面，空中小姐所謂的半小時無疑會變成中非洲標準時間的半小時，遠比三十分鐘長得多。智者一定會利用機會到候機室享受有限的舒適，而非困坐悶熱的飛機裡。我決定去候機大廳，未來幾個月內，這可能是我最後一次吃火腿三明治。唉。我決定得太晚了。空中小姐咆哮說我不能下飛機了。絕對不可。我必須馬上回到座位。

西非洲空中小姐絕非氣候涼爽國家的空姐那般溫和平靜，或許她們和俄羅斯旅館女傭、法國門房受過同樣訓練，知道她們的主要任務是觀察、指揮乘客，維持秩序。最重要的，她們令出如山。

前次搭飛機，一個同機旅客消磨飛機暫停時的無聊，站在打開的座艙門前拍照（可能是要試試新買的相機）。後來我才知道他的公司是此種國內航機的製造廠，他想拍些照片向他人驕傲展示該公司的產品在熱帶國家運作良好。他的舉動馬上被察覺，遭到空姐斥罵。接著一個警察率大隊而至，指控他拍攝戰略設施，沒收了他的相機。相較於那次的經驗，這次飛行平靜得多。唯一插曲是某個小女孩在走道大吐特吐。嚴峻的空姐勒令她母親清理乾淨。

大約一小時後，其他乘客返回座艙，大談他們在候機大廳的吃喝與享受。而且大家不必搶位子，這班機根本空空蕩蕩。我和一個即將派駐恩岡德雷的美國和平工作隊隊員一路聊天。

和平工作隊這個組織旨在促進國與國之間的瞭解與親善活動，派遣年輕隊員到世界各地與當地百姓攜手合作，從事慈善工作。他們的工作從教英語到搭建營區廁所，無所不包。在喀麥隆，幾個越戰退伍軍人（才二十來歲）積極投入野生動物園工作。這些身材高大、毛髮濃厚的壯漢騎機車巡弋大草原，追蹤並記錄大象的數目。和平工作隊員的生活型態堪稱「不合常軌」，只有極少數人返回美國時，模樣和他們剛離家時一樣「乾淨」。不管對第三世界國家有無貢獻，他們都經歷了快速激烈的個人轉變。

恩岡德雷的和平工作隊宿舍是棟搖搖欲墜的可愛建築，各式旅者在此穿梭，不是剛從外面世界回來，就是打算前往一闖。

宿舍裡的家具使用過度——多數和平工作隊員沒興趣給它們打打蠟。住客紛雜，為此地添增危險。冰箱裡的檸檬汁瓶可能裝了檸檬汁，也可能裝了顯像液；那一坨肉可能是某人在貧民窟進行的老鼠餌實驗，而非可以下肚的食品。

某位曾在此居住多年的隊員至今仍陰魂不散，一塊鋪在斑駁餐具架上、權充桌布、詭異俗麗的動物皮時時提醒大家此君曾在此停留。我對這塊皮毛實在好奇，一天下午，我終於忍不住問：這房子完全沒有無用的小玩意，怎麼會跑出這俗氣華麗的東西？這就像修道院裡有荷葉邊裝飾一樣。

大家一片靜默。一人不可思議問道：「你沒聽過馬塔維奇的貓？」

顯然，以前有過一個傢伙叫馬塔維奇。此君現在已完全融入地方神話裡，人們形容他體型無比壯碩、多毛，胃口奇大，性慾旺盛。旺盛到人們謠傳他踏遍整個紅燈區，而他罹患的性病類型之多、病勢之頑強，在在令醫師吃驚。這也是他後來病倒的原因，被遣送回國，成為醫療實驗計畫的研究對象。但是他的影響力殘存於恩岡德雷。許多剛萌芽的愛情瞬間枯萎，只因年輕女性對和平工作隊員說：「我曾有過一個男友是和平工作隊員。他叫馬塔維奇。」

不管有關馬塔維奇的傳言是真是假，眼前這張貓皮桌布顯然讓他的存在神聖不朽，而前者也成為這屋子的珍貴傳家寶。在這則故事裡，馬塔維奇的貓沒有名字，但是體型壯碩酷似牠的主人。牠是雌家貓與雄野貓的混血，體型巨大、邪惡、淫蕩好色、性愛獵捕。曾看過牠生前模樣的人說牠的毛色呈淡綠光，但是變成桌布後，完全看不出來。

馬塔維奇的貓因為主人餵食不固定，開始大肆獵殺鄰居的母雞。鄰人企圖突襲牠，牠七拐八彎逃走。鄰人設陷阱捉牠，牠毀爛陷阱、繼續捕殺他們的雞。最後，馬塔維奇無法忽視鄰人的抗議與索賠，答應處決這隻貓。淚眼汪汪，他決心親手終結愛貓的命。那場戰鬥冗長慘烈。碰到毒餌，那貓只是嗅嗅；面對馬塔維奇的十字弓，牠也輕鬆躲過。然後牠展開反擊，在夜晚以淒厲叫聲折磨主人。終於一個溼熱的午後，馬塔維奇將牠圍困於水塔後。牠知道大限已至，決心讓對方付出慘痛代價。這場纏鬥恐怖萬分，但只可能有一種結局。貓兒殞命，馬塔維奇回房舔舐傷痛。電力公司某職員目睹整場搏鬥，看到貓兒死了，問馬塔維奇他是否可以吃掉那隻貓的眼睛，據說這可以讓他有第三隻眼。馬塔維奇從不拒絕新鮮經驗，答應了那人。有一就有二，馬塔維奇突然爆發物盡其用的心理。好肉罕見，因此他煮了咖哩貓肉，硝製了貓的皮毛。我不知道當晚吃飯的人是否事先被告知那是什麼肉，但這種「近親烹食」實在太恐怖，當場便有幾人吐了出來，友誼破損，無可修補。剩下的咖哩貓肉放在冰箱長達一個月，逐漸腐壞，然後丟掉。鄰人說一隻野貓吃了那堆餿肉。牠的毛發出淡綠光呢。

在飛機上與我攀談的美國小夥子一點不覺得馬塔維奇的貓故事令人喪氣，反之，他充滿年輕人的熱忱與高尚理想。他說他要到高原幫忙關建魚池，好增進當地人飲食的蛋白質。我記得曾有一個和平工作隊員也是參與相同計畫，幾年下來，他的主要成就是讓水媒傳染疾病案例增加了五倍。

就算田野採集工作，偶爾也會出現並非樣樣事都出錯的短暫空檔。我們抵達恩岡德雷，互道告別，我平安抵達新教會的工作站，行李一件未少。

慣於旅行者的一大特徵是知道該帶什麼「伴手」。在喀麥隆，你不會帶一瓶葡萄美酒，而是耶誕布丁或大罐的切達起司。這些「伴手」保證讓你大受歡迎。

大大出我意料，約翰與珍妮．柏格夫婦居然接到我的信，因此他們延後離開恩岡德雷，等我抵達。明天，我們就可以一起出發前往山區。

車程很長，沿途和舊日沒兩樣。當我們抵達分隔中央高原與北方平原的懸崖時，照例，暴雷大雨奔流而下。我們以最低檔緩緩駛下斷崖，氣溫陡升至窒息的華氏一百度，我們沿著破損的焦油碎石路銜接泥巴路，駛往波利鎮。

一到這裡，我們馬上發現今非昔比。我第一次來此時，馬路上到處是石頭與坑洞，好幾次我都以為自己轉錯了彎。現在，新科副縣長（中央政府在此的代表）的影響力清晰可見。道路平坦寬廣得令人吃驚，好像嶄新的飛機跑道——一條切過叢林的鮮紅色緞帶。當然，到了雨季結束，這條路會再度侵蝕、坑坑窪窪，但是在一個長年妥協於忽視與傾頹的城鎮，這條馬路仍是樂觀進取的撼人象徵。

駛往波利鎮的漫長途中，還有一些改變。市場改用磅秤來為農產品秤重，而非以往盛行的印象派作法。商品均有清楚標價。而且——不可思議——市場有肉可買。真的，這些措施只會讓市場商人沮喪而非振奮，但市場顯現前所未見的忙碌興隆氣息。

我們在教會暫停，柏格夫婦的德國狼犬班尼狂喜迎接我們，長工魯賓也同樣歡天喜地。我們展開冗長的噓寒問暖：「你的天空可清朗？」「我的天空很清朗，你的呢？」諸如此類長串如蔓藤的問候公式。但魯賓顯然心不在焉，他的眼睛不斷飄向卡車的後車廂，那裡躺著一輛嶄新的奈及利亞腳踏車，還裹著包裝紙。

和多數西非洲人一樣，魯賓也受困長期負債。這不光是手頭拮据，無法購買渴欲的消費產品，負債也是一種傳統生活方式。西方人被房屋貸款壓得喘不過氣，非洲人則是因「買老婆」而全面抵押自己。西非洲雜誌長篇累牘報導年輕人必須支付大筆聘金、牛隻才能結婚的悲慘故事。年輕人抗議聘金制度，卻沒有人願意率先將自己的姊妹、女兒免費嫁出去。如果他這麼做，將來自己或兒子拿什麼娶妻呢？所以聘金制度持續。當我和多瓦悠人說「我的村子」嫁女兒不收一文錢，他們都覺不可思議。一個頗具生意頭腦但極度欠缺民族學意識的多瓦悠人問我是否可以運送幾個「村中女子」過來。我們可以嫁掉這些女子，自己保留聘金。聽起來，真是聰明。

因為聘金，多瓦悠蘭經常訴訟不斷。聘金支付可以拖上許多年，男方親人都應挹注。無可避免，有時夫妻會因家務事起勃谿，做老婆的跑掉（可能只是威脅老公屈服），丈夫就會索討已支付的聘金，妻子娘家的親友則要求他還清拖欠的聘金，而他的親友則禮貌詢問他們當年的「供輸」下場如何，以致這個男子深陷絕境。未結清的負債可以拖上好幾代，父債子還，代代繼承。多瓦悠人總是陰謀設計索討陳年老債。他們就像下棋高手，可以盤算預想好幾步。終極突擊是討回大家都認定無法討回的舊債。譬如甲欠乙一頭牛，而乙又欠甲的朋友丙一頭牛。甲可能把這頭牛給丙，讓丙去替他索討一個人人都認為無望討回的舊債。而乙應當預見債務被移轉的危險，以更高技巧來處理自己的負債。

處於這種人人負債的環境裡，你很難不捲進去。我自己就欠教會錢，而酋長欠我錢，我的助理欠酋長老婆錢，而祈雨酋長又欠她錢。這一切都讓買賣變得極端困難，因為交易過程裡，錢往往被各式負債鏈的某一環取走，而這債務搞不好還是多年前欠下的。

魯賓的財務狀況複雜如瑞士的跨國公司，他卻極度渴望一輛腳踏車。他絕對無法存到足夠的錢，因為大家都知道他領多少薪水，每月還未發薪水，債主便將它瓜分光。所以魯賓與柏格夫婦有個祕密協定，他服務良好時，柏格夫婦不必給他加薪，而是給他一輛腳踏車，直到他的「加薪」累積到足夠勾消這筆買車錢時，才對外宣布他加薪了。這是變相的無息貸款，卻也開發出大家原先料想不到（魯賓除外）的新債務與新義務。

原來這種牌子的腳踏車除了特重外，最大特色是採用某種特別的螺栓。此種螺栓以奇怪的合金製成，專為此牌腳踏車設計生產。這種螺栓有種惱人習慣，拴上或旋開時很容易裂損。因此零件需求很大，必須遠赴幾百哩外的城鎮購買。我、傳教士、醫師、老師與經常遠行者都成為零件掮客。過去幾年，車款改過幾次，螺栓的大小也隨之改變，你很難判斷何種大小才適合。自然，買到尺寸不對的螺栓，中間人要負責任。

每當魯賓的腳踏車耍脾氣壞了，他就面露愁容，在屋裡誇張地唉聲嘆氣，把氣氛搞得宛若殯儀館。最後大家都受不了，趕快幫他買新零件，錢自然還是掛在他的帳上。這時，他會露出燦爛笑容，屋裡迴盪歌聲。但他還不忘給你一種揮之不去的內疚感，因為你幫他買了那麼不好用的腳踏車。

幾個星期後，一個多瓦悠人跑來村裡跟我借錢。因為魯賓有辦法搞到螺栓，但他只收現金。我並未細究此事，但是我懷疑魯賓和「顧客」交換零件，然後拿著壞零件亮給柏格夫婦看，證明約翰幫他買的車子有多爛。約翰馬上掏錢幫他買新零件，費用掛在魯賓帳上，而魯賓跟他的「顧客」卻收現金，還收服務費。他根本就是把他的腳踏車變成銀行。

但是眼前約翰關切的不是魯賓的「財務投機」。我曾企圖在此地種植作物，下場極慘，約翰並未引為殷鑑，在屋子下坡處的小丘闢建了菜園。他架設了藩籬與鐵絲網阻擋牛隻，眾所周知，此地牛隻很會破壞菜園。菜園裡，瓜類、豌豆、豆夾等各種「異國食物」冒出嫩芽，來往行人投以注目眼光，佇足提供約翰建議。就和全世界的農夫一樣，他們預言這些作物註定死亡。但是約翰持續忙碌，每晚幫蔬菜澆水已成為一種儀式，為他帶來高度滿足，也讓他雙手起了水泡。他就像以前的我，心中歡樂遐想巨大甜美的豆子、多汁的南瓜，一邊辛勤耕耘，一邊口水直流。

熱帶地區，太陽西沉速度極快，只有短暫黃昏，隨即陷入無邊黑暗。一輪凸月自鋸齒狀的花崗岩山頭慌張浮起。遠處山坡紅光點點，那是村民焚林燒掉茂草，以期新草再生。熱氣加上百萬隻蟋蟀的低鳴聲、溫柔的月光，都讓陽台成為打盹的好所在。菜園裡，約翰對著日益圓胖的南瓜滿足咯笑。後院裡，魯賓正在撫摸簇新腳踏車的黑亮油漆，發出得意笑聲，這是他生平第一次擁有全新的東西。廚房裡，廚師馬西爾口操法語與英國聖誕布丁絕望奮鬥，並祈禱雨季降臨。一切，十分正常。

CHAPTER

3

凱撒的物應歸給凱撒……[2]

Rendering unto Caesar ...

歐洲人造訪非洲城鎮，往往涉及一些「繁文縟節」，如果忽略，後果自行負責。這類繁文縟節給人一種自負混合自卑的奇特感覺。一般旅客可能會訝異在地官員居然在乎他的蒞臨與否。但是他如果違背規定，便可能被當成間諜，或者更慘。因此你必須展開令人沮喪的巡迴拜訪，昭告自己的蒞臨，好像古時歐洲人每到重要據點，都必須投刺一樣。

想當然耳，我的第一站是攜帶所有相關文件拜會警察局長。

前往城鎮的路上，我碰到許多熟悉臉孔。有些是多瓦悠人，有些是鎮上的富來尼人。他們禮貌探詢我的「妻妾」安好以及小米收成。我也投桃報李。

2 此句話出聖經新約馬太福音第二十二章第十五到第二十二節。法利賽人陰謀陷害耶穌，詢問耶穌向羅馬皇帝凱撒納稅是否違背天上的律法。耶穌請他們拿出納稅的銀幣，問他們上面的像與名號是誰。他們回說是凱撒。耶穌說：「那麼凱撒的物應歸給凱撒，上帝的東西歸上帝。」

第一次造訪非洲時，我很訝異自己居然無法辨識非洲人的臉孔，雖然他們的外表各有極大差異。這就像參觀畫廊，走過一幅幅頭戴假髮的古代紳士肖像，看到第三幅，你就忘了前兩幅的模樣。這次前來，我很高興自己叫得出每個人的名字，即使我們已經許久未見，直到我遇見一個顯然認識我，我對他卻記憶空白的人。大感困窘，我赫然發現問題出在他換襯衫了。多數多瓦悠人只有一件襯衫，理所當然，他們天天都穿同一件襯衫。雖然下田工作回家途中，他們會到池塘洗澡，但是從來不洗衣服，而是把衣服穿到解體、穿到爛為止。初到非洲者辨識非洲人是以衣服為準，而非臉孔。

警察局裡，三個快活的年輕人身著寬大的卡其布制服，四處閒蕩，脫下靴子舒展腳巴丫子。他們指著腳趾頭與腳跟的疤痕、傷口，每個都勾起一段受傷與冒險的記憶。

「這是那次我被蛇咬的地方。能活下來真是奇蹟。」

「這是我受訓時騎摩托車摔的傷口。痛死我。」

非洲對腳的折磨，真是嚴酷啊。

一個犯人一邊漆著旗杆旁的白色石頭，一邊哼唱。旗杆上方，國旗軟垂於無風的空中。

我上次來訪喀麥隆時認識的一名新兵趨前迎接我，他是虔誠的基督徒，正在上函授法語。「歡迎，歡迎。你回來啦。磨坊主人，法語怎麼說啊？」他嘴咬鉛筆，一臉愁苦。

一名下士從警局走出來，神情顯然沒有外面這些閒蕩的年輕人快活。第一件事便是警告我這是政府機構所在地，不准拍照。我又沒帶相機，這項指示純屬多餘，但我也只能溫順接受。他開始檢查我的護照，狐疑皺眉，拿著護照迎著光線檢查印戳。很遺憾的，警察局長有要事出公，前往加路亞辦些要緊事。只有他才能在那個登錄外國人的大本子上簽下我的名字。他何時回來？我要等嗎？不知道，但是他們可以用無線電連絡加路亞的警察署，看他離開沒。他從櫃子裡拿出一個巨大的無線電，在斷續的嘈雜聲與靜電干擾聲中，對著無線電大喊。一個宛若溺水者的虛弱聲音自無線電傳來，聽得出來他反覆在說同一句話，終於干擾聲有片刻空檔，他的話聲清晰傳來：「你要幹什麼？」下士回答：「你是誰？」但是，靜電干擾再度像濃霧包圍。

下士篤定地說：「氣象狀況不好。」收起天線。我倆看著山頭湛藍的天空。此刻再說些什麼，似乎不禮貌，我起身打算離開。

就在這時，一輛胭脂色的路華吉普車煙塵滾滾而至。原本的綠色帆布車篷被換成國產的天藍色帆布，平添夏令營風味。警察局長下車，些許燥熱、略帶風塵，卻是一臉圓滿達成任務的表情。

他說：「我現在沒法和你說話。我去載運緊急供給品。你明天十一時再來。」

離去時，我偷瞄了一眼吉普車後座。一如我猜想的，全是啤酒。根據我稍後的查訪，謠傳警察局長用吉普車載運啤酒到三十哩外法羅河的村落，那兒啤酒斷貨。據說，賣的價錢極高。

如果傳言屬實，這堪稱是警察局長少見的「仁慈功能」之一，冒了這麼大的風險，賺點小利也是應該。

鎮上另一頭，我記憶中潮溼、沮喪的副縣長公館已經煥然一新，塗上一層白色粉膠泥。身穿白袍的文書人員趿著拖鞋、手拿一疊疊文件，來回穿梭房間。他們的腳步雖稱不上敏捷，但這可是這棟官邸第一次有人忙碌走動。接待處的人員告訴我副縣長不在。他是多瓦悠人，因此悄悄透露如果我去波利鎮酋長處晃晃，會找到副縣長。

殖民帝國軍隊抵達喀麥隆後，發現喀國許多地方都由富來尼封主統治異教人民。他們覺得這套統治系統頗方便，便推廣至富來尼侵略者原先並未佔據的地方，譬如波利。現在波利鎮有個富來尼酋長，坐鎮土著的法庭，管轄權涵蓋整個波利區域。當地的多瓦悠人對此極端痛恨，盡量不與該酋長有任何接觸。對他們而言，富來尼人從未征服他們。他在多瓦悠村落絕對不會受到歡迎。

上次我旅居此地時，這位富來尼酋長對我不算友善。他擁有郵件卡車，形同壟斷波利與其他城鎮的交通。他與卸任的副縣長關係密切，極力確保波利鎮不會出現公車、不販售汽油，其他人的車輛不准載客。他的郵件卡車如果搭載外國人，便會引來警察注意，讓他經常超載的事情曝光，因此他總是百般刁難讓我無法搭上郵件車，大費周章改變載客處或將出發時間調動至我不在的日子。我們的另一個摩擦來自己他不屈不撓要我加入喀國唯一的政黨——他能從中抽取介紹費。

但是時間沖淡惡感，我決心前往他的巢穴尋找副縣長。我極擔心當我在鎮上浪費時間，山上的割禮儀式已經舉行了。

我站在酋長的屋外用力拍掌，一個小男孩現身，慌張入內報告我的來臨。接著帶我進入一個地上鋪著碎石的圓形小茅屋。茅屋牆上彩繪富來尼民族的花樣圖案，整體感覺十分乾淨怡人。

酋長與副縣長躺在地毯上，正在聽收音機播放的阿拉伯音樂。看到我進來，酋長熟練地將一瓶威士忌藏到白袍內，動作之純熟，好像經過多年訓練。

副縣長起身迎接我。他露出笑容，和酋長說了幾句富來尼語，後者皺皺眉，拿出威士忌，在一個印有「坎城紀念品」字樣的杯子裡倒了一點。我們落座，副縣長開始以字正腔圓的法語訴說他對波利鎮的未來規劃。他的眼睛在眼鏡背後熱切發光，大談鋪設自來水與重接電力管路（自從法國人退出喀國後，這些民生便利措施便付闕如）。副縣長決心兩年內要架設電話。「我的工作就是為此地注入生氣，」他解釋：「我剛跟這位朋友說，」他指指酋長：「他的房子可能要拆掉來蓋電話交換機呢。」他淘氣地咯咯笑。酋長則回報以蒼白微笑。

「我決心讓多瓦悠動起來。你也可以提供相關意見。」

堅守人類學倫理殊屬不易。通常，人類學家盡量不去影響他的研究對象，雖然他知道影響勢不可免。充其量，他也只能讓一個士氣瓦解、邊緣化的民族恢復對既有文化的價值觀與自我價值感。但光是撰寫有關某個民族的專題論文，他筆下有關此民族的自我印象呈現，便勢必蒙上屬於他的偏見與先入為主的色彩，因為關於異民族的客觀真實並不存在。而這個異民族如何看待這種自我印象，很難預期。他們可能排拒、反抗，也可能改變自我去迎合並趨近此種印象，最終成為僵硬扮演自我的演員。不管結局為何，我們所謂的「純真」（也就是一件事之所以如此，是因為只能如此）已經蕩然無存。

殖民時代，人類學家與殖民當局關係不佳，因為後者想要利用前者去改變殖民地百姓。現在，我似乎也面對同樣命運。副縣長說：「多瓦悠人為什麼這麼懶？」

我反駁：「你為何如此勤奮？」他笑了。

他揮舞手中的甘地夫人著作：「我正在讀這本書，甘地的女兒寫的。她倒是為殖民惡行說了不少好話。」

我說甘地夫人其實不是甘地的女兒[3]。他大吃一驚：「這怎麼可能？這是不誠實。你確定嗎？」此後，他每次碰到我，都一再詢問甘地夫人真的不是甘地的女兒嗎？搞得我也開始懷疑自己，原先的篤定被他的焦慮詢問搞到冰消。似乎此事的真假關乎那本書的價值。當我返回英國，朋友到機場接我，一定訝異我為何劈頭便問：「你知道甘地夫人嗎？她到底是不是……？」

我提及剛剛去拜訪了警察局長，心想他是否知道警察局長祕密經營啤酒生意。副縣長咯咯笑：「有一度，他可真讓你嚇出一身冷汗啊。」

他說的是我有一次深夜在叢林裡迷路，摸向最近的燈火處，結果是副縣長助理家的後門。警察局長頓時認定我在從事間諜工作，盤問我時，讓我頗緊張了一陣。

「他是個好人，」副縣長說：「或許有時過於熱心了。」他微笑彎身向前，拾取甘地夫人書裡的智慧激勵我：「我會注意他，你知道，我不會讓你發生任何事。」

我大表感謝，告退，對他的激賞更勝以往。許多人認為波利鎮民的冥頑不靈會迅速擊潰他的樂觀情緒，我真高興看到他推翻了此種想法。我告退時，酋長一言不發，只是不情願地與我握握手。

回到街上，今年的第一陣雨降下，大滴雨珠滾落塵土地面，好像水珠澆上熱鐵。我跋涉濃濁飛揚的乾季塵土，街上突然擠滿歡迎尖叫的小孩，拉開袍子，浸沐於雨水帶來的溼涼快樂。

我抵達前往教會的橋時，河水已暴漲成滾滾洪流，完全不可能穿越。這種洪流的力道之強會讓你覺得雙腿都要被沖走了。此外，我也不想把好不容易才在英國恢復原狀的雙腳（你看，這是我被水蛭咬到的地方；那是他們幫我挖走跳蚤的地方）踏進今年的第一波洪流。眾所周知，它可是把一整年累積的髒東西與污染全沖下來呢。

當我終於抵達教會，暮色已降。我能找到的唯一乾衣裳是約翰與珍妮買來當紀念品的富來尼袍子。馬西爾與魯賓看到我穿上富來尼袍子，陷入歇斯底里狀態，跟前跟後喊著「拉米達，拉米達」（酋長，酋長）。

---

3 甘地夫人是印度第一任總理尼赫魯（Jawaharial Nehru）的女兒，嫁給了Feroze Gandhi而冠夫姓甘地，和印度聖哲甘地沒有關係。甘地夫人曾在一九六六到一九七七年、一九八〇到一九八四年兩度擔任印度總理。

CHAPTER

4

再度獨當難局

Once More unto the Breach

有了當局做靠山，現在我唯一需要關心的是找到馬修——我昔日的助理。他曾寫信到英國，大多是有關聘金、漫無主旨的長篇大論，從信上我得知他打算報考海關人員。他認為到海關做事保證可以致富，但他極端害怕被派駐到遙遠的邊界，遠離自己的族人，與習俗駭人、飲食惡劣的「叢林野蠻人」共同生活。他甚至不確定遙遠的北邊有沒有基督徒。

我向遊手好閒的多瓦悠蘭青年、在波利鎮僅有的一條街上閒蕩者，以及流連阿達茂酒吧的人打探，消息顯示馬修曾在這兒停留數個月，等待考試放榜，但是他敵不過沮喪作祟，已經返回自己的村子。我決定去村子找他。

再度，教會幫了大忙，免去我跋涉到河邊攔搭卡車之苦。他們幫我租了一輛小貨車，我打算明日清晨出發，愉悅期待前進叢林的空蕩獨處時光。

但是顯然此地有祕密情報機構專門刺探此種旅行。第二天，黎明冰冷曙光甫現，我踏出屋外，就看到一大群人等在門外，腳邊堆滿行李，他們不僅知道我要去哪兒，還決心陪我一同前往目的地，甚至更遠的地方。我早已習慣大群同行者突然現身，此乃無可避免之事。如果他們沒出現，這好似嘈雜的房間突然一片靜默，我才會驚訝不已。拒絕他們搭便車，當然不可行。我們一點不拘禮節，一陣激烈推擠、吼叫，然後出發了。我態度堅定，說明下列規矩：我必須有足夠換檔與踩煞車的空間，他們勉強擠出來給我；我嚴正聲明目的地。他們點頭同意。現在大家都明白了，出發吧。他們調整一捆捆的樹薯、衣服，以及憤怒掙扎的雞隻（兩隻腳捆起來，方便抓提），我們出發了。旅途堪稱風平浪靜，只有兩個女士吵了一架，因為其中一人的雞啄了另一人的孩子。當我們駛往鄉下，某名乘客叫我暫停，企圖把躲在藏匿處的妻子與六大捆不明物拖上車來。這個陰謀遭到同車乘客的憤怒指責，因此這男子丟下老婆，與我們繼續前行。乘客傳遞花生米，舔唇咂響享用，大開玩笑女人吃了花生會排氣。

突然間，我看見一個景象，讓我緊急踩煞車，興奮大叫。一個詭異、龐然的身影閃進灌木叢。乍看，它近乎圓錐形，大約六呎高，是樹葉、蔓藤編織而成的巨大圓錐筒，卻擁有兩隻手與兩條腿，歪歪倒倒、險狀環生地衝進樹叢裡。從我以往聽來的描述，我知道眼前的景象並非幻影，也不是怪物或友善的綠巨人[4]。那是個男孩，幾個月前剛受過割禮，從頭到腳覆蓋，躲避女人的眼光。

我指著那團沙沙作響的東西問：「他何時接受割禮的？」頓時，乘客爆出嗤笑，否認叢林裡有任何東西。女人連忙轉開眼光，用雙手遮住臉龐。擠成一堆的雞高聲尖叫。一個小孩哀哀哭泣。

我憤然想起這些事不宜在女人面前討論，努力壓抑自己吞回多說無益的問題。我回到此處就是為了割禮。這是否代表我來晚了好幾個月，割禮根本就結束了？

我們繼續前行，我陷入愁雲慘霧，直到駛抵前往馬修村子的彎道。我問，是這條路嗎？大家一致沉默搖頭。您要找的那個人不是還要往前幾哩嗎？上上策是開往離這兒不過五哩遠的天主教會，到那兒再問人。這些叢林村落都長成一個樣。我可無法分辨。乘客們又一起點頭同意。

同車人的大不幸，馬修的母親選在此時從高草中現身。當我們說話時，便車客悄然消失。是的，她兒子在家。她帶我去田裡找他。

馬修彎身翻鋤，刀刃割過頑強的草根，此景看似某種勾勒非洲苦工、象徵意義濃厚的畫。漂亮的綠色西裝不見了。汗珠滾下他的臉龐——看起來，比跟我工作時消瘦多了——嘴裡哼唱著多瓦悠犁田歌。多瓦悠人常以歌陪伴節奏性活動，讓沉悶重複的工作變成類似舞蹈。馬修的父親是個乾縮老頭，長相似海盜。他先看到我，拍拍馬修的肩膀，指著我。馬修丟下鋤頭、開始奔跑

---

4 English Green Man 出自中世紀英國古詩 Gawain and the Green Knight, Sir. 這首押頭韻的詩共有兩千五百三十行，共分三大段。第一段描寫亞瑟王舉行慶典，突然一個手拿冬青樹枝、斧頭的綠色巨人走進來。他挑戰王宮裡的武士，說他願意把自己的頭先砍下來，願意接受挑戰的武士，可在一年後才履約把頭砍下來。Gawain 接受他的挑戰。綠巨人遂把自己的頭砍下，手拿著頭，大步離開皇宮。一年後，Gawain 步上旅途，前去履約，經歷許多神奇遭遇。詳見 *The Oxford Companion to English Literature.*

——雙臂大張——穿過田野，好像滑稽戲仿電影《真善美》的開場戲。

「你回來了？」

「我回來了。」

「你要工作？」

「我是要工作。我只在這裡待三個月。你要跟我來嗎？」

「我要。」

就像所有成長中的孩子，馬修也打斷我和他父親攀談的企圖。「我會告訴他我要走了。這不重要。」

我們返回馬修的新茅屋。多瓦悠人幫我蓋新茅屋時，堅持我的茅屋不能和他們一樣是圓形的，而是和學校、派出所、監獄一樣方形的。白人住圓形茅屋，非常不合規矩。

馬修給自己蓋的茅屋是我的翻版，比傳統茅屋大，方形。此一清楚訊息顯示他與我的關係，某種程度，讓他遠離了自己的文化。

我們閒聊近來消息。照例，馬修的世界圍繞著聘金打轉。他原本打算娶個十二歲女孩，計畫破滅，因為對方父母要求太多，他們知道馬修跟著我工作，認定他也是有錢人。馬修哀傷望著我，好似譴責。我內心暗自嘆氣，知道不久後，馬修便會要求我幫襯聘金。而我負擔不起這大筆錢，只能幫一點點忙，結局是我既覺內疚又無力。終於，我們談到割禮。對馬修來說，這一直是敏感話題。他是思想現代化的基督徒，因此是到醫院、在麻醉的狀況下接受割禮，省去忍受傳統性器割損儀式的可怕痛苦。因為如此，他終生都要被多瓦悠同胞嘲笑怯懦。此外，人生許多重要儀式，他都會遭到孤離，因為他沒有一同接受割禮的「兄弟」為他履行最重要的生命儀式義務。

他不知道山上村落發生何事，但會去打探，三天後跟我會合。同時，他可以預支薪水嗎？回到馬路，眼前又神祕聚集一群要前往鎮上的多瓦悠人，包括賈世登，他來自我住的那個村子。賈世登的腳踏車用包裝紙與塑膠花裝飾得繽紛燦爛。這是新腳踏車嗎？他面露尷尬。不是的。教會那兒有人買了新腳踏車，把包裝紙賣給他裝飾車子，好讓人們以為他也買了新腳踏車。

我讓乘客、腳踏車、樹薯、雞全登上車，但對山羊緊板面孔說不。山羊主人憤慨走開。賈世登會說法語，所以我們可以討論割禮，車上的女人都不懂法語。我們偷瞄周遭的人，低聲討論稍早我看到的那個男孩。看來我似乎多慮了。他不是多瓦悠人，而是鄰近的帕皮人，他們的割禮習俗和多瓦悠人類似，只是行割禮時間略微不同。真奇怪，這男孩居然跑到這麼東邊來。這兒可不會有人給他食物吃。他竟敢在此亂跑、危及多瓦悠女人而非帕皮少女的生育力，真是膽大包天。如果被逮到了，非被扁一頓不可。賈世登氣得脹紅臉。

賈世登的確聽說割禮要在祈雨酋長那個山頭舉行，但不知道何時。他會問問看。他的一個表親是割禮人，一定會參加此類儀式。我讓他在通往孔里村的轉彎處下車（連同那輛裝飾繽紛的腳踏車），要他轉告祖帝保酋長我明日去拜訪他。

得帶禮物。我需要啤酒。

波利鎮上的酒吧，教師已經齊集。一如往昔，他們又在爭論財務之事。這一次的爭論重點倒不是稅務機構突如其來扣減他們的薪水，而是該付多少賄賂，才能從奈及利亞走私摩托車進來。我也附耳傾聽，馬修可能很感興趣。

鎮上謠言沸沸湯湯，都在談一批偷運品已經進城。好像是某人恰巧在法羅河那一邊看到一輛拋錨的卡車，上面滿載輪胎與摩托車。雖遭到走私客追殺，但他幸運逃過一死。第二天他偷偷返回同樣地點，卡車已經不見了，連輪胎痕跡都抹掉。但是那批偷運品已經抵達波利（沒人知道如何辦到的）。警察正在盤問誰的卡車最近曾到過法羅河那兒。酒吧裡的客人全意味深長看著我以及我的卡車。

一個男人（從外貌上看，應當是帕皮族的農夫）慢蹭蹭走進來，買了一杯啤酒。他以格拉斯哥醉漢準備打人時的那種眼神刻意打量我，走向我，做出寫字的動作。他的法語出奇漂亮，禮貌詢問我可否借他筆和紙。這種對教育的渴欲即便是在此間大學人士身上都早已死亡。多瓦悠蘭地區，原子筆一枝難求，鎮上也買不到，得遠赴六十哩外的城鎮才能買到。如果你在學校附近掉落一枝筆，保證引起暴動，數百個饑渴的孩子馬上猛撲而上。原子筆如此難求，因此我很樂意幫他忙。他坐在桌前，以痛苦的緩慢速度開始寫一封長信，時而吸吮筆頭、時而對著天花板翻白眼，緩慢在紙上刻出一個個字。教師看到他手指滿是繭，暗自竊笑。同時間，我為準備帶給祖帝保的啤酒展開談判。

酒瓶是個大問題。它們嚴重缺貨，許多酒瓶不用來裝酒，而是運用在迥異於原先設計的功能上。多瓦悠人將它們改裝成樂器、燈座、皮革抹子，或者用來裝蜂蜜、水、草藥等。空酒瓶的交易炙手可熱。結局是除非你拿空的啤酒瓶來買酒，否則酒商不會賣酒給你。此一措施的可貴處在防止酒客墮落、飲酒量激增。如果你手上一開始就有空酒瓶，這套方法的確不錯，致命傷是如何搞到第一隻空酒瓶。幾乎不可能。我強烈建議所有在西非洲前法屬殖民地做研究的機構建立空酒瓶中央供應處，發給每個田野採集者兩隻酒瓶。這絕對大大增進研究者的效率。我這次運氣不錯，和約翰借到兩隻空酒瓶。不幸的是，我要買的那種啤酒，酒瓶樣子和這兩隻不同。

和許多類似問題一樣，多瓦悠人處理此一難題就像買帽子，必須站在鏡子前一頂頂試戴；它不是必須盡速解決的進步障礙，而是提供各種有趣論點，有待細細品味。教師們也加入討論。有些教師指責吧台捨不得新瓶換舊瓶。有的則贊許他堅持此事必須請示酒吧主人，而後者，傍晚時分一定回來。帕皮族農夫繼續做苦工。終於，一個教師厭倦了這種「智慧挑逗」，決定把他的兩隻空酒瓶賣給我。另闢蹊徑之舉贏得如雷掌聲，好像大師博奕採取犧牲卒子以取得優勢的開局棋法。整個談判耗時半鐘點，照例，我花了常人的兩倍錢，但終於搞到兩瓶酒！我準備勝利離去。

當我正準備離開，那個昏昏欲睡的「抄寫員」一把抓住我，將他痛苦寫就的冗長書信塞到我手裡，還有我借給他的筆。我吃力閱讀。

那封信以法文書寫，措詞風格宛如十七世紀高級外交人員的信札往返。它以過於華麗的句子開場：「閣下，在下茲此向寬宏慈善的您開口……。」簡言之（其實一點都不簡短），這是一封告貸信。根據信上所言，我的「兄弟」——法國傳教士——前往城裡，比歸期多滯留了一天。眼前這個人——他的園丁——因而未能準時領到薪水，我應當馬上賠償他的損失，或者如信上所言「支付他尚未收迄的銀兩」。

人類學家對「溝通民族誌學」頗感興趣，因為每個民族針對哪些事可說、哪些事不可說，都有自己一套規範，還有搭配其內容與脈絡的風格。借貸，只能紙寫，不能言說，實是非常有趣。我便發現約翰的信眾曾將同樣的字條塞到他手裡。

西非洲人忒強調語言的巧妙能力。一個人能風格十足、強有力地公開演講，或者以優美且合文法的英、法文書寫，必能在社會爬上高位。這封信抄襲自非洲眾多的尺牘書籍之一，它們專門提供書寫世故信函的建議。在一個多語言、社會流動性高、半文盲人口眾多的國家，許多人不確定自己書信用語正確與否。因此有的尺牘書籍會提供適用不同場合的完整信函，只需更動一、二個字。這就像學生默背整篇文章，考試時，食古不化運用於完全不合適的題目。不幸的，非洲編撰此類書籍的人對語言、社會意識的了解均不足，壞處多於好處。

年輕人更容易成為這類「書寫不安全感」的受害者，因此，光是提供各式場合使用的情書大全就構成次工業。這類「現成情書」在大學生中快速流傳，受歡迎之程度一如我國學生饑渴色情小說。

情書大全裡蒐羅下列有用資訊（以奈及利亞為例）：「地址應書寫於信紙的右上方，永遠記得愛情甜蜜如藍色，因此應以藍色信紙書寫，因為藍色永遠代表深愛。」

另一封書信樣本寫道：「我是來自玫瑰地的捷豹瓊絲，我是玫瑰花后，地方上的人視我為恬靜女士，但是你的出現炙燒了我的腦袋，讓我情緒不穩、工作不力。」

眼前這個案例，我如一口回絕他的求貸，他的大費周章、努力抄寫豈不一無報償？因此，我頗費脣舌解釋那個法國傳教士不是我兄弟，我們來自不同村子、不同族群，講的還不是同一種語言。總之，我也不能借錢給我素不相識的人。

這名「抄寫員」氣憤退縮，覺得自己的誠實正直遭到懷疑。

「我難道不是個誠實的人？」他質問：「我把筆還給你了，不是嗎？」

CHAPTER

5

失落的乳房切除術
The Missing Mastectomy

第二天，天色清朗，一大早我便出發前往我曾住了十八個月的村子。馬路兩旁，人們在田裡耕作，飛奔來迎接我。我費盡唇舌才推辭掉他們饋贈的小米啤酒、腐壞的樹薯粉與燻肉。當我抵達村子時，口袋裡裝滿多瓦悠人慷慨致贈的雞蛋，我小心翼翼行走，知道這些蛋有不少是壞的。

老女人瘸著腿、拄著木棍，捏捏我的臂膀，笑說我變得好胖。「你還說你沒老婆呢。」她們淘氣咯咯笑，鋤頭扛在肩上。男人趕上前來，眼睛滿懷希望梭巡我，耳朵顯然察覺我的背包發出啤酒瓶碰撞聲。

等到我進入村子時，我已經被熱情詢問、握手，以及針對我的身體容貌毫不客氣、鉅細靡遺的討論搞得精疲力竭。茅屋周圍一片靜寂，只有雞隻抓搔地面、蜜蜂嗡嗡的聲音劃破死寂。小孩從樹後面偷窺，我一和他們說話，便咯咯笑著跑開。

我跨過圓形的公共廣場，驚訝發現地面足跡顯示牛隻晚間被驅回石頭圈地內，而非如以往胡亂遊走叢林裡。我打賭一定是副縣長終結了這個舊習慣，多瓦悠人總是說晚上趕牛回欄太麻煩了。

我該不該未受邀請便直入酋長的院落，頗費思量。畢竟，我的茅屋在酋長的院落內。但是我決定就算要犯錯，也寧可錯在禮數過周，也不要錯在親疏不分。我站在院落入口的圍籬大聲擊掌——在西非洲，碰到無門可敲時，都這麼辦。沒人回答。蒼蠅嗡嗡飛過，山羊打嗝，遠處有個女人在唱舂米歌，伴隨石頭互擊的悶響聲。

我從拘泥形式的高標滑落，張口大喊有人在嗎。仍然一無回應。放棄所有禮節規矩，我推開圍籬。

所有茅屋都「大門」緊閉，用草墊擋住入口，阻擋放蕩山羊、好奇小孩，以及——毫無疑問——雲遊四海的人類學家入侵。酋長祖帝保買了一扇上好嶄新的門，是原本浪板形的鋁片被搥成平面，上面還炫耀掛了一把台灣製的鎖。門上鎖了。少有地方像無人的非洲村落如此荒涼。我腦中幻想寫給研究經費審核單位的報告如下：「研究者造訪北喀麥隆多瓦悠人，調查他們的割禮儀式，不幸，無人在家。」

我決定探視我的茅屋，拉開草編的門，進入陰暗、不通風的室內，山羊屎臭與污濁屁氣襲來。暗處傳來韻律鼾聲——祖帝保。

他驚跳醒來歡迎我，滔滔不絕形容他如何在我離去時間熱心看守我的茅屋。不過他也承認這是逃避收稅員的好地方。他顯然賓至如歸，把這兒當自己的家。牆上掛滿他從雜誌撕下來的妖豔女子與美國大型房車照片。屋子角落擺了一支矛。屋樑上掛了一團布，裡面無疑是重要的儀式物件如小公雞的睪丸、豹子鬚等。祖帝保滿懷期待望著我的背包，顯然察覺裡面有酒。我拿出那兩瓶啤酒，他立刻用時時垂掛在脖子上的開瓶器開瓶，一口吞下，滿嘴泡沫，津津有味。

他說很高興看到我回來，因為幾件事讓他不安。首先，是我的助理馬修。

根據祖帝保所述，馬修顯然致力多瓦悠傳統遊戲——債務操縱。上次住在這裡時，我就像祖帝保的銀行。他和多數多瓦悠人一樣，總是受困於親戚、稅務員、黨工等人的金錢需索。每當碰到這種狀況，祖帝保就會現身我的茅屋，羞愧轉開臉，要求借點小錢紓解他眼前的大困難。對於我的慷慨借貸，他總抱著高度期望。當時，我借住他院落的茅屋，他分文不收，因此我樂於伸出援手。每次開口商借相同數額的新債前，他總萬分細心先歸還至少一半的舊債。我懷疑這是混淆欠款帳目的傳統伎倆。慢慢的，祖帝保欠我的款項變得頗大，但是名目也變得含糊不清——它是借款、房租，還是禮物？當我返回英國時，知道這筆欠款無望追回，只好把它當作回贈祖帝保熱情款待的禮物。

當然，此舉充分顯示我對多瓦悠社會關係的瞭解仍屬「菜鳥」級。我應當讓債務懸而未決，偶爾有意無意間提起，讓祖帝保對它的記憶常保新鮮，做為我倆關係的「標記」。我急呼呼處理這筆欠款，本質上，帶有侮辱意味。就像你完全結清村裡店舖的掛帳，代表你決心結束戶頭、終結此段關係。

馬修本質較為強硬，痛恨看到「好債務」被浪費了。決心替我索債，無情騷擾祖帝保。至於這是出自馬修的做人原則還是生意頭腦，沒人知道。我安慰祖帝保，保證我會和馬修解決此事。我並不要他還錢。

此刻正是提及割禮的好時機。祖帝保點點頭。是的，割禮儀式要在祈雨酋長的村子舉行。男孩已經戴上動物角、動物皮做裝飾，開始巡迴此區，在親友的院落跳舞。終於，這是大家決心貫徹割禮儀式的明確徵兆，我如釋重負。看來，我馬上有得忙了。

多瓦悠割禮儀式是個嚴密保護的過程。和世界許多文化一樣，受割禮的男孩被視為「更生」（reborn）[5]，賜予新名，像小孩般學習所屬文化的一切屬性。多瓦悠割禮儀式一開始是由受割禮男孩的姊夫為他裝飾身體，然後這些男孩在鄉間四處遊蕩，所到之處的人家必須供給他飲食。一旦大雨降下，男孩就可以接受割禮了。割禮過程的設計旨在造成恐怖效果。男孩在十字路口被剝得一絲不掛，帶到河邊的小樹叢，在那裡執行割禮。前往河邊的途中，割禮人會跳出來，像豹子獵食般對他們咆哮，拿刀威脅。割禮非常殘暴，整個陰莖都要割開來。數個割禮人，每人切下一點受割禮男孩的包皮。接受割禮的男孩不能哭，但是族裡老人告訴我不少男孩都哭了。這不重要，只要女人誤以為他們很勇敢即可。在多瓦悠人游泳處，你可看到割禮的成果。如果男孩年紀很小就受割禮，他的陰莖往往變成圓球狀，這或許說明了該族生育率低落的原因。又因為割禮人重複使用同一把刀，感染機率極高，因之而死的男孩亦不少。多瓦悠人將這類死於割禮的男孩歸諸為

「被豹子吃掉了」。根據法國殖民官的信札，顯然他們極沮喪有這麼多男孩被豹子吃掉——雖然豹子在這個地區根本絕跡了。也因此，多瓦悠人惡名遠播，傳說他們舉行可怕的食人儀式。

受了割禮的男孩必須隔離在叢林裡九個月——和待在娘胎裡的時間一樣。他們必須避開女人。唯有隔離期快結束時，才能以樹葉、枝條覆蓋身體，四處走動（如我前面所見的）。就算這個階段，他們也必須用樹葉鋪在地上做「橋」，才能穿越小路，走過之後，還得將這些「污染過」的樹葉清理乾淨。剛割禮過的男孩很危險。他們會讓女人流產或讓年輕妻子不孕。他們不能直接和女人說話，必須以一種小笛子傳訊，這種笛子可以模仿多瓦悠語言的聲調變化，透過「音樂」說話。

過了九個月後，受割禮的男孩才能回到村裡，吃過飯、穿上衣服，返回自己的家。稍晚，他們被帶到供奉男祖先頭顱的頭顱屋，第一次目睹祖靈的頭顱。現在他們是真正的男人了，可以對著自己的刀子口出咒語。（未受割禮的小男孩如果這樣做，會被痛打一頓。）聽到男人口出簡化過的咒語以示憤怒，實在有點奇怪。那句咒語是「當米！」（*dang me*）[6]，每次我使用這個咒語，大家都覺得好笑極了。

大家可能狐疑割禮為何普現於世界各地，人類學家又為何對割禮如此著迷。割禮是生殖器割

5 J.G. Frazer在人類學著作《金枝》說，一些部族在進行成年禮儀式時，是假裝殺死已到青春期的孩子然後又使他復活，使其靈魂與祖靈相連。有時是假裝受割禮的孩子被動物吞噬後再吐出。多瓦悠人行割禮時，割禮人假裝豹子，或許也能做如此觀。詳見J.G.Frazer，《金枝》，台北：桂冠圖書（1991），pp.991-1002。

損，理應十分痛苦與不悅，人們最不想做的事應當就是「自殘」。但是如果你閱讀有關性器的各種習俗，你很難不認為——性器割損之所以如此普遍，就是因為它很痛。有些地方的人會在陰莖打洞，定期用玻璃割開清洗。有些地方的人陰莖被整個劃開，勃起時，好像一朵花綻放。有的地方則會捏碎或切除睪丸。真是無所不包。

人類學家對割禮之所以維持高度興趣，是因為他們將異民族視為純然「他者」(otherness)。如果割禮儀式能被「解釋」，而且跟我們的生活形式建立關連，這種「他者性」就可被移除，人類學家便覺得獲致何謂「人」的某些普同意義[7]。彷若人類學理論如能解釋性習俗，它們便能解釋一切。

針對各民族廣泛實施的「割包皮」，人類學最常見的解釋為包皮是「真正男人」不應有的女性元素。

同一理論也略加修正，用於解釋割除女性陰蒂的狂熱[8]——它被視為是陰莖的「殘餘物」，不應出現在女人身上。文化的任務是修正「不完美的自然」所留下的裂痕。

男性割禮是多瓦悠文化的重心，根據我的研究，他們顯然樂於同時融合數個「理論」。首先，他們的確將男性割禮視為類同女性排經[9]。男人終其一生都得與一起接受割禮的人——他的「割禮兄弟們」——維持戲謔關係；而女人則和同一年初經來臨的女性族人——她的「月經姊妹們」——維持戲謔關係。

另一方面，多瓦悠人顯然也認為包皮某種程度是「女性」特質。他們抱怨未受割禮的男孩潮溼、發出臭氣，像個「娘兒們」。在解釋習俗方面，多瓦悠人天分不高，通常，他們將習俗歸諸於「祖先要我們這麼做」。不過針對割禮，他們的一個現成解釋卻正好與此間的美國傳教士形成有趣對等。後者也讓男孩割包皮，他們嚴肅解釋：為了孩子的健康與福祉，此舉是有科學依據的，因為包皮證明會導致感染且不潔。雖然多瓦悠人與美國人都深信割損年輕男孩的性器有其必要

6 完整的咒語是「當米加瑞」。

7 普同性是指人類在所有時間與空間中共具的物種特性，而非特殊文化所模塑者。詳見Roger Keesing, op.cit., p.858。Roger Keesing說人類學是研究普同性與獨特性的學問，藉著比較的眼光來看生活方式，企圖跨越時空的最大極限，區分哪些特徵是基於人性，哪些特徵源於特定時地和人群。詳見Roger Keesing, op,cit., p.10。

8 割除女性陰核名為「女陰割禮」，全世界目前共有二十八個非洲伊斯蘭教國家實施女陰割禮，每年共有兩百萬個四到十二歲的女孩接受女陰割禮。女陰割禮分為割損、切除與法老王割損三種。割損（sunna）是切除陰蒂鞘皮尖；切除（clitoridectomy）是切除整個陰蒂與部分小陰唇、陰道口；法老王割損（infibulation）是切除陰蒂、小陰唇、刮除大陰唇與陰道內壁的肉。詳見瑪麗林．弗侖區，《對抗女人的戰爭》，台北：時報文化（1994），pp.113-120。

9 心理分析學家Bruno Bettelheim認為包皮割除、陰莖割裂是男性忌妒女性生殖力的象徵表現。男性的陰莖割裂在象徵上是要模仿經血與女性生殖器。（新幾內亞北方窩吉歐島的男人定期割裂陰莖使其流血，顯然是在模仿月經。）詳見Roger Keesing, op.cit., p.718。但是有關割禮的象徵意義，人類學家說法不一，有人認為是象徵犧牲、承受痛苦，有人認為是婚前準備、象徵生殖器神聖、警告不得濫交、衛生措施、象徵去勢，以及向神祇補償生命之價值等，但沒有一種說法被普遍接受。詳見芮逸夫主編，《雲五社會科學大辭典第十冊——人類學》，台北：商務印書館（1971），pp.231-232。

性，多瓦悠人卻毫不苟同美國人割包皮的方法——首先，他們只割那麼一點點，有割等於沒割；第二，男孩割完包皮後，沒有馬上與女人隔離，形成公共衛生的大害。

但是如果割禮被視為是更正「生理裂痕」的方法之一，那麼它還少了一樣。我前面提及女性割禮。這種習俗近來廣受重視，被視為是男性宰制女性的邪惡計謀[10]，激發熱烈辯論。遠比女陰割禮普遍的男性性器割損卻遭到漠視[11]。

多瓦悠人沒有女陰割禮。事實是此行快結束時，我被族內老人委以奇特重任，他們聽說有女陰割禮這種事，要我解釋給他們聽。人類學倫理再度面臨挑戰。一個民族誌學者應當擔起教師角色，教導研究對象此種多數人都極感恐懼的習俗嗎？但是如果接受此種倫理束縛，那麼泰半人類學領域恐怕都堪稱「不妥」，因為它的多數研究主題都會在優雅的客廳引起一陣恐慌。

我們退到樹林裡，低語嗤笑。我在地上畫出人體圖，開始對這群極感好奇卻高度懷疑的聽眾解釋女陰割禮的可能性。他們搖搖頭，指著沙地上的記號，駭異其他民族如此變態。他們問：「這難道不痛嗎？」絲毫未察覺他們的割禮也讓男孩痛苦。「這真的能讓女人不會到處遊蕩、與人通姦？」碰到這種問題，你毫無選擇，只能聳聳肩，使出標準答案：「我不知道。我沒看過。」

因此，對多瓦悠人來說，女陰割禮是「理論上可行」的事了。但我的疑問仍未解決。女人的乳房有其功能性，哺育幼兒不可或缺，對男人而言，不是。因此，男人為什麼不把自己的乳頭視為「外來的女性元素」，將它們割掉，而是去割包皮？我讀過的所有文獻都不曾提及有哪個文化的男人割除乳頭。因此當馬修無意間提到鄰近的部族尼加人（Ninga）真奇怪，他們的男人都沒有乳頭時，你可想見我有多興奮。我向其他多瓦悠男人打探此一訊息真假，頗花了一點時間繞圈子打轉才踏入正題，他們都同意馬修的說法。毫無疑問，我一定得展開旅程，尋找「失落的乳房切除術」。

10 部分文化認為女性如果保留陰蒂，會飽受情慾之苦。因此女陰割禮在這些文化裡被視為是女性守貞的象徵，未受過割禮的女孩，可能在及笄時乏人問津，因此很難掃除此種習俗，成為被女性主義學者抨擊的「男性控制女性情慾」的手段。詳見瑪麗林．弗侖區，op.cit., pp.113-120。

11 有人估計，全球約有七分之一的男性接受割禮。詳見芮逸夫，op.cit., p.232。

CHAPTER

6

我來，我見，簽證[12]

Veni, Vidi, Visa

第二天，馬修現身我的茅屋外。滿面笑容、精神蓬勃，好像被迫閒散多年的老兵重新披掛上陣。他羞怯望著地板：「主人，我帶了人來見你。」

他帶我穿過庭院、公共廣場，沒入長草堆，來到我從未造訪過的村落一角。

突然間，我眼前站著兩個非常害羞、滿面通紅、做割禮打扮的年輕孩子。他們身著兩件長袍，一件藍色、一件白色。脖子上的牛角跳動，還披著用來包裹屍體以及娶妻下聘用的粗質厚布疋，背上則扛著鑲了木框的豹皮。針對豹皮這部分，多瓦悠人與現代世界做了重大妥協。豹子在此區已絕跡，只有來自奈及利亞山區的走私品，價格貴到讓人傾家蕩產。多虧本地一個頗具生意頭腦

12 本章的標題原文為Veni, Vidi, Visa，是挪用凱撒的名言「我來，我見，我征服」(ve-ni, vi-di, vi-ci)，作者以visa代替vi-ci，亦為V開頭、中文翻譯只能取其義，無法完整複製其押頭韻的文采。

的商人進口豹紋圖案的棉布，彌補了需求缺口。我面前一位男孩身上披的就是這種替代真豹皮的產品。我知道多瓦悠人的豹皮缺貨困境，特地帶來Fablon牌的豹紋圖案牆飾彩帶[13]，英國的時髦年輕人常用它裝飾汽車。我拿給祖帝保看時，他反應頗不錯，經洗耐用，比自然產品強。

此刻正好派上用場，趁兩個男孩跳舞、我拍照時，我叫馬修回去茅屋拿。過一會兒，他們的搭配樂手帶了鼓趕來。Fablon彩帶漂亮戴上身，歌舞重頭再來一遍。兩個男孩低低彎下腰，激烈搖晃、用力跺響腳踝的珠串。

遵從多瓦悠的待客規矩，我給他們其中一人一點小禮物，還奉上啤酒。整個過程，我都清楚知道一旦我替他裝扮，就承擔了新的社會責任，成為他的「丈夫」——這關係將持續一輩子，割禮結束那天，我必須替他打理衣物、給他飯吃。他的回報是我死後，必須到我的葬禮上跳舞。

當我們互稱對方「老公」、「老婆」時，嗤笑不已。

憑著匪夷所思的啤酒嗅覺，祖帝保現身，以貪婪眼神望著男孩喝酒，好像狗兒繞著手拿冰淇淋的孩子打轉。他的帽子微微歪到一邊，顯然剛在田裡痛飲了啤酒宴，感到燥熱。我好不容易找到割禮研究對象——完美的十四歲標本——極不情願就這樣放他們走，毫不容情拷問他們諸種細節：他們的父母是誰？做了哪些準備工作？誰要負責割禮籌劃？諸此等等。沒多久，他們就可憐兮兮地打哈欠，歪靠在對方身上，吵著要睡。更糟糕的是，祖帝保選在此時要跟我討論我的屋頂。他可不容易打發。

祖帝保舒適躺在地上，放了一個響屁（這是友誼表現，代表在場都是男人，可以自在說話）。他說我的屋頂本來非常好，是他親自監工鋪的，因為我是他朋友。我忍不住插嘴說那屋頂一開始就漏水，但是祖帝保對我的話置之不理。男孩瞌睡了。顯然，我們得忍受一篇他早就準備好的演講。祖帝保強調那屋頂鋪得非常好，大家都稱讚。正適合我這種有錢人的身分。但是它現在開始漏水了。他幫我看守茅屋時，頗受屋頂漏水之苦。他很樂意不支半文錢替我——他的朋友——受苦受難，但我還是需要一個新屋頂。那得花多少錢？他說他不宜和我討論這類事，但他會親自監督所有事，保證屋頂鋪得十分好。到時我再斟酌該付多少錢給那些辛苦萬分的工人。

這是阻止討價還價的慣用伎倆，付錢那方常因內疚驅使，付得比原先預算要付的還多。祖帝保顯然喝多了，否則就會看出他讓自己陷入債務操縱的險境。祖帝保欠我錢，蓋新屋頂，我則會欠祖帝保錢，到他要我付錢時，我可以要他以舊債抵新債，讓他去面對工人索討。這個念頭頗誘人，但我知道自己做不到。責任感與羞恥心讓我無法這麼做。往後每次看到那些工人的失望臉孔，我就會內疚。

不管到了哪個村落，人類學家都是討厭鬼，總是以難堪問題騷擾無辜之人，大量汲取村人的耐心與善意。拒絕對自己落腳的社區略盡棉薄，實在說不過去。此外，鋪屋頂是件頂頂不悅的苦

---

13 裝飾彩帶是一種貼紙，有各種尺寸，可用來裝飾壁面、瓷磚、玻璃。英國的 Fablon 是最大廠牌。

工，祖帝保的描述只略略「誇張」了一點。

英國人印象中的鋪屋頂是以熟練雙手輕鬆完成，從中得到田園式樂趣，鋪非洲茅屋頂完全是兩回事。屋頂使用的草會飛出大量令人窒息的花粉，導致恐怖的紅疹、嗆個不止。一整天下來，鋪屋頂的工人往往嗆得喘不上氣、被太陽晒到昏頭。相較於編織茅草，鋪屋頂像是在礦坑工作。

我答應祖帝保，我們晚些再討論價碼。心知肚明屋頂在我離去前一定鋪不好，我還是得付錢。

祖帝保變得快活。喚人去拿啤酒，一個鬼祟的小傢伙跑去祖帝保第二號老婆處拿酒。他背靠一棵樹，開始興奮講話。他說以他的身分，自然得陪我去參加割禮儀式。麻煩的是遮陽傘。

依傳統，西非洲酋長出門都必須有紅色傘遮陽。有時，它們變成象徵王位的精心藝術品，充滿繁複與熱切的裝飾。祖帝保卻只能退而求其次，搞了一支較不繁複的權宜替代品——香港製的女用紅洋傘。為了表達自己的缺憾，他從袍子裡拿出那把傘，撐開它，擺出超白癡的模樣，舌頭半吐、眼神抓狂。大家都笑了。我明白他的意思。

祖帝保知道完美的酋長紅傘難求，但他這把傘簡直是滑稽道具。傘面破損、布滿喝啤酒時不小心留下的無數污漬。赤裸的傘骨好像孤兒瘦弱的臂膀戳出傘面。傘柄彎曲。

祖帝保需要一把新傘。否則，他要如何陪我去參加儀式？我答應一有機會便幫他買傘。祖帝保熱切地傾身過來。馬寇村的酋長有把紅傘，上面有……接下來是冗長的語言學討論，我們找到多瓦悠話「流蘇」該怎麼說。他能有一把有流蘇的紅傘嗎？我試試看。情況如允許，他自然可以有把紅色流蘇傘。祖帝保笑逐顏開。我的「老婆」走了，允諾儀式開始時會通知我。啤酒來了，祖帝保的兩個弟弟也來了。

祖帝保是個拘泥禮節的人，將滿到冒泡的啤酒倒進葫蘆瓢，儀態莊嚴地啜飲一口，以示酒裡並無任何刻意危害賓客的東西。然後他把葫蘆瓢遞給我。可能是受到他莊嚴態度的影響。不管是什麼原因，我未如眾人預期地一飲而盡，而是喊出祖帝保的名字，舉「瓢」致敬。瞬間，一片驚人死寂降臨聚會。男孩噤口不言，祖帝保笑容凍結，連蒼蠅都止住了嗡嗡聲。就如所有曾在異文化工作過的人一樣，我知道我剛犯了嚴重錯誤。

問題出在多瓦悠文化並無「舉杯致敬」的制度（institution）[14]。他們只有咒語制度。一個人如遭到無法忍受的不當對待，便可以詛咒對方，喊出對方的名、飲一口啤酒啐到地上。如此對方就會越來越虛弱，而後死亡，詛咒者與被詛咒者如有依存關係（譬如是他的兒子），咒語就會特別靈。

祖帝保與眾人呆坐，面露恐懼之色，等著看我把酒啐到地上。他幹了什麼錯事，讓我做出如此不道德之舉？

我連忙露出笑容，絕望期盼能消解他們的畏懼，大力解釋。大家突然如釋重負。我們的角色

14 Institution指的是已建立的一套社會文化慣例（usage），被當作一個族群之社會組織的一種恆久部分而被採用。詳見芮逸夫，op.cit., p.167。

立即荒謬反轉——祖帝保變成民俗學者，我則是困惑無助的報導人。

「在我們的村落裡，這樣做，」我解釋：「是祝福一個人長命百歲、多妻、多子多孫。這是我們族人的習俗。」

他皺眉，「但是你們的話怎麼能讓一個人長命百歲？」

「不是的，不是那樣。那只是表達『祝願』的方法，表示我們是朋友。」

「但這是否表示你沒喊出名字的人，你希望他們死掉、他們的老婆都生不出孩子？」

「不是的。你不明白。」我靈光突現：「它是詛咒的反面。它代表許多好事情。」

「哦。」

這是人類學著名的「比較法」（comparative method）[15]的實際運用，一個頗具啟發性的例子，我們原本對某個習俗只有一知半解，直到雙方拼湊後，才窺知全部意義。我不安發現祖帝保迫使我深入不屬於多瓦悠的思惟路徑。在這之前，我其實對西方人舉杯祝禱並無清楚想法，我不知道我們為何如此做、我們期望這樣的舉動產生什麼效果。這個啟示真是醍醐灌頂。

男孩起身，輕步踏著小徑離去，身影被高草吞沒，只有腳裸的鈴鐺聲陣陣傳來。一個新聲音猛地打斷鈴鐺聲，那是摩托車——多瓦悠人所謂的「鈴木郎」（suzukiyo）。村落裡出現摩托車，那可不是天天有的事，我們全衝到村子口的仙人掌圍籬處，看看是誰來了。摩托車下降到凹地時，引擎聲變小了，然後橫衝直撞出來，跨騎在上的是一個身背自動卡賓槍的憲兵。祖帝保和我互望，心照不宣憲兵找的不是他就是我。祖帝保迅速收起滑稽洋傘，悄悄溜走，膝蓋半彎，以免腦袋瓜露出圍籬之上，簡直像葛丘・馬克斯（Groucho Marx）[16]。看來只剩我孤軍奮戰，大家好像聽到匈奴大軍入侵，火速逃逸四面八方。憲兵停好摩托車，威脅圍觀的小孩如果膽敢碰他的車子，就會使出各種肢解手段、宰了他們。他走到村落大門前，面色靦腆，放下卡賓槍，與我握手。我鬆了一口氣，原來他是那天在警察局閒蕩的年輕人之一。當我們進入我的茅屋時，我有點擔心祖帝保會躲在裡面，幸好空無一人。憲兵以法語問道：「人都去哪兒了？」

「哦，應該是去田裡工作吧。」

「酋長在嗎？」

「剛剛才走開。」

「嗯，反正我是來找你。但是隊長說我們進了村子必須先向酋長致意。」

他拿出一封信，上面蓋滿印戳與數字。信封裡是薄薄一張紙，上面寫著「召集會議」。我完全墜於五里霧中。

「啊，這是什麼意思？」憲兵同情地看了我一眼。

15 人類學中探索不同的風俗、習慣與制度之間，在不同文化間重複出現的關係。詳見Roger Keesing，op.cit., p.821。

16 葛丘・馬克斯是早年默片時代非常有名的喜劇泰斗，他們一共有三兄弟，號稱「馬克斯兄弟」。

「你必須馬上去加路亞的縣長辦公室。我猜這代表你要被驅逐出境了。」

他快樂微笑。今天真是典型的田野場日子。田野工作似乎由兩種日子組成，一種是事後完全無法重新建構的一大片時間，因為啥也沒發生；交替出現的是活動密集的日子，好像搭乘雲霄飛車，在好運與災難間爬升又墜落。

我拿出啤酒請他喝——我僅剩的庫存——試圖多刺探點消息。沒用，他啥也不知道，但很高興能脫下靴子、舒坦一下腳巴丫子、盤問有關多瓦悠人種種，好像英國警察在認識轄區一切。今天，似乎每個人都成了人類學家。他是南方人，提到此間的「原始風俗」不免大搖其頭。他堅持我記錄他在南方森林那區接受的割禮，並不斷強調結婚時，他老婆照規矩付了他一法朗——補償他為了給妻子「快樂」而忍受割禮之苦。

我終於找到極端熱心的報導人（雖然來自完全錯誤的地區），卻非得把話題轉回「世俗」事務，真是沮喪。「召集會議」是什麼意思？

警察局是在今早接到無線電指示，隊長派他出來找我。他害羞且心不在焉地望著雙腳。當然，他可以告訴隊長我去森林了，他只好在我門口留了一封信。這能為我爭取一點時間，在警察找到我前，我先去找副縣長。他甚至可以用摩托車載我一程，只要我答應路上碰到人就跳車。

我們在眾人好奇掀開草織門簾、像有教養的女士躲在布幕後偷窺的目光注視下離去。到了城外，憲兵放我下車。

我與副縣長的會面毫不複雜。他正好在家，有空，可以接見我。他揮手叫我進去，傾聽我的事件。檢查我的護照。他略翻了一下，用手指一戳護照說：「問題在這裡。他們給你的是暫時簽證，而非短暫居留簽證。」那的確是我的簽證，上面有個胖大非洲女人的頭部肖像（此刻，我不免想起「早熟」的恐怖象牙雕飾），旁邊蓋著死亡判決字眼「有效期限三週，不得加簽」。副縣長熟練一揮，便將那個不得加簽條款刪掉，並在上面蓋章。「你最好前往加路亞一趟，」他敦促：「我會寫張條子讓你帶去見縣長。」

我結巴說些合宜的致謝話語。「不必客氣。還有，我的車子明早要進城。如果你願意，大可跟著一起進城。」

結局遠非我想像的上了手銬腳鐐被遣送回國，而是讓司機載著進城。這種運氣的激烈跌宕會強力衝擊一個人的心靈。人類學家異於常人處在我們擁有切換「備檔心情」的能力，面對災難挫折，便遁入其中。備檔心情是跡近停止生命活動、不起一絲情緒，任由恐怖厄運或者連波滋生的小麻煩淹沒自己，此刻的人類學家鐵定讓家鄉的親友大吃一驚，因為親友印象中的他充滿活力、機敏銳利。

當車子在寧靜中快速駛過，路旁的警察向我敬禮。我免卻了例行的證件檢查。碰到這種狀況，你難免想起小時候聽的那些警世故事——得意忘形而致自找死路。但是當我們的車子抵達城鎮時，我已經完全嫻熟達官貴人常恩賜路旁行人的那種紆尊降貴姿態。開始覺得我大概掌握了非洲官架子祕訣。

相較之下，我在縣長辦公室享受的待遇要黯淡得多。副縣長的條子引來一陣揣測。他們仔細檢查字條，彷彿它隨時可以變成不利於我的重要證據。一個充滿敵意的人員問：「你和副縣長是什麼關係？」「他娶了我妹妹。」他精明地點點頭。隨即我的護照換上新簽證，沒有「不得加簽」條款。他笑道：「還有一個問題，我們需要兩百法朗的印花。」他聳聳肩：「我們沒有。全城都沒有兩百法朗面額的印花。」他靠向前來：「十分鐘後，你到房子後面和我碰頭，我可能有辦法幫忙。否則你得在加路亞等，直到我們弄到兩百法朗面額的印花。」他誇張擠眉弄眼，暗示這是明智之舉。

我離開縣長辦公室，在門外徘徊、故做無知狀，然後偷偷溜到房子後面。

在那裡，我們鬼祟幽會。結果是我花了四百法朗買了面額兩百法朗的印花。當我準備離開時，他再度問：「副縣長真的娶了你妹妹？」我吃驚張大眼：「當然。」

我該去找晚上下榻的地點，和往常一樣，我找到一家幾棟水泥小屋組成的小旅館，有自來水。它坐落於簇新、志得意滿、富麗輝煌的諾瓦提（Novotel）連鎖旅館旁，同樣位於城裡另一頭。後者的門口，冷氣巴士日夜不停載來大批身穿聖羅倫狩獵裝的法國、德國觀光客。

CHAPTER

7

類人猿與電影
Of Simians and Cinemas

活在世上，頂頂重要的事是知道自己對什麼東西具有吸引力。某部感人的驅蚊劑廣告開宗明義：「兩千人中只有一人對蚊子毫無吸引力。」悲哀的是，此刻坐在加路亞小旅館的陽台上，我痛苦確知我不屬於那兩千分之一。加路亞城的蚊子惡毒且意志堅決，大肆繁衍之餘，只知兇猛亂叮不幸的人類。當勇敢的女探險家奧麗芙・麥克洛伊（Olive McLeod）二十世紀初造訪此城時，與德國總督進餐，身穿制服的僕人在每個賓客座位旁放了一隻活蟾蜍，減少吸血昆蟲的肆虐。

但是蚊子並未盡蝕我的「魅力」。我對猴子的吸引力更強。在英國時，這種魅力隱而未現，到了非洲，大為彰顯。

在多瓦悠蘭時，我遇見狒狒。這大概是類人猿中最不討人喜歡的一種。牠們成群過著喧鬧、乏味的生活，盤據在通往祈雨酋長領土小徑旁的岩石上。當我攀爬恐怖急墜的山徑，狒狒對我尖叫、嘰咕，有時還會對我丟石頭。那些當時被我視為怒氣攻擊的行為，現在看來，疑似絕望愛情的表現。

第二次與狒狒相遇，我正坐在河中的一顆岩石上。恩岡德雷近郊有個愉悅所在，河水從五、六十呎高處墜下，形成悅人瀑布。空氣永遠清涼，處處虹彩，蜻蜓曼飛。一顆岩石位於河中，正是坐下晒太陽的好地方。

我坐在石頭上，沉思自然之美，一隻狒狒走來。牠坐在河對岸，興味盎然打量我，一邊毫不體面搔抓身上的虱子。沒多久，我們之間就產生一種共鳴好感，牠四肢著地、優雅挑選好走的路到我身旁，直盯盯望著我，好似我是牠失聯已久的親人。突然間，牠打了個哈欠，指指我腦後的方向。我們之間的共鳴實在太強烈，以致我完全沒想到牠的動作並非針對我，我轉過頭去看牠到底在指什麼。狒狒趁我分心之際，將手探入我敞開的襯衫，抓住我的乳頭，開始用力吸吮。這隻精明的野獸馬上發現吸吮徒勞無功，和我一樣大感羞愧，連忙後退，牠還鄙夷地連連朝地上啐口水。我想要尋找「失落的乳房切除術」以及之後發生的事，和這件意外可能不無關係。不過，容後再述。

此刻我坐在陽台，安靜拍打蚊子，看到老友巴布——一位美國黑人人類學家。我們一起喝啤酒、閒聊近況。我的眼角瞥見黑影，既陌生又熟悉。那是一隻猴子在樹間跳躍。我知道牠是衝著我來的。

後來我才知道當地動物園養了兩隻小猴子。我不知道牠們屬哪種猿猴，人猿、黑猩猩或大猩猩，牠們都是我的崇拜者。這對猴子中的母猴死了，公猴陷入極度哀傷。身為智慧生物，牠察覺籠子上的掛鎖失靈。飼育員謹遵規定，填寫三聯式申請單到首都申請新掛鎖。石沉大海。飼育員顯然覺得其他嚴鎖籠門、防止公猴夜間開門脫逃的方法太麻煩，因此公猴便在夜裡打開籠子、四處浪遊，但總是在天亮時回籠，這是牠唯一知道的家。久而久之，這變成兩造均能滿意接受的固定安排。

為了酬庸這隻猴子願意白天供人注視，園方允許牠夜裡浪遊，此舉於牠的士氣大有助益。每天晚上，牠耐心打開籠鎖，爬上樹梢邋鞦韆，尋找合適的伴侶。有時牠會過於亢奮，濫用特權，但從未上午不返回工作崗位。牠最愛的冶遊地點是動物園旁豪華大旅館的游泳池，興高采烈潛進更衣室，劫掠裡面的衣物，竄回安全的樹上。

接著牠便探索外國觀光客的皮夾、皮包，將鈔票、旅行證件以及個人私密物品撒在賓客頭上，不顧他們的叫罵與哄騙。這成為旅館員工重要的收入來源，因此對牠的蒞臨頗為縱容。

這隻猴子在樹上打量了我一番，跳到地面，疾走到我們桌前，不苟言笑盯著我。旅館圍牆那頭傳來陣陣怒吼。顯然牠剛去熱情造訪一番。

看到猴子，一名侍者馬上衝過來，打算用石頭砸牠的頭。這是喀麥隆人對野生動物的典型反應。猴子見狀，機警用雙手繞住我的脖子，溜上我的大腿，對折磨牠的侍者露出恐怖惡臭的綠色牙齒。我頗費一番唇舌才說服侍者不要攻擊猴子——此刻，牠正像掛在船側的砲彈緊緊攀在我身上，遭到攻擊，勢必殃及我——而是拿盤花生引誘牠走開。侍者皺眉低咕，終於同意，聲明那碟花生可要算我的錢。但是猴子不打算離開我，牠開始打呼，對著我的臉孔噴出惡臭之氣，鄙夷送上來的花生美食。我試圖輕輕扯開牠的手，換來牠狂暴吼叫、露出瘋狗般的尖牙。輕摸牠的頭則讓牠嘆息，發出哀傷的咕嚕聲，只有鐵石心腸的人才忍心丟開牠。

問題是巴布與我打算去看電影。電影對人類學家原本不算什麼，奇怪的，到了田野場上卻重要萬分。我們往往沒機會看電影，它變成被剝奪感與懷舊的焦點。只要進城，你非得上戲院不可。不管你事先知道上映的片子很爛、音軌模糊不清、觀影經驗是灰塵揚天、悶熱、汗流浹背。總之，非看不可。況且，城裡有了新奇觀。一家新戲院剛開張。它有座位、屋頂，甚至號稱隨時都正常運作的冷氣。今晚上演的電影雖不是新片，但難能可貴，不是功夫奇技電影，也不是對不信教者大開殺戒的穆斯林史詩電影。

生命充滿「當時當刻」看來完全合理的事情，許多行為事後觀之，根本詭異不可解，但形勢邏輯純粹因時因地而異。巴布提議：「我們何不帶著牠去看電影？」當時，這似乎再自然不過，我應當帶著這隻打呼的類人猿進戲院。我們試驗了幾下，發現只要我騰出一隻手撫摸牠，牠願意讓我起身走動，一停止撫摸，牠便齜牙咧嘴咆哮。我只需發揮比軟體功藝人更高的靈活技術，就能將自己塞進顯然不是設計給「身上掛猴」者穿的外套，扣上它，遮住這畜生的身體。在潮溼悶熱的那個夜晚，我覺得「溫暖」異常。幸好我運氣不錯，教會朋友借了我一輛卡車。我們出發前往戲院——搭配詭異的三人組。

當天如果演的是《金剛》，那倒不錯，可惜是以離婚為主題、拙劣的美國喜劇，在一夫多妻的穆斯林看來實是單調。

我們在售票口排隊，不少人以奇怪眼神看著我鼾聲作響的肚皮。令我大失所望，火爆的售票小姐發現猴子，對我怒張鼻翼，召來法國經理。我認定此事完了。戲院經理鐵定藉此機會大發高盧人脾氣，以毫不容情的邏輯指出類人猿不許進戲院的諸種正當理由。我們一定會被掃地出門。

出人意表，重點不在類人猿可否進戲院，而是牠該買什麼票。巴布迅速掌握精髓，宣稱猴子顯然是「小孩」，應該免費，牠甚至不佔座位呢。法國經理不肯讓步，唯恐開了不良先例。難道他預見一大堆人比照辦理，帶著獅子、食蟻獸進場，拒絕買票嗎？最後，經理同意猴子買最低價座位的半票，但是我們得坐在最不豪華的一區看電影。我付了錢。猴子鑽回外套內，繼續打呼。

第一段節目不受歡迎，那是冗長叨絮的旅行見聞影片，描述西印度群島遊艇之旅。照慣例，觀眾間毫無壁壘，也沒人遵守看電影不語的規矩。坐在我旁邊的紳士脫下靴子、釋放巨大的扁平足，將乾淨無瑕的軍服解開至肚臍眼，長篇大論開玩笑，不斷說我的祖先在販奴時代讓他的祖先免費享受此種度假航旅。巴布是個自覺強烈的美國黑人，頗吃不消此類笑話，他與這位軍人越見劍拔弩張。

就在這時，戲院大肆吹噓的冷氣突然啟動。溫度不斷下降，直到空氣充滿寒意。冷氣越來越生猛，它並非緩和窒人熱氣，而是對它宣戰。冰冷的空氣不斷噴進室內，瘴氣一樣的冰霧飄散在銀幕下方，銀幕上，溫文的法語喃喃扯淡「航行加勒比海，躲避寒冬」。

旁邊的軍人扣上軍服，掙扎穿回靴子。更慘的是，突如其來的冷氣穿透我的類人猿朋友，探出頭來，嚇著後座的女士。不幸，這位女士帶著一只巨大、鮮紅的手提包。猴子非要那只手提包不可，女士頑固拒絕放手，讓牠怒不可遏。為了轉移猴子的注意力，我向穿梭的小販買了一個巨大、紅色、閃亮的芒果給牠。但是牠覺得芒果奇怪、不自然，不管牠平日吃的是什麼，顯然芒果不在牠的飲食內。

牠只將芒果嘶咬成一條條，噴吐在觀眾身上。射程出奇遠。觀眾厭倦乏味的電影，紛紛向小販買芒果，嘶咬果肉，對著猴子噴吐——不可避免，也噴到我身上。嘍囉們擔心裝潢受損，連忙通知經理，他匆匆趕到，威脅要趕我們出戲院。觀眾乖乖坐回去，觀賞新聞影片。

頭條新聞是喀國總統與提供經援、某位不知名的中國部長會面。無可避免的場面是總統對著攝影機擺出蠟像般笑容、眼神笨拙望著鏡頭，邀請貴賓落坐這種場面定不可少的可怕塑膠皮沙發椅。我旁邊的軍人大聲議論：「他應用這些救援買點新家具。」觀眾大聲起鬨，新聞影片變成國歌，半數觀眾起身，半數觀眾吵鬧。這般鬧哄哄，對猴子而言，實在太過了。受夠了文明社會，牠開始尖叫、聒噪。觀眾覺得很樂。這般舉止以國歌聲做背景，實有「大不敬」的危機。該是離去的時候了，我連正片都沒看呢。巴布則好似背信忘義的聖彼得[17]，自己留下來看。

我與猴子在沉默中駛回旅館。當我爬上旅館正門，猴子矯捷從我身上跳下，看了我最後一眼，好像遲疑如果第一次約會就擁抱我，是否太冒昧了。牠決心不再進一步表達愛意，搖晃穿過庭院，盪到樹上，回動物園去。

經過這番興奮，我覺得好累，毫不在意錯過正片。但是我沒睡好，身上爬了虱子——猴子的。

17 語出新約聖經馬太福音，耶穌對信徒彼得說：雞鳴之前，你將三次不認我。

CHAPTER 8 凡有疑慮——進攻！ When in Doubt — Charge!

回到孔里，一切安靜。教會裡瀰漫一股沉思靜寂。約翰的作物被不知哪來的動物摧毀蹂躪。眾人深疑是波利鎮酋長的牛群。我則確定是狒狒幹的好事。如果約翰的老婆是多瓦悠人，此刻，鐵定會因為「通姦」被揍個半死——男人的作物被毀，老婆偷人是唯一理由。

回到村裡，我把祖帝保從我床底下挖出來。他宣稱割禮的籌備工作仍持續進行，但是短期內不會有什麼有趣事。憑以往經驗，我知道開始釀啤酒才代表儀式祭典鐵定舉行、不會叫停。當我聽到村民開始釀啤酒，就代表時候到了。保險起見，我派馬修帶菸草去舉行割禮儀式的村子，送給他在那兒的一個親戚。時候到了，他們會報信。

空檔期間，我可有一大堆事要忙，因為我已經開始研究地方療者與他們的藥草。我確定空檔期長達數星期，決定展開偉大任務，這可能是我對人類學的唯一大貢獻。我要去拜訪尼加人，尋找男性乳房割除儀式——多瓦悠報導人告訴我的「失落的乳房切除術」。

打一開始，馬修就不想去找尼加人。他斬釘截鐵說前往尼加的山徑太危險了。這個時節，村裡絕對一個人也沒有。沒人會說尼加話。尼加人什麼也不會告訴我。他們是壞人。

頗讓人類學家沮喪的發現之一是「幾乎所有族群都討厭、畏懼、鄙夷鄰近的族群」。

醫院一位男護士告訴我尼加族酋長此刻正在波利鎮，我決心追緝他。我在波利鎮外的茅屋晃悠打轉了好幾個小時。再度證明一事：不管一個白人如何抗議、提出何種可悲藉口，此間人士都確知白人的「慾望」為何。我從不知道這麼小的地方也有名符其實的「罪惡生意」。但它不僅存在，人們還不厭其煩向我促銷。我與一個警察詭異相遇，他衣冠不整從某個院落出來，不斷解釋他是來調查非法飲酒。

直到夜幕降臨，我又熱又累、忿恨不已時，才終於找到尼加酋長。我雇了一個小鬼當嚮導追緝酋長現身。顯然他的閃避技巧和祖帝保一樣高明。尼加酋長是個侏儒，淹沒在一身厚重鮮紅的法蘭絨袍子裡，活像聖誕老公公的助手，袍子下突兀伸出白色鮮亮的鞋子。當我進入他的院落，他像隻過分熱情洋溢的梗犬飛奔過來，用力擁抱我，把臉埋在我的肚皮上，說他是多麼高興見到我。

我們坐在兩個倒翻的板條箱上，開始覲見儀式，小鬼權充翻譯。我表達見到酋長的喜悅，解釋我到此區的目的是研究風俗。他賢明點點頭。我聽說許多有關尼加人的有趣事，一心渴欲前往他的村子認識有關尼加人的一切。整體而言，這個方式總勝過直接說：「喂，有關男人的乳頭……。」

他聆聽翻譯，慈祥微笑。他聽多瓦悠人（一直都是他的朋友）提過我。他也一心渴望帶我去他的村子。他很樂意與我討論尼加人的風俗。他耳聞我是個直話直說的人。他面露羞色。只有一個問題。他是個窮人。招待恐不合我意。他也是個驕傲的人，絕不能忍受對我招待不周、令我失望。他嘆氣。只有一個方法。我必須買一頭羊。一千中非法朗就足足夠了。現在就可以把錢給他。我猶豫。我從未碰過這樣直接索錢的。很難判斷此刻應該擺出正經嚴肅、男子漢對男子漢的強硬態度，還是自動慷慨掏腰包省去討價還價的麻煩。悲哀的是，人類學總是需要幾分虛偽與精心盤算。我飛快檢查皮包，發現只有五百法朗，慷慨免談。

我解釋：不幸的，我也是個窮人。我不是酋長，不習慣享用一整頭羊，所以我只給他半頭羊的錢——五百法朗。他大為失望。我遠道而來，發現男性乳頭切除這麼重要的現象，卻為了一英鎊多的錢討價還價，似乎頗為荒謬。這是我每次投降前用來說服自己的論點。我加一句，當然，我前去拜訪他時會帶禮：「客人當然不會空手而至。」

酋長臉色一霽，我們講好一星期內，這個小鬼翻譯會到村裡接我，一起爬山到他村裡。我起身準備離開，酋長再度衝向我，緊緊擁抱我不設防的身體。他抓住我的手，熱情貼向他的胸口。「白人與黑人，」他說：「是兄弟。只是白人比較聰明。」

這話，我不知該做何反應。我剛散盡身上錢財，並不覺得自己特別聰明。我們擱置此一議題。酋長嚴肅警告：「別在此區逗留過久。這裡有很多壞女人。」我多少猜到我的五百法朗會去了哪裡。

九天後，尼加酋長那兒還是音訊全無。非洲人的時間觀比我們鬆散得多。我還尷尬記得上次我的歡送派對，多瓦悠祈雨酋長晚了一天才來，卻期望大家幫他保留了酒。

儘管如此，我若前去拜訪無乳頭尼加人的酋長，應當不致一無所獲。天色一亮，我便與馬修動身，照例，他預言此行災難重重。再度，我們必須到處晃悠查詢酋長的蹤跡。一夫多妻的家庭，睡覺安排常有一種游牧特質。人們蜷曲在火邊，拉緊毯子抵禦黎明寒冽，等待食物與溫啤酒。四處迴盪用力吐痰的聲音。

酋長的房子空無一人。沒人知道他去哪裡。沒人知道他是否會回來。據馬修的說法，這因為他們全是壞胚。我決定去找醫院那位男護士問消息。

去醫院，得經過副縣長的宅第，禮貌性拜訪不可免。

副縣長結棍的身影已伏案工作，一大疊公文堆在面前。我們握手寒暄，他綻放大大笑容，揮舞手上的一張紙：「啊哈。這是警察局有關你的報告。顯然，你去造訪了暗夜女。」

我越是否認，他越是興高采烈拒絕採信。我們終於談到尼加酋長的事。「尼加酋長？我可以告訴你他上哪兒去了。」他往椅背一靠，露出天真無邪的表情：「我勒令他回村子去。他是個壞榜樣，成日在鎮上鬼混、喝酒、通姦。酋長這個樣子，教族裡的年輕人如何尊敬他？我叫他回村子，乖乖給我收稅去。」他譴責地朝我搖搖手指：「你最好守規矩點，否則我也送你回自己的村子。」

話題轉到割禮。身為統治異文化子民的行政官，無法釋懷的不安感破壞了副縣長的割禮政策。他是穆斯林，當然認為割禮是好事。割禮的本質乃教化之事，應在異教徒間廣為推動，但他也知道割包皮危險且昂貴。因此他習慣派遣男護士到村落裡幫人割包皮，以免當地居民用「骯髒鋤頭」亂搞。男護士做的包皮割除手術比較溫和，也比較衛生，但是他規定傷口必須以酒精清洗，顯然會大大增加疼痛程度。副縣長不知道許多多瓦悠長者不滿意此種安排，在護士離去後，又給男孩割了一次包皮。因此行政官的人道之舉卻大大增加男孩的疼痛、受苦，甚至死亡率提高——完全符合殖民統治的傳統。

就是在此次談話，我首度聽到後來釀成大麻煩的自來水計畫。副縣長與美國和平工作隊合作，決心讓波利鎮有乾淨水供應。當我返回孔里村時，壓根沒想到它後來會變成棘手議題。當時，我對尋找失落的乳房切除術比較感興趣。

英國陸軍的一大訓戒是：「凡有疑慮——進攻！」此刻，似乎也頗適用於我的田野工作。祖帝保說村裡有好幾個人知道前往尼加村的山徑，攀爬頗危險。他會派一個最強壯、最聰明、最誠實等諸種優點於一身的人陪我前往。我決心天光一亮就出發。馬修大為不樂。如果城裡的尼加人那麼壞，山上的尼加人一定更壞。他宣稱：「這個季節爬山不對，會下雨，到時我們全被沖下山去。也沒有可飲的水。」

翌日，天未破曉，我的茅屋外傳來一聲輕咳，彬彬有禮，絕不可能是山羊咳嗽。門外是個穿著破爛短褲、渾身凍得發抖的流浪兒，戴了一頂非常棒的紅色「披頭四」帽子。他手上站著一隻色彩班爛的寵物鳥，不是鸚鵡，像是翠鳥魚狗。他就是祖帝保派來的嚮導——八歲小孩。我們喝咖啡、坐在冰冷石頭上聊天。原來，男孩的媽媽是尼加人，嫁給多瓦悠男人，他曾好幾次參與趕牛隊伍，從高原趕到山谷。因此，他的知識不容懷疑。我好不容易把馬修挖起來。一小時後，我們帶著相機、筆記本、菸草——全是人類學這行的基本配備——出發前往尼加村。

我們的嚮導將色彩鮮豔的鳥兒放在帽上，作為引路指標，帶隊前行。馬修一臉愁容跟在後，抱怨早餐過於草草。

陣陣厚重濃霧滾過山谷。我們踏過泥濘、碎石，腳下發出吱咯聲，抵達山脈底。受驚的牛隻衝破濃霧，轟然咆哮奔進高高的草叢。天寒刺骨，我們全望著地平線，盼望微弱的陽光趕快突破雲層，溫暖我們。寵物鳥噗地膨脹羽毛，發出細弱的啁啾聲。

半小時後，我們碰到一群人要到孔里村再過去的地方參加葬禮。他們帶了冒泡的啤酒甕，還有用來裹尸、乾燥龜裂的牛皮。他們顯然興致高昂，因為馬上就有儀式牲禮牛肉可吃。我則暗喜祖帝保沒跟來，他絕不會白白讓啤酒打面前經過。弔亡者歡欣打趣我總像禿鷹盤旋多瓦悠葬禮。我們拿出菸草交換山香蕉，然後他們興高采烈、吞雲吐霧前進——捲菸紙還是我的筆記本呢。小嚮導餵寵物鳥吃了點香蕉，將牠放回帽上，快樂點點頭，我們開始爬山。

爬山毫不愉悅。山徑通常很窄，薄且易碎的山徑坡邊直墜而下就是岩石遍布的谷底。溼雨時，花崗岩變得非常滑，絕不輕饒失足之人。爬山時，每當我們碰觸到山壁縫隙裡茂密生長的植物，大滴露水便冰冷滑下我們的脖子與雙臂。不久，我們來到一個深深的山隙，布滿破碎的瓶子與葫蘆瓢。小嚮導在此稍停，指出此處是法力強大的地靈居住地，要我們拿出食物來獻祭。我奉上香蕉還有一片巧克力，馬修則不情願地犧牲一小撮速沖咖啡，還有一些他預防意外而偷藏在背包底的燻肉。嚮導點頭稱許，然後我們繼續前行，他在岩石攀爬，鳥兒也在他頭上來回疾走。沒多久，蒼蠅飛來折磨我們，吸吮我們的汗水，在我們眼前飛來飛去，令人懊惱不已。

陽光越來越熱。我飽受蒼蠅折磨、瘀傷處處，堅持要休息一下，讓同行者大吃一驚。但是休息不可得。這是牛隻走的山徑，嚮導指出失足牛隻的屍骨，以此激勵我奮力前進。此處的高度似乎會刺激反芻牛科動物排泄。到處是牛糞，爬滿快樂蒼蠅，很快的，牠們便發現更愛我們的汗水。陽光變得灼熱，該繼續前行了。

馬修痛陳牛糞是尼加人惡劣的另一明證。當他們到山谷時，總讓牛隻隨意在多瓦悠人的田裡大便。馬修堅稱此舉會讓雜草更茂盛，大大增加多瓦悠人犁田之苦。

我開始覺得他是個敵意證人（hostile witness）[18]。

過了一會兒，我們來到一個村落的外圍。當你抵達西非洲村落，通常會有一些錯不了的跡象。首先，你穿過廣場，會聽到女人舂米去糠、杵臼互擊聲，或者她們邊以石頭研磨穀粒邊唱著無伴

18 敵意證人（或惡意證人）是指凡傳召證人，其作供內容與書面供詞不符，以致與傳召方原來之舉證目的相反，傳召方可向裁判庭申請，將該證人列為敵意證人。然後向他盤問，將他變成一個不可靠的證人，使其供詞對控辯雙方都無用。此處是指馬修應被列為敵意證人，其論點無效。

奏歌謠。免不了，還有小孩尖叫亂竄，通常還有笑聲。但是這個村子只有死寂。

顯然，某種人口統計學上的災難降臨此處。當院落人去樓空，屋舍便被棄置。熱帶雨沖刷，原本建構院落的泥土回歸大地，只剩當初用來做茅舍與穀倉地基、現在看了徒然令人心碎的一圈圈石頭。此景真是考古學者之大慟、地質學者之大喜。整個村子全是傾頽殘敗的院落。幾年後，將無一物標示曾有人家在此生活、死亡。我們穿過斷垣殘壁，走到廣場中央，坐在一面乾燥的石牆上。小嚮導去找那個心不甘情不願的酋長。

趁這個漫長空檔，馬修大大闡述他在此行觀察到的許多事情，在在加深他對尼加人的惡劣評價。他們去哪裡了？他們遭逢什麼事？顯然上帝因他們行惡而施加天譴。對自己的判決，馬修甚感滿意。他們離開此地。現在，他們是別處的壞人了。

終於，酋長現身。人未至，便傳來陣陣節奏性的敲擊聲。我以為是讚美歌者擊鼓打頭陣，結果不是。上次，我為何沒注意到他瘸腿，有一隻腳彎曲畸形。爬山對他一定是一大苦刑。

儘管他身體不便，仍再度像隻梗犬衝過來，差點將我從石牆撞下來。抓住我的手按向他的胸膛，嘟喃說他多高興見到我。當我掙扎起身，瞥見馬修面露鄙夷神色。酋長叫人送上兩瓶店售啤酒。我和馬修比劃著討論是否共喝一瓶，搞了好一會兒，酋長叫人送上第三瓶，懊惱看著馬修享受。此時此地能喝到店售啤酒，如以付出的辛勞與痛苦論，它們可能是全世界最貴的啤酒了。

酋長解釋他被迫返回村子履行「公職責任」；此外，他夢見他的一個妻子生病了，因關切妻子的狀況而對我失了禮數。我點頭同意。他會分配一棟茅屋給我和馬修，等我休息夠了，晚點我們再碰頭。只有一個小問題。我們在城裡見面時，我只付了半隻羊的錢。只殺半隻羊，那是不可能的。我能否再付半隻羊的錢？這樣，住他的茅屋就不必付錢。

我付錢，馬修搖頭，喃喃道：「壞人。」

酋長配給我們的茅屋是我見過最爛的。一邊的屋樑被白蟻蛀個精光，整個垮下來，腐爛的茅草屋頂塌覆在牆上，另半邊屋頂全沒了。我希望今晚不會下雨。小嚮導和我們告別，答應晚點會回來做通譯。「在你走之前，」我問：「可否告訴我此地有多少尼加人？」他佇足，開始仔細計算，不時仰天凝視。他笑著說：「二十六人！」此話讓我大吃一驚，他將寵物鳥放進帽子，戴上，出發前往他母親的族人處。

我早該問這個問題，但你從多瓦悠人提及尼加人的口吻，你還以為尼加族人數大約和多瓦悠人一樣。他們從未想過要提及此族人口稀少。

稍晚，我問尼加酋長此事，他似乎不清楚族人發生何事，好像只是下落不明似的。過去，族人的確較多。後來發生疫病。有的與族人意見不合，搬到他處。有的與其他族通婚。富來尼人搬到尼加人地盤，因為此處山頭終年不缺水，旱季時，牛隻亦有牧草可吃。我看到的許多空置院落都是富來尼人的，這個季節，他們趕著牛隻去他處放牧。看來，不出幾年，尼加人就要滅絕了。

這對我是一大打擊。的確，人類學家研究的某些南美洲部族，人數不比尼加人多。疾病、巧取豪奪、戰爭，在在使他們人數銳減。研究人數如此稀少的部族，必須人類學與考古學並進。再考慮到「失落的乳房切除術」的重要性，我的研究時機堪稱迫在眉睫。因為一個族群如果失去認同，最令人類學家扼腕的是世界失去了某一特殊「世界觀」(vision of the world)[19]。世界觀是一個民族數千年互動與思考的產物。因此，一個民族的消失也代表人類可能性的萎縮。對人類學家而言，一個民族的人數多寡無關乎它的重要性。

晚餐時，酋長如約端上整隻山羊。但是山羊分好多種。羊羔肉嫩而多汁。母羊肉也不錯，只是纖維較多。老公羊則是另一回事。公山羊臭不可聞，踏著牠走過的山徑，你簡直無法分辨那是幾天前還是十分鐘前留下的氣味。公山羊肉就像在數日未洗的狐臭腋下浸鎮過。沒有幾種辛辣香料能掩蓋它的刺鼻味。簡直臭不可當。

酋長說為了禮敬我們，特地宰了最大的一隻山羊(因此，它也該是最老的)。我們要知道這是莫大殊榮呢。光憑氣味，無疑，這是一隻公山羊。我的西方味覺實在覺得它難以消受，但我決心要吃。生平第一次，馬修覺得難以下嚥，他的龐然胃口一碰到尼加人膳食頓時消失無蹤。

酋長卻顯然咀嚼甚樂，大口吞下黑色惡臭的羊肉。同桌還有一個據稱是酋長兄弟的人。在非洲，此一稱謂或許只代表兩人來自同一村落。他與酋長如有任何血緣，可能是他是個駝子。小嚮導現身，為示尊敬，蹲坐到低處。他們給了他較小的一碟食物——油漬漬的內臟。他吃得頗樂。

為彌補食物不佳，酋長奉上一大葫蘆瓢的優質鮮奶。這真是奢侈享受。鮮奶香濃又沁涼。我在非洲首度喝到這麼棒的奶。我向酋長讚美牛奶的品質真好（至於山羊肉，不予置評比較好）。他說，的確，運氣好，村子附近有許多富來尼人，他們是偉大的牧人。他們的牛產下的奶比多瓦悠人的迷你牛要好喝很多。而且富來尼女人在牛奶裡撒尿，防止牛奶凝塊。此言一出，我便喝得少多了。

不善交際的酋長很快就累了，疲倦強力傳染，我們忍不住跟著大打呵欠。我們安排了明日一起去參觀某些儀式地點，他會向我解釋尼加文化的基本知識。

我們在尼加村落的第一夜似乎實踐了馬修的一切悲慘預言。此地極不安靜。牛隻不斷出入院落，喜怒無常，一會兒走到這兒，一會兒跑到那兒。接著，溼熱大雨傾盆而下。馬修與我蜷縮在茅屋一角，牛兒奮力撞牆，大窪水漫進屋內，向我們淹了過來。最後，草蓆做的門被撞開，一群瘋狂的羊混亂衝進來躲雨。從飄散的氣味判斷，牠們多數是公羊。這個村子顯然專擅豢養公山羊。或許這個茅屋原本是牠們經常出入之處，而我們是闖入者。我們吶喊、揮舞拳頭，對牠們絲毫不起作用。牠們揚起邪惡羊角、憤怒頓足。我們怒目而視，牠們惡毒回望。最後絕望中，我靈光乍現，拿出閃光槍[20]閃了幾次，牠們才連忙狂奔出去。殿後的一隻老山羊還留下告別紀念品——一

19 一個民族對於所處的世界、駕馭此一世界的力量與本體，以及人類所處地位的看法。詳見Roger Keesing, op.cit., p.859。

20 鎂光燈泡用的發光器。

坨惡臭大便。

到了這個局面，我們不再假裝自己是好客人。馬修拆下被白蟻蛀食、所剩無幾的屋樑，我再加上一把茅草，點上火，現在我們有個像樣的火堆，背靠著牆，斷續打盹。

馬修以閱讀法語聖經自娛。不幸，他從未養成默讀的習慣，而是以悲慘語調一段段高聲朗誦，絲毫無助驅散這地方的陰鬱。

第二天，我很高興看到酋長的慘狀僅比我們好一點。我們旋風造訪各個儀式地點，看了許多適合觀光客更勝嚴肅人類學研究的祭典用品。但是頭顱、瓦甕、舞蹈並非我此行目的。我只是隨意看看。尋找「失落的乳房切除術」，首要之務是避免引導問題。我要的是自發而現的資料。所以，我和馬修兩人坐著、看著、等著。但是第一批祖先頭顱（全用斧頭砍下）登場時，幸運之神對我微笑。和此區許多異教族群一樣，尼加人接近神聖之物，必須脫光衣物。當酋長瘸著腿走近祖先頭顱，他脫下醜陋的長袍。瞧——現在全世界都可看到——原本該是男性乳頭的地方只剩兩小塊平坦的褪色斑點。我必須承認我真是樂透了，只是馬修完全無法分享。對他而言，酋長的乳頭完全無關緊要。他有其他關心事項。此刻，他萬分擔心腳趾切除。

尼加人困居寒冷、潮溼的山寨，飽受風溼與關節炎之苦，四肢末端受害尤烈。老人家——年過四十者——的腳趾與手指特別容易出問題。針對患病部位的「激烈處理手法」是以斧頭或鋤頭砍掉它。馬修昨晚讀經時看到「如果你的一隻手使你犯罪，砍下它來」[21]。他無法理解尼加人這樣無知的異教徒為何會採用源自聖經的作法，他們根本就是根深柢固不信神的未開化者。這個疑問成為馬修的執迷，嚴厲挑戰他用以區分古老／不好／異教徒與新／好／基督徒的清楚界線。當酋長對著祖先頭顱喃喃低語、潑灑啤酒，馬修向我詳細說明自己的困惑。此刻，我們簡直是世界縮影的荒謬模型。異教徒忙著處理頭顱，毫不在乎我對男性乳頭的執迷，而馬修的信仰則遭到四肢末端切除的挑戰。面對此景，你無法不覺得荒謬。

酋長的駝背兄弟加入我們，對著頭顱灑啤酒。當他轉過身來，我大樂發現他也沒有乳頭。

返回茅屋途中，我試圖迂迴試探此一問題，從割禮談到切除，希望發現尼加人的思惟裡是將這兩件事連結在一起。您對儀式的描述完整嗎？是的。有沒什麼遺漏的地方？沒有。身體的犧牲呢？

拿多瓦悠人來說，他們會在皮膚切割幾何圖案。尼加人也這麼做嘍？不，他們只砍掉手指與腳趾（馬修大為沮喪）。尼加人割禮時會銼平牙齒嗎？有的人會。這時我們碰到一個袒胸女子，她是酋長的妹妹。她的乳頭似乎也受過切除手術。恐怖真相浮現。我將謹慎拋到九霄雲外，指著她的胸部問：她是生來就這樣，還是（狡猾地問）切掉乳頭，看起來更美麗？大家都笑了。當然

21 此句經文出自馬可福音第九章第四十三節，原文為 If thy hand offend thee, cut it off。offend 一字，聖經公會本譯為「犯罪」，和合本譯為「教你跌倒」。

是生來就這樣。誰會割掉自己的乳頭？那不痛死了？

顯然不管尼加人還遭遇過什麼災難，他們都受畸形遺傳之苦。酋長的侏儒身材與畸形足、他兄弟的駝背、所有人都沒乳頭，全是天生的身體畸形，而非我先前揣測的文化象徵。荒謬之感迅速取代苦楚失望。細雨降下，我坐在岩石上放聲大笑數分鐘不止，馬修與尼加人都不知所以瞪著我。

又是一夜輾轉不好眠，到了我告別尼加村時，我對此行經驗有了較正面的評價（儘管我先前不認為可能）。就連馬修對尼加人腳趾的關切，也顯得較為合理。

第二天一早，我們離去前，一個陌生的尼加人造訪，要我們跟他走，有人想見我們。

他帶我們穿過村子，來到一個更破爛的院落。陽光初探頭，院落外蹲伏著一個老婦，乳房乾扁下垂，臉上皺紋深刻，和濃密的少女式短髮形成奇怪對比。她趴伏在地抱住我的膝蓋，用多瓦悠語對我說話。她聽說白人回來了，她要在死前再看一次白人。

她以顫抖低啞的聲音述說自己的故事。她出生時是多瓦悠人。她不知那是多少年前的事。年輕時，她曾是一個白人士兵的情婦。她轉身進入茅屋，在一個破爛的錫製箱子翻找東西。她的兒子顯然聽過無數次同樣的故事，臉色深為不耐。找了好一會兒，老婦拿出一張泛黃的照片，相片裡是個矮胖、身穿法國陸軍中士制服的年輕人。相片背後的題字寫著「亨利送給黑皮膚的愛拉薇姿」。事隔多年，再度聽到我們如此叫她的名字，老婦顯得很悲傷。亨利後來去哪兒了？他回去自己的村子，但是愛拉薇姿和他生了兩個孩子。不幸的，兩個都夭折了。然後，一個土著騎兵——尼加人——強佔了她。她又轉身進去茅屋，繼續在箱子裡翻找東西，拿出一張法文的善行獎狀以及一塊鐵片，大概是獎勵亨利參與海外義務役。老婦驕傲展示，說那是亨利給她的禮物。軍隊頒獎給亨利讚揚他的勇敢，而他轉送給她。她兒子會說法語（因而極可能會讀法文），我懷疑他早就看穿亨利多年前的惡劣欺騙。從他懇求的眼神，我猜應該如此。我對那片便宜的鋁片大加讚賞，然後交還給她。在我們離去前，她說白人一直對她很好，並告訴我，如果她年輕幾歲，我可能也難逃她的魅力。

我們與小嚮導會合，寵物鳥再度在他的帽上跳躍，然後，我們返回對我而言較為正常的山區——多瓦悠世界。

我們邊走邊吃香蕉，欣然逃脫山區的寒冷陰鬱。突然，我聽到碎裂聲。我的門牙——前次造訪多瓦悠時出車禍撞斷而後在英國修補好——斷成兩截，讓我一臉發呆且貧齒[22]。

有叢林生活經驗者的特徵之一是鮮少震懾於他人的諸種技巧。他們隨時可以自己蓋房子、設計村落，並以高度自負的精力與自信執行各種外科小手術。加上此地牙醫的技術只稱得上「基

22 原文此處用的是edentate，貧齒動物之意。貧齒是哺乳動物的一目，口中無齒或只成簡單稜柱，而無琺瑯質的非特化的牙齒。詳見《牛頓生物辭典》，台北：牛頓出版（1996），p.158。

本」，動手自己治療是較可行之途。和每次碰到麻煩時一樣，馬修與我前往教會。

我的假牙是塑膠材質，用樹脂膠黏合應當比較有效。幸運的，我的教會朋友——約翰與珍妮——工具箱裡有一管樹脂黏膠。不幸，它要六小時才能變硬。但是標籤上的警告語帶來希望，寫著樹脂膠遇熱會變硬。我們馬上變出妙方。將假牙塗上樹脂，用兩個晒衣夾將它固定在我嘴裡，然後拿吹風機對著它吹。整體而言，這比一般正常的牙醫治療法要難過一些，因為你很快就口乾舌燥。連試了兩次都不行，因為假牙表面太溼了。我們又想出妙方。決定把假牙放進爐子加熱烤乾。此舉頗危險。因為約翰與珍妮只有古老的燒木火爐，溫度很難控制。我眼前浮現假牙融化的恐怖景象。約翰夫婦的廚子威武添加爐火，綻放笑容，展示一口漂亮牙齒。幸運之神站在我們這邊。約翰巧手一揮，拿出熱燙的假牙，迅速塗上樹脂，用晒衣夾固定在我嘴裡，再加上吹風機一陣熱風，便完成了整套手續。接下來的幾分鐘很不舒服，因為我們忘了熱氣會滲透牙根。但假牙的確固定住了，一直維持到此行結束。唯一問題是它很快就變成綠色，彷彿在和我的猿猴朋友競爭。

CHAPTER
9
光與影 Light and Shade

當天晚餐十分熱鬧。布朗牧師積極擁護自來水運動，召集會議。他的最新發明是太陽能。他合理認為大老遠把柴油、汽油搞進非洲心臟，只為了燃燒它們，實是可恥的能源浪費。他對著最愛的郵購目錄研究半天，再經過一段合理的時間拖延，現在，一個巨大的太陽電能板豎立在他的屋頂。白天裡，只要將太陽電能板對準刺眼的太陽，到了晚上，它就能讓一個燈泡亮上數個小時。因此，布朗牧師立即切斷家中所有能源，搞得家人晚上得撐火把在屋內行走，而那個「偉大燈泡」在客廳發光。此刻我們坐在客廳吃飯，簡直像一群被車前燈刺得不斷眨眼的豪豬。為了彌補「偉大燈泡」的不足，布朗牧師在屋頂上鑿了幾個大洞。不幸，屋頂擠滿蝙蝠，面露奇怪的冷笑之色。蝙蝠被燈泡吸引，猛撲而下、盤旋屋內，在牆上投射出長長的黑影。燈光讓牠們盲目，不斷撞上障礙物或險險糾纏在客人頭髮上。布朗牧師家的一隻貓認為機不可失，忽而躍起、忽而潛撲，撂倒蝙蝠，退到角落吞食，發出可怕的咀嚼唏嚕聲。偶爾，布朗牧師被這些滿室飛翔的害鳥搞到無名火起，拿起放在桌邊的氣槍掃射，一邊以富來尼語尖聲咒罵。當蝙蝠碎屍與石膏板碎片飛灑落入食物裡，客人、貓兒以及布朗家人連忙急趴在地。

本地天主教會的人與醫師也參與會議，還有一個和平工作隊的年輕人。共同的善意瀰漫席間。每個人都客氣讚美「偉大燈泡」，努力忽視蝙蝠騷擾。

誠如我先前所言，託副縣長之福，波利鎮現在要有乾淨水供應了。這的確是迫切需要。此區多數死亡案例是水媒傳染疾病。醫師投注時間與藥物治療住血吸蟲與其他寄生蟲疾病，但只要病患靠近河邊（河水同時用來洗滌、飲用、倒屎倒尿），便再度感染，根本徒勞無功。之前，大家也討論過解決之道。有人建議鑿一些井。但是鑿井非常貴，而且井水很容易被污染。結論是自終年河水不乾、多瓦悠人居住的山上取水，乃是唯一可行之道。這就是他們安排我吃這頓飯的原因。

這類社區計畫總是看似合情合理。拒絕合作顯得自私無情。它們卻往往充滿實務與道德上的困難。而且，動機未明。

醫師顯然希望藉此一舉掃除大部分的病例。地方性致命疾病泰半源自水源不潔，或者不潔的水讓病患身體虛弱，稍有感染便一命嗚呼。他對村人剛接受完治療，回到家中迅速又被感染，已經感到絕望至極。乾淨水是打破循環的唯一方法。

和平工作隊員顯然需要一個大預算的計畫，證明自己的重要性、贏得長官歡心。鋪設水管涉及大筆金錢、提供許多雇傭機會，也讓他權力在手。

教會人士當然把改善居民物質生活擺在第一位，但是，他們無疑也察覺控制了水，便摧毀了祈雨酋長的力量，因此，削弱了異教信仰。

身為人類學家，我是席間最不自在的一個。雖然人類學研究人，但它與研究對象保持某種距離，並且不將研究對象視為單獨的個人，而是某種集體文化的代表。研究一個族群的行為與指導該族群的行為，理論上，是兩件完全不同的事，雖然人類學家也不可能完全不改變他所研究的族群。我當然希望地方性疾病絕跡，但也懷疑此舉是犧牲多瓦悠人的利益。從山頭取水供應城鎮居民，一定會被多瓦悠人視為是「竊水」供應富來尼侵略者。通常，多瓦悠人也不能隨便取用那些山頭的水，除非經過祈雨酋長的允許，因為那是屬於他的水。山頭水對灌溉與畜養多瓦悠人心愛的迷你牛至為重要。我對當地情況頗瞭解，知道多瓦悠人一定會被征召參與引水工程。他們一定不願意，除非是依他們的條件。而副縣長是個意志堅定的人，不容許任何人反對此一嘉惠大眾的偉大計畫。如果多瓦悠人不肯心甘情願工作，就會被強迫投入。我已經預見不幸與麻煩降臨這個我漸漸以家父長心態視為「我的族群」的人民。是的，他們一定會答應多瓦悠人有權使用自來水，但是到頭來，這些承諾能受到多少重視，誰知道？

我不知道這個計畫後來如何。成形了嗎？還是搞到一半，經費便無聲消失？族群間的怨恨或惰性麻痺會讓這計畫胎死腹中嗎？我返回英國前最後一次聽到此計畫，是副縣長向我解釋它的最新成本，他們要把整條河的水引到城裡，但管線將不經過多瓦悠人居住地，因為成本太高了。一開始，大家一定會很不高興，工程路線也需要調整，但畢竟這是較有效的引水法，何況，多瓦悠人隨時可以搬到城裡。

話說晚餐現場。所有人（除了我與蝙蝠）都覺得賓主盡歡，因看到互惠主義變成行動而沉浸在樂觀情緒裡。跋涉回村子的路上，我則大感沮喪。身為人類學家，我不希望看到祈雨酋長地位受損。他雖是個老強盜，但是我喜歡他。更何況，他有趣極了。

寧靜的村裡起了奇特騷動。我人還在叢林裡，便聽到男人講話聲。空氣中瀰漫奇怪的嗡嗡聲響。天上有驚異神祕的光彩，好像「偉大燈泡」被某個神奇力量移到了村裡。

人的第一反應永遠是自私的，它可能是某棟茅屋失火，我心裡篤定那是我的茅屋。毫無疑問，我記載民俗醫療技術的筆記、相機、配備、旅行文件、紀錄，此刻都化為一陣飛灰輕煙。我舉足狂奔，衝抵仙人掌圍起的村落藩籬，披頭散髮、熱不可當。

我從尖刺植物的縫隙朝內望，看到奇怪景象。電影光臨本村。中央廣場聚集一大群人。幾乎能走能動的多瓦悠人全到齊了，包括跛足、殘廢的，全集中在供奉牲禮牛隻頭顱的聖壇前。供奉死者頭顱的聖壇前則豎立了一個折疊式銀幕，在放映機的投射下發出珍珠虹彩光。聖壇另一邊停了一排閃亮的路華吉普車，車門上刻印「聯合國╳╳處」字樣。

雖然缺乏「偉大燈泡」的生態永續魅力，電影放映配備還是很震懾人。電力由其中一輛車子供應，轟轟作響、順利運轉。小男生天性好奇，擠成一團圍觀，伸出手指試探運轉中的零件，對電影毫不在意。本著實驗冒險精神，他們試著把弓箭伸進去看看效果如何。一個戴遮陽帽的高大男子不時憤怒趕開他們。

一群多瓦悠老婦身穿厚重樹葉編成的寡婦裝，坐在銀幕正下方的泥巴地。她們互相傳遞裝了花生的葫蘆瓢，勇武地連殼咀嚼花生，優雅地噴吐殘渣於地。看電影時心不在焉，好像在看她們兒子的羊隻似的。她們真正的注意力焦點是村裡某個年輕女子的緋聞醜行，津津有味大加撻伐。

年輕女人群談笑聲更吵鬧。她們一邊瞪著銀幕，一邊忙碌整理樹皮條，編織成半圓形的籃子。稍後，她們會在籃子裡抹牛糞，成為裝食物的器皿。

馬修與祖帝保對我視若無睹，與一個毛髮旺盛的白人（顯然是此次電影欣賞的籌辦人）爭論他該付多少錢，才能在祖帝保的村子播放影片。我悄悄潛進後面，坐在一個舒服的樹根下。沒有猴子威脅。

根據村人後來的敘述，我錯過了第一段影片——卡通《湯姆貓與傑利鼠》。現正播放第二段，一個有關蚊子與瘧疾的恐怖死亡影片，鼓勵村人殺死蚊子，以免罹患瘧疾。

對人類學家而言，這真是進行「影像人類學」（visual anthropology）[23]小型研究的天賜良機，這

---

23 影像人類學又稱「視覺人類學」，透過一個文化的藝術品、實用物品，研究該文化的視覺要素。詳見http://www.harcourt.com/dictionary.browse/59/

樣的放映配備出現在這裡，研究者簡直做夢也想不到。上次來此做研究時，我已經發現多瓦悠老人無法辨識照片上是人臉還是動物的臉。他們從未學過如何辨識照片。他們第一次看電影，如何解析，將是個有趣觀察。當然，年輕人去過城市，嘗試過不少現代娛樂，包括電影。但我頗肯定村裡的老女人從未見過任何類似電影的東西。我往樹背舒服一靠，開始構思問題。運氣好的話，或許能變成一篇不錯的小文章。

旅行文學充斥有關老實土著首次看電影的描述。他們會繞到銀幕後面，看看剛剛在銀幕上為了取悅觀眾而中彈死亡的牛仔，屍體是否躺在布幕後面。不同民族有時反應不一。有的土著族群能接受銀幕影像是「非實體」、「非真實」的，卻無法相信中彈的牛仔只是演員，並非真正中彈，而是在演戲。有的人類學家將照相機秀給土著看，卻發現他們將相機對著自己的腳拍攝。相較之下，多瓦悠人對電影這碼子事無動於衷。

一隻形體被放到極大、夾帶骯髒疾病的蚊子，惡心地橫行銀幕，伸出銼刀似管狀長吻、垂涎欲滴刺入人類皮膚。緊跟著便是痛苦扭曲的人臉特寫、汗如雨下，暗示觀眾兩者間的關連。某輛路華吉普車頂的喇叭大聲播放軍樂，搭配銀幕上的非洲地圖，地圖上散布著一些黑點，彷若打翻了酒的桌布。模糊的法語說明完全被頭戴遮陽帽男子的富來尼語臨場配音蓋過。村中老婦無動於衷繼續大嚼花生，偶爾手掌一揮，拍死被燈光吸引、忙碌大啖觀眾鮮血的大批蚊子。

毛髮茂盛的籌辦者終於注意到我，走了過來。我們像兩隻狗互相小心打量對方。結果，他是德國人，頗生氣觀眾對蚊子電影興趣乏乏，他解釋說有些地方的觀眾看到銀幕出現巨大蚊子，嚇得四下逃逸，言下頗得意。據此，他發展出一套「尺寸哲學」。物，唯有「大」，人們才見其「真」。光是「放大」這個動作，便改變了整個世界，放大鏡不就改變了人們對物的認知？攝影機更厲害。無來由的，我想起一部卡通——一隻巨大的兔子推倒紐約的摩天大樓。下面的字幕寫著：「如果是隻大猩猩，人們便會驚慌。」對此想法，我明智地三緘其口。德國人繼續說，通常他只播放一部「嚴肅電影」，唯恐村人搞混了他要傳達的訊息。由於多瓦悠人對蚊子電影反應不佳，他在想要不要追加一部熱門的避孕宣導影片。他拿到這部片子已有一段時間，但擔心觀眾有穆斯林，不敢隨意播放。但多瓦悠人都是異教徒，應當沒問題吧？

西方人總篤定認為道德與倫理問題乃「大信仰」之獨有產物，罪惡感與恐懼天譴是躁進的傳教士帶進來的有毒思想。

雖然多瓦悠人年紀輕輕就有通姦癖好，偷情就像電視在我們文化裡的角色，是工作後的娛樂。但他們同時也假正經，就連夫妻行房都不能看到對方的裸體。深信一旦觸犯此一禁忌，會遭到極大災難。男的會癡呆，女的會瞎眼。男孩絕不能得知有關母親、姊妹的性事。同樣的，多瓦悠女人只要耳聞有關男親友之性事，便羞恐無狀。純男性的儀式之所以充滿猥褻，便是排除女性參與重要活動的藉口。唯有同性密友間才能口出猥褻之語，否則便有破壞兩人關係的危險。

我環顧中央廣場，祖帝保的第三號老婆瑪麗約與兄弟坐在一邊，他們從山上來訪，其中一人膝上還抱著年幼女兒。廣場另一頭是個年高德劭的老媽媽，子孫環繞身邊。這實在太誘惑人了。想想看，對著這群人播放內容赤裸的性影片，結果會如何。這也是終極試驗，可以得知誰懂銀幕上在幹什麼。我可以想像每個人都羞紅臉、憤怒叫罵、彈身而起、奔往不同方向，不敢正眼看對方，眼睛看地，因極度尷尬而夾緊自己的私處。

人都免不了惡作劇的欲望，朝窗戶丟石頭、對著一屋子老姑婆放老鼠、偷偷在她們的茶裡放琴酒。播放避孕影片，這念頭實在太誘惑人了。但是我知道村人的反應不會只是大吃一驚，而後失笑，他們會極感羞愧，久久揮之不去。除非是男女分場播放。

探詢後，我得知影片是瑞典拍的，演員全是白人，而且面目模糊。很難判斷多瓦悠人會認為他們是什麼。無論哪種狀況，他們都不太可能吸收避孕知識，反而深陷表演細節等泥淖。多瓦悠人當然對避孕不感興趣。這點，他們和多數西非人相同。你甚至可以說避孕藥是少數透過郵寄而不會不翼而飛的東西。多瓦悠人感興趣的是多子多孫，不育是離婚的常見理由。誠如祖帝保機智之言：「男人辛勤耕田，豈是為了寸草不生？」這可不是愚蠢自溺、對生態永續漠不關心。事實是多瓦悠人受地區性性病肆虐、營養不均衡、割禮損傷、嬰兒夭折率過高等因素影響，自然生育率非常之低，絕無人口爆炸之危機。德國人甚感失望，捲鋪蓋走人。

因為播電影的意外收穫，我得以在第二天進行我的「影像人類學」小型探索。首先，我找到那群昨晚看電影時多嘴長舌的老婦，她們的名字我都知道。她們究竟看到了什麼，可想而知，自是一團混亂。在西非洲，甚少出現所謂的「表演者與觀眾」這種關係——後者應安靜觀賞前者的演出。這條界線非常不分明。相反的，觀眾參與表演者的活動，此舉如果在西方，鐵定會被驅逐出場。針對電影奇觀，老婦們只記得自己七嘴八舌的妙趣言語。她們有些人堪稱耄耋，飽受白內障之苦，只看到銀幕上的模糊動作。我要她們說說一起觀影的同伴有誰時，她們提出的名單各自殊異，我才發現她們眼睛不行。

至於年輕人部分，我的運氣便好多了。他們對影片的解釋頗多值得探究之處。譬如他們認為湯姆貓是隻豹子，雖然湯姆身上無斑點花紋，也沒有多瓦悠蘭貓兒常見的條紋。此地的貓幾乎全是虎斑貓。

他們對劇情的解釋卻頗一致。我雖然沒跟他們一起看《湯姆貓與傑利鼠》，但是在我浪擲歲月的年少時期也看過，所以大約記得劇情。馬修與我忙著記筆記。特別引人興味的是他們以典型多瓦悠民間故事的形態敘述劇情，套用結尾公式「所以……故事結束。」

就在我忙了數天之後，赫然發現所有男人在看完電影、渾然不解之後，舉行了一場聚會，由一個熟悉電影文本解析、飽經都市世故的年輕人向他們講述電影內容——依民間故事敘事傳統。

至於蚊子電影所要傳達的教訓，我想多半是落空了。多瓦悠人說他們當然相信銀幕上那麼巨大、貪婪吸血的蚊子可能很危險，甚至會致人於死。幸好，多瓦悠蘭的蚊子相形之下，甚小。銀幕上的蚊子比人還大呢。多瓦悠蘭蚊子很小。白人怎麼沒看出兩者的差別呢？

CHAPTER 10 追逐的刺激 Thrills of the Chase

多瓦悠村落的乾季尾聲，一大特色是處處可見狂熱的創造性活動。多瓦悠人活在界線嚴明的世界。溼季時，要等祈雨酋長將藥草塗在祈雨甕、召喚暴雨雲聚集後，才能進行某一系列活動。乾季時，必須等祈雨甕擦乾或火烤清淨後，另一套人類技術活動才准許展開。在溼季進行乾季活動，或者在乾季進行溼季活動，會擾亂宇宙秩序，給所有人帶來災厄。從事禁忌活動的手會膿腫爆裂，女人會流產，瓦甕會碎裂。同理，男女從事的活動亦有嚴格界線。男人絕不可以汲水，那是女人的工作。女人絕不能織布，那是男人的工作。多瓦悠人就這樣快樂生活在各式禁忌織成的網絡裡。萬物皆需適時適地，給人一種安心感。但民族誌學者卻因此聽夠了也畏懼如下回答：「現在不是講這個的正確時機，時間不對。」不管如何巧言拐騙、表演各種失望臉色，一旦多瓦悠人認定這不是講某件事的正確時機，你都無法瓦解他們的心防。

到了乾季尾聲，總是有一大堆該做的事未做或沒做完。草必須割下，做為修補屋頂之用。製陶者必須燒製所有懸掛在院落的陶器。獵人必須將弓箭掛在供奉野生動物的祭壇，並獻祭雞蛋。這些事必須在祈雨酋長宣布雨季開始前完成，雨季一開始，這些活動全被禁止。也就是在乾季尾聲，多瓦悠人素日的舒緩步調改變。觀光客如果此刻途經多瓦悠蘭，一定會說自己看到一個積極奮發、恪守清教徒倫理的山地小部族，令熟知多瓦悠文化者大感困惑。

多瓦悠人對工作的限制不僅於此。表面上看來，他們全過著牧牛、耕田的一致生活，其實隱含令船塢工人豔羨不已的工作劃分系統。譬如只有鐵匠才能煉鐵，也只有他們的老婆才能製陶。獵人不能養牛。祈雨酋長與鐵匠永遠不能見面。每項活動都有它的責任與潛在危險。忽略採取預防措施、漠視禁忌，都將給社群帶來惡果。

人類學家因而至此，希望在上述現象中研究「物質文化」。

總算有一次，研究材料不虞匱乏。這個階段，工藝活動如火如荼展開，我的煩惱是不知從何著手。

最能標示外來的田野工作者的反常地位者，莫過於他可以快樂漠視幾乎一切多瓦悠人必須恪遵的禁忌。如果他做女人才能做的工作，大家只會當他是笑話，成為人們圍聚營火時反覆嗤笑的題材。當然，如果他企圖完成任何工藝品，無可避免，只會凸顯自己的無能笨拙。燒陶時，他會燙傷自己。織布織得興高采烈時，他鐵定會被線兒絆倒，把織布織弄翻，毀了他花好幾個小時才織出來、手絹般大小的布。對極力忍耐他的部族而言，這是人類學家僅能提供的貢獻。他就是穿短褲的小丑，提供輕鬆樂子。我在隔鄰院落一位老婦鷹目灼灼下編織完成的一只籃子成為多瓦悠人的最愛。故事發生於某天，這位老婦坐在陰涼遮篷下，巧手編織樹皮與蘆葦。這幕鄉間居家景象深深吸引我。老婦簡約優雅的動作似乎深具撫慰、治療效果。我非試試看不可。

光是男人編織籃子的景象便足以讓全村陷入歇斯底里狂笑。我的指導老師笑到掉眼淚，被吵鬧聲吸引前來的祖帝保見狀放聲大笑，並模仿我瘋狂專注的表情。我知道稍後他向其他族人轉述此一故事，會再度表演此一神情。孩童一臉驚奇望著我。發生了無以名之的事情。我以顫抖手指編織而成的籃子給多瓦悠人帶來無上樂趣。一般來說，多瓦悠籃子是圓形，底部甚淺。我的籃子則完全找不到幾何名詞可以形容。它狀似橢圓，一邊微微呈方形，另一邊則是不折不扣的圓形。中間還凸起一塊疙瘩，怎麼拉，怎麼扯，都無法讓它消失。不知什麼神祕原因，籃子的尾部十分鬆散，隨時要散開似的。我問：「這一撮要編到哪裡？」眾人尖聲大笑。祖帝保用力拍打膝蓋，抱住肚皮。他重複我的話。顯然，這句話也將編入他的故事裡。我的助理一臉痛苦，悄悄溜走。再度，我讓他失望了。

唯一的刻薄批評來自我的鄰居愛莉絲。愛莉絲是個潑婦。多瓦悠語裡並無「潑婦」一詞，他們直接了當以「苦澀的陰道」形容她。我始終不知道她的生命為何變得苦楚，什麼樣的背叛與失望會導致這般令人不悅的人格。不管原因為何，愛莉絲在任何場合、任何時刻都討人嫌，簡直教人訝異她為何能躲過「女巫」的指控（在非洲，女人如果太惹人煩或太具威脅性，被指為女巫是常見下場）。她的兒子們惶恐活在老媽的毒舌威脅下，不體面地早早結婚（即便以多瓦悠標準，都嫌過早），搬去與妻子的親戚居住。根據他們的說法，他們年紀太輕，付不起全額聘金，只好替岳家做工抵債。她的幾任老公比兒子還要膽怯，好多年前，愛莉絲最後一任老公被她嘮叨至死，她隨即被趕出夫家村落，在老年時回到舊居折磨外甥祖帝保。雖然她的四肢已經萎縮，農事需要大家的幫忙，但是舌頭依然勇健活躍。

愛莉絲對我織籃技術的評語既不客氣，也不具任何建設性意圖。她一現身，笑聲便似太陽下的晨露消失無蹤。每當她惠賜我有關事物的見解——她對任何事都有強烈且多彩的批評——結論總是萬流歸宗至獨身的壞處與婚姻的好處，論點與她的處境恰成反比。眼前的狀況真是孰可忍孰不可忍，一個大男人居然編籃子！在她令人氣餒的毒舌攻擊下，我偷偷溜走，藏起我生疏的手工藝品。在我停留多瓦悠蘭期間，人們常來求借籃子一觀，一看到它的模樣，便止不住大笑。

其實，我必須感謝愛莉絲。我搬進村落不久，便發現祖帝保之所以讓我這個陌生人住進他的院落，純粹是要我做他和愛莉絲的緩衝。她總是隨時趴在我們兩家之間的矮牆，喋喋不休。一個上午聽下來，我所受的語言訓練便遠勝常人一星期所得。這對我而言是好事。祖帝保嗤笑說，我對逆境的積極運用庇蔭了全族人。在愛莉絲無數次冗長的惡毒口誅裡，從未說過任何人一句好話。

人類學裡，「喜歡與否」常是用來評估你是否瞭解一個民族的標竿。背後的邏輯是這樣的：如果一個人類學家不喜歡某個異民族的某些事情，這是民族中心主義。如果他對這個異民族的某些行為不表贊同，那是他受到錯誤標準的影響。人們經常忽略人類學家最不喜歡的文化往往就是他自己的文化（也就是他最瞭解的那個文化）。至於人類學家的「喜歡」，則不受非難苛評。他如果喜歡研究對象的某些文化面向，絕不會有人批評他民族中心主義或錯用標準。這個奇怪事實讓民族學論文產生詭異的偏傾，在其中，田野工作者被勾勒成滿心歡喜沉浸於田野經驗帶來的無上樂趣。或許因為如此，真正的田野經驗會讓菜鳥大為震驚，進而質疑自己對此項學問的投入。

若不是多瓦悠人和我一樣討厭愛莉絲，我也頗難維持我一向毫不質疑的人類學「愉悅原則」。幸好，他們也討厭愛莉絲。當愛莉絲滔滔不絕、惡言批評某個不幸引起她注意的人或事時，祖帝保常躲在院落另一面牆後低聲發表反諷評論，馬修則成為模仿愛莉絲講話的專家，他的表演是宴會熱門把戲。

一天，愛莉絲突然死了。通常，一個人無病無痛、驟然死亡，多瓦悠人會懷疑是巫術作祟。但是愛莉絲的死亡，無人熱中探究原委，反倒如釋重負。她的喪禮是我見過最快樂的一次。亡靈本就令人頭疼，族人可不希望愛莉絲魂歸來兮，因此特別注意葬禮儀式細節是否妥當。接下來的日子便頗為平靜了。

現在我的注意力移轉到製陶者身上（以前，我們曾合作過）。相較之下，我與製陶者的研究工作對村人而言，不太具有娛樂效果，因為製陶者與她們的鐵匠丈夫是多瓦悠社會的隔離階層，村人認為性病與出血性疾病都導因於製陶與煉鐵的活動。全程參與製陶過程至為重要，因為我必須搞清楚唯有她們才懂的製陶術語。

技術過程不僅用來產製物品，也提供我們對其他事物（尤其是我們自身）的思考模型。幫浦的發明便讓我們重新思考人類心臟的運作，電腦的發明也讓我們對人腦運作模型有了全新的思考，取代原有的電話交換機模型。對多瓦悠人而言，製陶過程提供了一種思考方向，將人類的成長與歲時更迭結合在一起。實際的儀式系統十分複雜，模型輪廓卻很容易掌握。人出生時，頭殼是軟的。這個階段的人，熱的物品或動物都可能造成傷害，讓人發燒。割禮時，男孩跪在溪裡，傷口的血流進水裡，這是男孩一生中最潮溼的狀態。之後，乾季降臨，男孩的身體也要烤乾。最後讓男孩排成一列，在他們的頭頂燃燒樹枝，將他們的頭烤乾，至此，歲時推進與人類成長這兩個不同過程同抵高潮。經過此項儀式，男孩的頭變硬，龜頭也變乾了，成為真正的男人。人死後的諸種儀式也是讓頭變乾，剝除血肉，成為清淨的頭顱。多瓦悠儀式系統明顯引用製陶模型，只是從未行諸文字。因此對我而言，重要的是製陶者與鐵匠如能用他們的術語將製陶與人類成長兩個過程連結在一起，我便得到確切證據。

照例，人類學研究無法像你在幼稚園玩耍陶土，快樂坐在製陶人院落而不受干擾。幾個奇怪的人接踵而至。首先蒞臨的是個頭髮灰白、留鬍鬚的西班牙人，他驅車從西班牙到好望角。他對自己要穿越的地域毫無瞭解，只知道撒哈拉沙漠都是沙子，其他地方則幾無道路，全是泥巴，因此他想出簡單妙方對付一切可能災難，那就是駕駛牽引機穿越非洲。以時速十五哩，他嘎嘎作響、雄壯穿越撒哈拉沙漠，抵達喀麥隆。抵禦炙熱、風沙與雨，他為牽引機裝配了一個鋁製遮棚。生活必需品與配備則裝在牽引機後面的拖車上，就這樣，他毫無困難穿越數千哩。令人吃驚的是，此一妙想居然成功。他發現牽引機是穿越叢林的理想交通工具。唯一的麻煩是經過邊界時，會被莫名其妙歸類為企圖走私進口農耕用具，而此一罪名是頗危險的。除此，他的非洲行頗愉快。此君顯然認為我是典型的英國怪胎，和所有英國怪胎一樣，因為我居住在叢林裡。為了證實他對英國民族的指控有理，他告訴我有個英國佬長年定居巴塞隆納，居然不騎馬，騎的是牛呢。西班牙佬駕著牽引機緩緩離去，我再也沒見過他。

牽引機排放的藍色廢氣與震耳噪音尚未散去，一個皮膚超白的年輕女士騎著腳踏車浮現眼前。她，顯然也要穿越非洲，再訪她的出生地（東非洲某地）。此女士最搶眼處是她的騎車服，全身緊裹，抵擋陽光。她說她是個白化症患者，極易晒傷，痛苦不堪。因此她不能像一般人一樣穿短褲、背心，而是層層包裹，散發出愛德華七世時代的端莊肅穆氣息。

「那你如何穿越撒哈拉沙漠？怎麼應付？」

「沒問題。我通常晚上騎車。今天是因為有點落後，才白天趕路。晚上騎車，棒極了。一個人影也沒。寧靜萬分。」

「那你為何要騎單車橫越非洲？」

她似乎覺得我是個瘋子：「為了欣賞美麗的風景啊。」

然後她踩著踏板走了，留下一群不可置信的當地人。這實在太驚人了，理論上，你幾乎可以從地球的任何一個角落旅行到另一個角落，只是我們往往為恐懼所困。

最後一個訪客則在許多方面都頗引人好奇。我到城裡時遇見一個穿著入時的中年美國人，此君眼神銳利，態度閃爍。我問：「你是美國人？」

「可以算是吧。」

「你到喀麥隆做啥？」

「嗯，你可以說是度假。」

「你幹哪一行的？」

「噢……這個做一點，那個做一點。」

「你要待很久嗎？」

「看情況。」

沒多久，我便發現他是非洲藝品掮客。真相逐漸浮現，因為多瓦悠人不斷跑來跟我說「我的兄弟」某天開車經過村子，打探有什麼可買的東西。一開始，我以為村人說的是約翰——我的美國牧師朋友。但是此君掠奪胃口之大、決心之強、手段之具說服力，很顯然不可能是我的好友約翰。

他買的許多東西頗可疑，因為賣給他的人不具法律贈與權，嚴格來講，他們只是這些東西的保管者。他擅用我的名字也頗讓我不悅。唯一的安慰是多瓦悠人的東西在藝術市場上不值錢，他的大肆蒐羅，金錢收穫應當甚微。

過了幾天，我回去找製陶人。前一陣子與她們工作的期間，我研究了製陶的每個準備步驟。最好的方法是自己也做幾個陶器。對此要求，我的「指導老師」頗覺驚奇有趣，但學習技術名詞，這是有效方法。多瓦悠製陶人性喜開玩笑，答應下一次燒窯時，會將我的古怪作品與她們的正常作品一起燒。這是最後一次燒陶，雨季快開始了，屆時便不准燒陶了。我迫不及待要看其中一個有花朵圖案的作品燒出來是什麼模樣。她們承諾通知我燒陶時間，但此類允諾不能當真，因為不守信諾的機率還高些。

我彎腰爬過低矮的大門，進入燒陶人的院落，發現陶器早就燒好了。新的陶罐整齊堆在院落一角，紅色陶罐是一般人用的，黑色是給寡婦用的。水甕裝了水，正在測試會不會漏水，幾個燒破的新甕放在一起，當作便器。我認出其中一個破損的瓦甕是我的作品。

首領燒陶人現身。燒陶結束了？哦，是的，好幾天了。怎麼沒有通知我？她們找過我，但是我不在家。我的陶甕沒一個成功嗎？每個都成功了，除了那個破掉的。我可以看嗎？她面露迷惑之色。我的兄弟那天開車來把它們載走了。全部拿走了。他尤其喜歡那個有花朵圖案的。

藝品掮客閒暇時間真是作惡多端，搞得民族誌學者在發表論文時都得變更地名，以免藝品掮客把它們當作走私買賣、偷竊文物的導覽。多瓦悠瓦甕少見花朵圖案——堪稱沒有。通常他們的瓦甕裝飾只是簡單的幾何圖案，因此我的瓦甕是「奇貨」。在此，我不得不警告可能的購買者……。

在我身為「多瓦悠特殊藝品創作者」的短暫生涯裡，我只碰到愛莉絲這個藝評者，現在她已經永遠箝口不語了（這也是大家共同的願望）。有關她葬禮的一切儀式執行都是在確保她徹底西歸且永不回頭。

但是生命不可能如此簡單。在多瓦悠蘭，死者並不是簡單自世上消失。生者與死者始終維持一種延續且不安的關係。葬禮後數天，祖帝保跑來找我，帽子歪斜、臉色憔悴，顯然是在他的硬土床上一夜不得好眠。他吐露飽受噩夢折磨。他說，可能有人會告訴你夢來自亡靈。他秉性誠實，對這類事一無所知。但如果「我」相信此說，他有義務告訴我愛莉絲開始出現在他的夢境。夢裡，她滔滔不絕指導祖帝保該如何管理家務事，又抱怨她的頭顱乏人獻祭。不過，愛莉絲的主要指示是針對我：「別浪蕩啦！像其他人一樣，瓦甕用買的，然後趕快娶個你遠遠匹配不上的老婆。」

當天稍晚，我們蹣跚跋涉至一處偏僻的茅屋背後，女子頭顱被胡亂堆置在此，望之令人沮喪。此處雜草叢生又覆蓋一堆樹葉，看起來像堆肥。我們朝愛莉絲的頭顱灑啤酒，祈求她讓我們平靜。祖帝保抱怨：「活著時叫她閉嘴也沒用。」

此刻正宜把話題移轉到轉世的概念。祖帝保非常擔心他一個女兒恰巧在愛莉絲死時懷孕。通常，這樣的生死巧合並置會被認為是死者跳過投胎隊伍，儘管族人舉行了繁複的儀式，企圖將她打入祖先行列，她還是死後馬上投胎轉世。多瓦悠人相信這樣的小孩會繼承死者許多特質，祖帝保萬分沮喪他的下半生還要忍受一個愛莉絲新版。我告訴他既然愛莉絲出現在他的夢境，顯示她尚未轉世。祖帝保馬上笑逐顏開：「我倒沒想到這一層。」

割禮儀式呢？有沒什麼新發展？祖帝保嘆口氣。我必須有耐心。目前一切尚好。儀式很可能會舉行吧。這讓我抽了一口冷氣。從未有人說過「可能舉行」這回事。所有討論都是鼓舞人心的「肯定語氣」。我頓時陷入愁雲慘霧。

碰到這種狀況。我需要士氣鼓舞。正好，神祕萬分，郵局寄來一份我根本沒訂閱的期刊。封底是一個希臘小牌民俗學者的訃文。此人因為希臘的政治高度動盪而被抬舉至崇高地位。他死在一個希臘當局專門用來囚禁異議人士的監獄小島上。這位研究者曾發表有關當代雅典同性戀俚語的論文，引起有關當局的注意，嚴加警告。他堅持學術自由的理念，繼續研究，又發表了更引人物議的「男妓的同性戀暗語」，因嚴重毀損希臘男性氣概而被判入監。但他並未卻步。死後，又出版了希臘監獄男同性戀俚語研究論文。

這是一個典型例子——把自己的每次不幸都變成研究題材。相較於他，我的麻煩良性得多。人類學田野採集領域或許有些被過度歌頌的英雄，但也有不少英勇失敗被大學課堂輕易忽略。

譬如專研南奈及利亞民族誌學的塔伯特（P. Amaury Talbot），以一絲不苟為人稱道。光讀他枯燥乏味的論文，你絕對不會發現他真正的天賦是「意外頻生、自殘肢體」。當他與妻子還有意志頑強的奧麗芙．麥克洛伊到奈及利亞與喀麥隆旅行時，後兩人日益身強體健，令人吃驚的，塔伯特卻逐漸衰頹。他先是摔下馬撞到頭。尚未復原，又一頭撞上樑柱。書上寫道：「不幸的，這次正好撞到他上次在喀麥隆摔馬時撞到的部位。結局是他陷入昏迷囈語，在床上躺了好幾天。」才剛復原，他又吃了有毒的棗子，差點死掉。方能騎上馬背，他又一頭撞上牛。差點被蛇咬，不過，隊上幾乎每個人都被蛇咬過。我的境遇與他相比堪稱不錯。翻閱博物館文獻，前輩殷鑑所在多有。譬如不屈不撓的女繼承人蒂內（Alexandrine Tinné）在十九世紀中葉組了一支探險隊到上尼羅河區域，此行，她的母親、姑姑還有僕人相繼死亡。她意志不搖，決心從的黎波里（Tripoli）穿越撒哈拉到波爾奴（Bornu），這一次她記取上次死亡連連的教訓，聘雇了托瓦勒人（Touareg）[24]為保鑣。他們槍殺了她。

這些有關人類學公私領域的回憶大大鼓舞我的士氣，讓我再度有勇氣面對世界。馬修與我走到村落入口，此處，看似道路的東西消失殆盡，變成山徑。道路與山徑的交接口是重要的儀式十字路口。不僅西方文化裡，十字路口與各式信仰連結。邏輯論理上，它們也非常有趣，因為十字路口有位置卻無延伸，就像幾何學上的點，它同時屬於幾個不同路徑。它也是多瓦悠人棄置儀式危險物品的地方，像是個方便的「文化三不管地帶」，用來丟棄悼亡的服飾與人類污穢的殘蛻之物，譬如毛髮。十字路口的一邊放了幾根樹幹，是男人耕作完後返家途中歇腿之地。他們會在此休息疲憊的身骨，抽菸聊天。當他們遠眺山野，思緒自然趨向較廣泛的話題，或者討論村裡事物。相較於村落男子聚會的「法庭氣息」，十字路口的聚會比較不正式而且「不列入紀錄」。

我們到時，現場已經有股興奮氣息。交談的聲響比平日更生氣勃勃。他們決定舉行今年最後一次狩獵！每個人都咯咯笑，參與閒談、充滿期待。一人說，一定會有羚羊。羚羊？另一人說，鐵定會有豹子。第三人興奮大叫：大象！豹子騎在大象背上。所有人都笑了。

或許多瓦悠蘭一度有大象，但是這輩多瓦悠人沒人見過大象。山區裡應該有豹子，但最後一次有豹子被獵殺，已是三十年多前的事了。偶爾他們會在河邊看到零星的羚羊，但數目極少。多瓦悠人熱切掌握各種有效滅絕動物的方法——陷阱、槍枝，以致野生動物數目銳減，大型物種幾乎全部滅絕。

村子裡還有一個「真正獵者」，此人擁有狩獵魔力，還有一個專門供奉他所殺獵物的聖壇。他專擅狩獵這門藝術的各種儀式，可避免狩獵時的危險。其實，他很少將放在聖壇上的弓取下。因為他的行業，加上手染動物鮮血而炙熱不堪，他無法養牛。村人相信他的手碰到牛，牛就會死掉。

他負責領導此次狩獵，並協調組織男性活動。最最重要的，所有男人均不得與女人行房，連續三天。大家都同意了。針對此事的重要性，獵者向眾人發表了一篇演說。問題不出在行房，而

24 Touareg是游牧民族柏柏人（Berber）的一支，他們稱自己為Imochagh（自由人），阿拉伯人稱他們為Touareg，意思是「遭上天遺棄的人」。他們是傳說中戴著藍色面罩的廷圖巴克（Timbuktu）沙漠戰士，生活於撒哈拉沙漠的中央及莽原區，以放牧牛隻維生。

是女人可能與他人通姦。通姦的氣味會傳給男人。多瓦悠男人從不期望女人忠貞，他們自己也把通姦當作上好的消遣。感染上通姦氣味的男人狩獵時無法射箭，手會發抖，眼睛濛霧一片。他的箭射不中標的。更糟糕的，叢林危險野獸會盯上他，他會被豹子與毒蠍跟蹤，極有可能慘死。野獸在數哩外即可聞到他的氣味。因此，他會給眾人帶來危險。獵人長篇演說時，大家便眼珠鬼祟亂轉，慢慢演變成每次男子聚會都勢不可免的猥褻話語。行房禁令今晚開始執行。

此刻村子的氣氛就像一家人發誓戒菸，為表決心，大家還掏出錢來。但是每個人都懷疑別人背地偷抽菸。短暫失蹤便導致議論，失蹤時間稍長便引來嚴刑逼供。此地狀況更複雜，因為男人不能向女人坦承他要大便[25]，通常這是悄悄溜走的最佳藉口。

村裡的老人尤其猜忌狩獵隊伍裡較為年輕、雄赳赳的男性，擔心自己停止性服務，讓配偶原本便搖搖欲墜的忠貞度更添壓力。有的男人甚至陪伴老婆到水坑處，汲取每到旱季尾聲便成綠色惡臭的水，然後陪著老婆走回家。當然，他們並不幫忙扛水甕。

獵人的弓箭不宜接近女人。「真正獵者」的弓最危險，會讓女人流產。因此他們避免走大路，而是躡手躡腳遠繞村子而行。如果他們不小心遇見女人，馬上得把弓放下，方向不能對著女人，放下弓後，才能與女人說話。非專業的普通獵者，他們的弓威力較小，但只有愚蠢莽漢才會帶著弓進入孕婦所在的院落。雖說如此，女人對獵者也具威脅性，尤其是月經來潮時。月經的「惡臭氣味」會污染弓，讓它無法發揮作用。就多瓦悠人的思惟，狩獵與月經這兩種截然不同的活動都因會流血而產生連結。它們太過相似，因此需要嚴格隔離。

男人因此將武器從家中拿出，藏到叢林裡。並在叢林裡用特殊藥草加強弓的威力，箭矢必須磨利，浸抹毒汁。這些資料夠民族誌學者忙的。

其後兩天，鐵匠的爐火通紅，男人找他煉箭、製作更精良的倒鉤，以防動物中箭後擺脫箭矢而逃。男人茅屋後的蔓生植物消失，全部拿來熬煮戰士出獵用的濃稠毒汁。

行經此地的陌生人備感緊張。孔里村的多瓦悠人為何整裝武備？

老人則大大沉緬於過往回憶。昔日真是不同呢。他們堅稱以前的動物比現在兇猛得多。在眾人逼問下，祖帝保坦承他根本沒有弓，但以酋長之尊，這絲毫不影響他在狩獵之行擔任重要角色。狩獵過程有許多事要做呢，包括將男人編隊、製造噪音、宰殺獵來的動物。祖帝保舉起刀，誇張表演割喉動作。他精擅屠宰動物。況且，狩獵之行少了他那隻威名遠播的狗「復仇」可不行。他已經將「復仇」拴了兩天不給飯吃，讓牠更具獵殺銳性。

黎明天光愉悅降臨。村子翻滾一股興奮激動。微光下，幾個小男孩拿著寵溺的父親為他們做的小弓箭聚在一起，練習兇悍的神情，對著刀子口出咒語，直到大人制止為止。他們逮到一隻遲鈍的蠍子，用燃燒的稻草圍捕，搞得牠肚爆腸裂，然後快樂尖叫。

---

25 根據前述，多瓦悠女人不知道男性割禮的真相，以為他們是用牛皮縫合肛門。

男人則滿溢歡欣情緒。多瓦悠男人只要籌劃女人排除在外的團體活動，便常出現這種情緒。男人逐漸在村落外聚集，有的走路來，有的騎腳踏車，弓隨便揹在塑膠雨衣外，鼓鼓的箭袋則用內胎割下的橡皮綁在腳踏車橫把上。啤酒自是不虞匱乏。

女人則大肆發脾氣。有錢買得起搪瓷鍋盆而非屈就瓦罐的女人，又是摔鍋又是砸盆，搞得震天價響。其他女人只好踢狗罵小孩充數。

女人擺明的不高興讓男人大樂。這是男人性自制與優越的明證。一個女人跑來，給年輕丈夫送上他忘了帶的菸袋。全場一陣靜默。這女人為何如此好脾氣？這男人的菸袋掉在何處？猜疑的眼睛指控望著他。「真正獵者」開始嚴詞說道此次狩獵行全被自私心以及某些男人變得像娘兒們給毀了。年輕人臉兒漲得通紅，眼睛望著地面。一名長者介入。他語帶哀傷溫和批評年輕男人熱血難抑，有些女人又糾纏不休，不放過男人。他建議這名年輕人退出此次狩獵，如此，萬一發生什麼意外，沒有人可以怪到他頭上。年輕人說他是無辜的！就算如此，聰明人還是會先盤算一下要不要繼續去打獵。年輕人沉默呆坐許久，其他女人（表現出較為合宜的壞脾氣）走來，把啤酒甕重重丟到地上。年輕人含淚離去。他要怎麼辦呢？當然是去狠揍老婆一頓！

祖帝保並無狩獵輝煌戰績可吹噓，只好回憶父親的豐功偉業。他的父親可是多瓦悠蘭地區第一個擁有槍枝的人呢，可惜，他呆瓜一個，把槍給賣掉了。那把槍可完成不少壯舉，還曾用來對付落單的富來尼人。男人們若有所思，嘆息不已，回想起以前與富來尼人作戰的日子。

大家再喝一輪啤酒，溫熱冒泡，我掏出香菸請大家抽。一個老人說，希望白人身上的氣味不會嚇走獵物。氣味，他們是什麼意思？我每天都洗澡呢。他們沒看到嗎？是的，但是天天洗澡和不洗澡一樣問題大。或許我身上的氣味是香皂的味道。反正白人身上都有味道。那是什麼味道？多瓦悠人有一套豐富的怪聲怪調用來形容氣味，約定俗成，而非正式語彙，有點像我們西方人嘴裡說的「噢」、「砰」。大家熱烈爭論我的氣味是「酥克、酥克、酥克」（馬修幫忙解釋：臭肉的意思）還是「維呵」（餿牛奶），競相發表意見。多數多瓦悠人依據歐洲標準，簡直臭不可聞，這番討論對我真是一大啟示。我答應眾人狩獵時一定待在下風處。

男人們又耽擱了好一會兒，終於出發。我與小男孩、狗以及其他非戰鬥人員尾隨於後。隊伍不時傳來浪無節制的笑聲與高聲呼叫，某些男人顯然已酩酊大醉。總之，跟在他們後面總比走在前頭安全。

接下來針對狩獵這碼事的性質，眾人有一番冗長討論。有人說我們應當前往水坑，躲在樹後，等著動物前來飲水。多數人認為這樣不夠刺激，配不上眾人昂揚的情緒，並嘲笑此類異議者是懦夫。後者氣呼呼離隊而去，照自己的方法狩獵。剩下約莫二十人繼續前往森林。

我們前往兩座山間的山坳，那兒水氣積存，草兒長而茂。某個多瓦悠人前幾天在這兒看到羚羊。村人派出的另一個斥候則目睹鹿兒的蹤跡。男人與小男孩噤聲不語，但不久，即變成像小孩偷摘蘋果，嗤嗤竊笑不已。此次狩獵有不少一起受割禮的男人，他們見面必須互相戲謔。最後大家決定「真正獵者」與六個男人繞到山谷另一面，我們一接到他們高喊的暗號，便將獵物驅趕到他們那邊。因為山谷兩邊陡峭，鹿兒無處可逃。一定一舉成擒。

接著便是那種沉悶時刻，讓你覺得田野採集不外乎是一連串爛日子的集合。我們躲在長草堆約莫一小時。細雨不住紛飛，不是傾盆而下，而是刺寒點滴滲入身體，直到我們全溼淋淋為止。有人開始頭疼，大聲埋怨祖帝保的啤酒作怪。

終於，遠處那頭傳來一聲高叫。我們全站起身來，排成一列穿越山坳。祖帝保果然是珍貴資產。他專擅高音嚎叫，震驚四座、無可比擬。讓你覺得任何生物聽到他的叫聲，鐵定夾著尾巴逃命。獵犬聞之興奮不已，咆哮企圖自我們腳邊竄出。不幸，潮溼的地形讓荊棘灌木茂密生長，枝枝相連，阻擋我們前進。不知是誰先提議放火，接著，火舌燒成一長線。更不幸的，放火前未經討論，風向完全相反。我們隨即陷入嗆人濃煙中，被炙熱火焰驅得猛往後退。小男孩驚恐睜大眼，開始啜泣。馬修與我抱起他們到石牆上，領著他們繞過火焰到山谷另一邊。迎面七個興奮的男人高舉弓箭，準備屠宰任何會移動的東西。慢慢的，其他男人與獵犬穿過山坳也抵達此處，面露失望之色。從遠處的叫聲聽來，我們得知一隻小羚羊在混亂中落網，其餘，全逃之夭夭。

突然，叢林傳來撞擊聲。配備武器的男人全轉身，舉起弓箭。獵犬不受管束，猛力往前撲。隨即一陣恐怖咆哮、吠叫，彷彿進行一場看不見的巨人大戰。我們緊跟著獵人前行。眼前是一團狗兒混戰。好像是某隻狗兒在狩獵行動中受傷，其他狗聞到血腥味，圍撲而上，在激戰中將牠撕成一片片。沒有人制止。那隻受傷的狗死得甚慘。其他狗開始可怖作嘔的同類相食。圍觀者中似乎只有我感到難過，其餘男人兀自談笑、戲謔。狗主人沒參與狩獵。狗兒大肆啃嚼、惡心嘶咬。突然，巨大踏步聲傳來，一隻多瓦悠牛現身，斯文又吃驚地望著我們，細心繞過混亂的狗群，消失於長草堆中。

牛兒突如其來現身，一男子吃驚，手上的箭射了出去，沒中。西非洲的弓和世界其他地方不同，永遠處於張弦狀態，因此，多數時候準頭甚差，射程亦不遠。那天，我們沒獵到大型動物。狗兒飽餐同類後，亦失去狩獵興趣。男人垂頭喪氣。有人看到一隻陸龜，這是他有親戚即將死亡的確切徵兆。其他男人忙著將火把丟進老鼠洞，將樹鼠燻出來。這簡直稱不上是獵人的稱頭活動，比較像是小孩的玩意兒。幾個擅於燻老鼠的小孩給大人指導，並負責較複雜的部分。奔出洞的老鼠被擊昏或刺死，撒了人們一身尿。幸好，我回到歐洲後才有人告訴我這是致命拉撒熱（Lassa fever）的傳染源。老鼠的尿液裡含有病毒，會傳染拉撒熱，小孩對這種病毒免疫[26]，大人卻極可能致死。當時我毫不知情。站在旁邊看他們燻老鼠，幫忙扛鼠屍回村裡。

26 此處可能是作者搞錯了。拉薩熱是一種第四級病毒，大人小孩均不能免疫。母體垂直感染死亡率更高。*American Journal of Tropical Medicine & Hygiene* 一篇文獻提到一九八〇年一月到一九八四年三月間，賴比瑞亞的Curran Lutheran醫院與Phebe醫院共有三十三名拉薩熱小兒病例，十八名垂直感染的新生兒全部死亡，十五名小兒病例的死亡率為二七%。詳見*American Journal of Tropical Medicine & Hygiene*, 36(2): 408-15, 1987, March。

男人們堅稱今天棒極了。但是瞞不過女人，她們看到男人返回村子，肩頭並未沉重垂掛羚羊肉。今晚，村裡將無法舉行狂吃饗宴了。獵人的聖壇也無動物頭顱可堆疊。女人心知肚明男人過了糟糕的一天，為此竊喜不已。

第二天，一名老者氣沖沖跑來抱怨有人在山頭放火，他的圍籬全給燒燬了，他費了好一番勁才搶救了穀倉。祖帝保嚴肅提醒他，好久以前，他便傳達了副縣長的指示，所有村民都需在住宅附近闢建防火線。這個男人沒做。這是自己的錯。趁大家還沒發現他的錯誤前，他趕快回去吧，否則要罰錢呢。

七災八難的狩獵行之後，大家經過一番徹底討論，得到結論。我當然急著鼓勵大家討論此次狩獵，因此得到「搬弄是非」的不雅評語。眾人一致認為狩獵失敗是因為有人無法節制性慾，這個人絕不是自己，當然是別人。某男子坦承自己在禁慾期間未能割捨魚水之歡，他希望這不是眾人在山坳裡大潰敗的原因。為了自保，他指控是老婆通姦搞壞狩獵，揍了她一頓。

火往回燒、狗兒互殘、羚羊變成牛，眾人認為這一切不是女人通姦，就是有人施巫，要不，兩者皆有。事後，村人互相猜忌的氣氛久久不消。指控鄰人好色無度、謊話連篇。做老婆的每個都有通姦嫌疑。而且有人施巫術。

多瓦悠人也和世上其他人一樣，日子有好有壞。他們認為人生在世是好運與厄運的混合，並不去深思厄運臨頭的真正原因。他們發展出一套方法，或多或少解釋了我們稱之為「運氣」之物的複雜性。一個人如果買了正確的巫術品，不管是吞服或使用咒語，都可能因此獲得好運。如果別人對你施巫或者充滿敵意的祖靈介入你的生活，厄運便降臨。這些因素混合，世界的運作變得難以解釋。敵人對你施巫，祖靈有可能使巫術更形惡化。祖靈也可能介入占卜的運作（這通常是決定厄運為何降臨的方法）。一個人無法期望篤定答案。更令人吃驚的是隨後而來的改變，很短的時間內，人們看待相類似的事情，眼光全變了。一旦巫術陰影罩頂，所有支撐巫術作怪的證據紛紛浮現。

祖帝保的牛兒生殖器感染蟲兒；兒子在崎嶇山路跌了一跤、扭傷腳踝；該發酵的啤酒卻餿掉了。這些不過是多瓦悠蘭生活的尋常小事，平日絕不會引人議論。現在的氣氛下，它們全被視為環環相扣，是巫術作祟的鐵證。祖帝保憂慮萬分。一晚，某個小男孩出現在我茅屋前，問我有沒那種可以幫助酋長入睡的「藥草」。我拿了上次罹患瘧疾時本地醫師開給我的藥給他。第二天，祖帝保形容焦躁，說做了一夜噩夢。

接著當晚，牛群旁出現貓頭鷹。祖帝保兩個妻妾大張旗鼓將豪豬刺及其他反制巫術的東西鋪在茅屋頂上。貓頭鷹與巫術相連，多瓦悠人十分畏懼牠們「瞪視的眼睛」，這也是他們畏懼豹子的原因。祖帝保的妻妾明白聲稱有人施巫，但是她們與此無涉。

此時，外來者顯然處於優勢地位。多瓦悠人咸認白人對巫術一無所知。白人國度早已喪失巫術的祕密。白人不可能施巫，也不能受害於巫術。上次我來多瓦悠蘭時，歷經連串災難——車禍、生病、財務困窘。我曾向不少多瓦悠人表示我可能被人施了巫術。他們認為那是大笑話，嘲笑不已。

幾天後，某女人報告水坑的水變綠且泥黏。村人召來占卜師。他享譽多瓦悠蘭。要價不菲。他的樣貌有點令人失望。既無符咒，也無驚人服飾或蛇形模樣的拐杖，講話時，不會故意瞪視眾人。他的舉止謙和安靜，穿了一件灰色短衣。無論如何，都讓我連想起西方醫院裡的諮詢員。他叫酋長的家人全過來，一一垂詢他們發生何事，邊聽邊點頭、輕聲呢喃，建立眾人的信心。奇怪的，沒有人提到狩獵之事，在我來看，它和運氣這碼子事最直接相關，影響了後續的事情發展。占卜師叫人送上一碗水，女人全部出去。水放在占卜師面前，他輕吹水面數次，直到水清無痕為止。他專注瞪視水面達三十秒。我們全屏住呼吸。他清清喉嚨，每個人都傾身聆聽他的話語。

顯然這是個複雜判例。他將啟用扎布托神諭法。他伸手到小小的皮革袋裡翻撿，拿出幾段長形、仙人掌式的植物。他切下兩段扎布托，開始請示神諭。這樣的儀式發生在大白天、陽光從門口直射入茅屋內，沒有昏暗閃爍的火光，也沒有戲劇化的陰影將人臉變成舞台道具。一切都是這麼稀鬆平常。眼前這個男人頗能掌握群眾，激發眾人的信心。他搓揉扎布托的動作十分簡約與精準。扎布托神諭法是搓揉兩段扎布托，一邊問問題。如果占卜者問到正確問題，扎布托就會斷掉或沾黏在一起。接著，占卜者就換上新的扎布托，繼續問問題。

問題從巫術開始。是否有人施巫？神諭說是的。什麼樣的巫術？占卜師唸了不同巫術。神諭選出其中一種。施巫者是女人嗎？神諭說是的。現在進入最精細的階段，要開始一一唸出涉嫌施巫的人。是白人嗎？神諭沒反應。眾人失笑。我則冒了一身冷汗。兩段扎布托繼續平滑搓揉，如果它們斷了或沾黏，我便成為涉嫌人。在占卜師繼續下一個步驟前，時間似乎無比漫長，這就像玩大風吹遊戲，你必須放棄眼前的椅子，卻沒把握音樂響起，待會兒還能搶到椅子坐。

多瓦悠人當然知道占卜師可能會欺騙或操縱神諭。想要得到好服務（不管是占卜師或扎布托的威力），就必須付錢。神諭如果指出我是施巫人，會嚴重影響眾人對占卜師的信心。

結果，神諭指出隔壁院落某女人是禍首。但是占卜師並未就此打住。他拿出兩段新的扎布托。祖靈也在這件事插了一腳嗎？是的。嗯！這個案子很複雜呢。群眾頻頻點頭。這占卜師真是個好人。病人的心態總是希望自己的病越特別越好，如此，療者也才有機會盡展本事。

從祖帝保的臉色，他和我都知道神諭會指出誰。一定是愛莉絲，無疑是她教唆隔壁院落那個女人施巫。

但是占卜師卻說出另一個人名。一個死掉已久且從無侵擾子孫紀錄的女人。從這刻起，占卜師失去群眾信任。他們開始大搖其頭，交換眼神。占卜師感覺到了。搓揉扎布托的動作越來越快，提出一連串搗亂亡靈要求的供祭物品。但是他的威嚴已失。企圖將一切厄運歸咎隔壁院落女人施巫，也失效了。眾人不再相信他的話。

毫不意外，幾天後，眾人安排了祖帝保的岳父（也是一個熟練的扎布托占卜師）再來占一次卜。由於他對此地狀況頗熟，斷言一切都是愛莉絲性好干預在作怪。他的診斷稍後得到證實。愛莉絲當晚出現在某村人夢境，長篇大論訴說自己的痛苦。通常亡靈的抱怨都是指控子孫疏忽供奉，忘了獻祭啤酒與鮮血。或者子孫不籌辦儀式讓他們可以順利轉世投胎。但是愛莉絲的抱怨頗不同。一如生前，她關切的不僅是自家門前雪，死後，還要廣泛插手子孫的各種事物。她指控她的外甥祖帝保沒有盡力推動割禮儀式，讓她蒙羞，因為她最小的兒子已結婚多年，卻到現在仍未行割禮。她要祖帝保趕快去辦。總算有一次，愛莉絲與我同一陣線。

CHAPTER 11 黑白人 The Black-White Man

多瓦悠蘭的日子慢條斯理。我的新陳代謝似乎也適應了緩慢的生活步調。途經此地的外來者都似倉皇呼嘯奔過地平線。我起床、吃飯、喝酒、排泄、說話。時光消逝。當地一位療者收我為徒，我多數時間與他工作。我們一起出去、一起討論疾病。（他如何知道病人得的是這種疾病？它是另一種疾病的徵兆還是真的這種疾病？）我逐漸熟練診斷疾病的藝術。我也學會像療者一樣搓揉扎布托，來判斷疾病的元凶是祖靈不高興、巫術，還是觸犯禁忌、接觸了受污染的人。我學會草藥療法，碰到女人在太陽底下曝曬過久、血流過旺，我也懂得如何幫她放血。我的老師十分賢明，和我牛津大學的老師一樣，溫和嚴厲兼具。

儘管這一切十分珍貴，我卻仍無機會接近割禮的真相，畢竟這是我此行的目的。馬修和我就像承平時代的士兵，只能不耐煩地一再操練。我們清理、檢查配備。黴菌與白蟻只破壞了無關緊要的部分。我們練習裝底片，我教馬修如何使用自動與手動相機，他很快便上手。

當我們幹這些打發時間的事情，祖帝保最小的女兒愛瑪不時在我們眼前打轉。她養成一種習慣，跑來我們的茅屋前空地搔首弄姿、打點儀容。這沒什麼特別的，畢竟這是她老爸的院落。多瓦悠女人頗愛修飾，把頭髮綁成複雜花樣，用油與高嶺土按摩身體，直到像骨董桃花心木般閃閃發亮。

沒多久，愛瑪開始倚著她父親門前權充椅子的一根木頭，刻意擺出慵懶姿態。嘴裡唱些奇特小曲，全力展現美妙體態。馬修的尷尬顯而易見。因為愛瑪顯然看上他了。當然，她已經結婚，但這不見得構成障礙。離婚在多瓦悠社會殊屬平常。讓馬修這樣一個年輕、沒有婚約束縛、堪稱高度匹配的男子住進院落，社交生活註定會掀起漣漪。讓我大鬆一口氣的是馬修的魅力只及於祖帝保的女兒，而非他的妻妾。妒火中燒的女人會互相監視，到目前為止，我尚未聽到耳語或抱怨，顯示祖帝保的妻妾都很安分。

愛瑪堪稱未受上天眷顧。她遺傳了父親的雄壯體格，雪上加霜的是一點腰身也沒，頭形像子彈，經常剃得光亮。美貌絕不是她在婚姻的最大本錢，而是無與倫比的生育力，結婚僅兩年，她便生了兩個孩子（很可惜，其中一個夭折）。此刻，她又有孕在身，如果離婚，腹中孩兒誰屬鐵定會引起天翻地覆的法律爭議，讓多瓦悠人津津嚼舌。愛瑪比馬修略大一點，這也不構成問題。多瓦悠文化裡，父親或年耄的叔輩過世，小輩必須繼承他們的妻妾呢。如果馬修有本事籌措聘金，愛瑪堪稱良配。無可奈何的宿命感油然而生，我知道馬修一定會將我當作財庫。他會苦苦哀求、甜言誘騙、使性子發脾氣，直到我突然一陣心軟，答應幫他為止。回首過去幾天的對話，我驚狂發現它們全圍繞同一主題——他父親的牛兒生病了、今年的小米收成不會太好。我決心反擊，偶爾也冒出幾句自己手頭拮据、欠缺現金的話。

以前，馬修最惹人厭的施加壓力法是找來親戚，佔據公眾場合的戰略位置。看到我，便撲上前來，抱住我的膝蓋、大聲讚美我是世上最慷慨的人。講起他們的貧蹇與我的富裕，眼睛頓時湧現感激的淚光，盛讚我的慷慨好施，那些死要聘金的人又是多麼硬心腸。他們會啜泣、高喊，滿口子感謝我從未答應過的事。直到眾人認為我如拒絕便是嚴重背信不忠。

接下來幾天，愛瑪決定加重壓力。我們一直在玩耍相機，顯然想幫她拍照吧？我們想拍她和孩子的合照（我們知道她有兩個孩子吧？）還是獨照？真可惜她沒機會好好打扮自己，她優雅指指自己的便便大腹，或許我們也能接受她的家常模樣？我突然淘氣大發，建議馬修拿她做拍照練習。

愛瑪與我們搞了許久，才返回她與先生的客居茅屋。祖帝保讓他們住在啤酒茅屋旁，這是極大榮耀，代表對他們極為信任。沒多久，我們便聽到屋內聲浪升高，愛瑪的丈夫揍了她，從低矮的泥牆探出頭來狠狠瞪視我們。他居然敢在老婆的娘家村子揍人，顯示事情已演化成危機。我決定馬修與我必須趕快遠行，直到風暴過了為止。

就在這時，賈世登騎著腳踏車光臨。城裡來了個「黑白人」，說他認識我，要找我。賈世登打發他去教會，騎車先來警告我——萬一我不想見這個人。在多瓦悠人眼中，世上之人多半應該避之為吉，他們也經常如此。這種想法總令我驚奇不已。

我馬上猜到這個「黑白人」是我的同事巴布，就是上次和我一起帶著猴子大鬧戲院的那個人。所謂的「黑白人」不是指黑白混血（巴布黑得很），而是受過西方洗禮、舉止像白人的黑人。

巴布與我認識純屬機緣巧合。當時我開車進城採買日用品，看到奇怪景象。路邊站著一個男人攔便車。攔便車本身一點不稀奇。非洲人一天到晚搭便車。常常全家攔便車，帶著所有家當，頭上還頂著家禽。大家認可的攔便車方式是站在路旁，下手臂兒好似癱瘓般輕輕甩動。如果有人讓你搭便車，那絕非免費的善舉，你必須付錢。這是貨車司機重要的外快來源。任何車種都可塞進大批便車客與他們的「動產」。油罐車最適合此種用途，常自路上轟然駛過，眼珠子驚嚇得老大的便車客死命扒著圓圓的油罐頂。

眼前此人的特別處是他以西方姿勢攔便車，對著來往車輛伸出大拇指。非常不幸。這個手勢在非洲不同地方雖各有所解，但共同意義是「非常粗魯」。如果你對著一個壯碩的非洲司機擺出這個手勢，保管引來怒火與暴力相向。如果他車上還有女性家人（母親或姊妹），結局可能會非常慘。

便車客顯然對自己的「侮辱意圖」一無所覺。臉上掛滿迷惑的失望之情。偶爾一輛卡車驚險衝向他來；有時，一張憤怒扭曲的臉孔從計程車窗探出，張嘴發出憤怒唇語。沒人停車載他，我停了。

便車客以為我是法國人，和我說了許久法語。後來發現我也說英語，他馬上轉成帶有強烈美國口音的英語。當時我還不知道他不是純種非洲人。自從有聲電影誕生後，時髦的非洲青年雖從未造訪美國，卻從電影裡學來一口約翰・韋恩式慢吞吞拖長音的美語，或者滿嘴美式農園俚語。

車行數哩後，他終於勉強承認他是美國黑人，套一句他的話，是「美國裔非洲人」。他的卡車在搭便車處東邊數哩外拋錨了。他到那兒幹嘛？他是和平工作隊的隊員嗎？從巴布的表情，可知他對和平工作隊及其價值觀殊無好感。他是個人類學家！主力研究城鎮的市場販子。他研究哪些因素影響市場商品的類型與價格，也研究影響經濟運作的細微文化面向。由於他對自己的出身頗多保留，我也對自己的背景緘默不語，還鼓勵他給我上堂「何謂人類學」的課。我不太記得他的演講內容，只記得他對我們這類專研宗教或儀式的人類學者，言下頗為不屑。因為這類研究本質愚蠢、邪惡，移轉了世人對經濟剝削此一事實的注意。

我想如果巴布與我相識於歐洲或美國，馬上就會決定我們氣味不合，就此算了。但是西方人在非洲，孤立感太強了，一切理念差異顯得微不足道。那些你在家鄉根本懶得跟他說話的人，在此，卻對他頓生溫情。

更何況，他迫切需要能跟他說英語的對象。因此當我放他在城裡某個較不現代化的小鎮下車時，他祭出尋常的待客之禮——一起喝杯啤酒。

他的住家簡樸、現代化，四方泥磚砌成，上面塗了一層薄薄水泥。房子背後是個小菜圃，還有一個單獨的炊爨屋。非洲人很訝異歐洲人居然可以在同一個屋簷下又燒飯又睡覺。我很妒羨巴布居然有家具，包括床和山形鋼做成的椅子，簡直是奢侈呢。雖然這些家具頗牢固，但和喀麥隆多數東西一樣，破損了。有的缺手，有的斷腳，好像經歷一場大枯萎的殘餘物。巴布家中最任性自溺的奢侈品是一張低矮的咖啡桌，我們便坐在旁邊喝啤酒。為了彌補此一俗麗之舉，我們像男子漢般以酒瓶就口。從啤酒的溫度判斷，他們家還有冰箱呢。

接下來幾個月，巴布與我變得很熟。當你選擇有限、舉目望去都是相同的當地人，寂寞的西方人往往互相為伴。差不多過了兩個月，巴布才想到要問我在喀麥隆做什麼，在這之前，他無疑認為我參與某種開發計畫，還提供我有關人類學者的背景簡介。當他知道我也是搞人類學的，此後，這成了我們之間的笑話，他還經常威脅要造訪我的田野調查地。

巴布是個心靈極端不平靜的人。他的多數困擾來自身為黑人，以及他企圖為自己的膚色及其意涵尋找一個合理、敏感、自我意識強烈的立場。他曾在東部某學院修習所謂的「黑人研究」，他認為美裔黑人有必要尋找另類文化傳統，讓自己置於一個高於白人文化傳統賦予他們的位置。譬如他從來不慶祝聖誕節，而是過一個源自史瓦希里（Swahili）[27]的不知名節慶。當他發現非洲人從未聽過這個節日，簡直為之心碎。他學習史瓦希里語，勒令老婆與小孩在家裡，每星期必須有一天說史瓦希里語。他對非洲並不瞭解，以為整個非洲是個單一個體，到了此地後，赫然發現喀麥隆人都不會說史瓦希里語，甚至聽都沒聽過，真是大吃一驚。

他承認這都是他「稚嫩無知」時代的事。到了非洲後，他開始學習富來尼語（一種非常難學的語言），選了一個雖不刺激卻無疑極具價值的研究主題，熱情投入。為了表現他對當地人的誠意，他堅持住到鎮上「非貴族」區域——沒有自來水的茅屋裡。有時我覺得「沒有自來水」似乎成了他最終極的人類學憑證。他與妻子、三個孩子就住那裡，以俾分享當地人「豐富且多采」的生活，並「尋找他的根」。問題是他的妻子不覺得當地生活有啥豐富與多采。

僅僅數星期，第一個危機便降臨。巴布的小女兒生病了。疾病最能劃破人們用來隔絕保護自尊的種種虛飾。所有巴布的非洲朋友都建議給他女兒吃瀉藥、用牛角大量放血。巴布想帶女兒去看使用消毒器具、身穿白袍、令人安心的美國醫師。這事，他與妻子立場完全相同，斷然拒絕當地療者的處方，明知此舉可能有傷他們自稱的「非洲純性」，但他們可以事後再來煩惱。可是巴布堅持小女兒必須與家人住在悶熱、吵鬧、骯髒、沒有自來水的小鎮。巴布的老婆則堅持搬去旅館，直到女兒病體痊癒為止。爭吵時，他們說了些覆水難收的難聽話。此後夫妻生活變成緊張的休戰狀態。

27 史瓦希里是班圖人的一支，居住於尚吉巴及其鄰近的非洲海岸。史瓦希里語是東非洲最重要的通用語言，使用範圍快速拓展到中非洲與南非洲。詳見David Munro, *Oxford Dictionary of the World*, London: Oxford University Press(1996)，p.577。

第二次爭端主題是他們的孩子該不該像當地孩子一樣，在滿布住血吸蟲的河裡游泳。他們找到簡單妥協方案。巴布被迫丟下研究兩週，說服鄰居不要讓孩子去那條河游泳。他不算完全成功，但的確說服了一些人，足以合理化自己的立場。此舉正是改變常態，以俾自己可以融入「常態」。

接著發生無可彌補的裂縫。巴布的妻子發現他遵循當地友誼的習俗，當他們最小的孩子發脾氣吵鬧時，居然讓鄰人的老婆們掏出奶來餵她。巴布的老婆一想到那些沒洗過的乳房都可胡亂塞進她女兒乾淨的嘴裡，就為之抓狂。馬上以「健康理由」將女兒送回美國跟外祖母住。

小孩的教育問題則讓他們陷入真正危機。巴布太瞭解「隔離教育」可能帶來的分裂影響，堅持孩子要上當地的學校。他的妻子則不認為此地恐怖低落的學校水準是什麼值得欣賞的「豐富、多采」生活。因為她與巴布小時都吃過這種苦，使盡力氣才上了大學。巴布理解老婆的想法，因此半推半就。勢不可免，開始講道理後便導致全面潰敗。其他孩子也跟著妹妹回美國，理由是「和妹妹作伴」。巴布的意識形態堅石開始崩裂。慘事接踵而至，他的老婆也叛變了。

雖然巴布的老婆本性善良、慷慨，但小鎮生活讓她疲倦不堪。最糟的是鄰人堅持當他們是美國人，而後才是黑人，對他們並不流露靈魂兄弟之誼的互惠感情。巴布堅持住在不方便、擁擠的茅屋只引來鄰人的迷惑不解。某鄰居男子幾杯下肚，居然當街斥責巴布。他算是什麼男人，居然住在貧民窟，誰不知道美國人都很有錢？他這麼吝嗇，搞得自己與家人都過得不好。這位鄰人還大大引用諺語指摘無助的巴布。

巴布的父母一度得辛苦操持家務，因為他拒絕聘用洗衣工、園丁、修理工……。他急於拋棄過時的僕傭苦役，痛恨讓同胞操持無尊嚴的卑賤雜役。巴布的作法讓鄰人很不諒解，破壞了他想要維持好關係的企圖。在非洲，富人有義務聘雇窮人，他們也是如此告訴巴布的老婆。當地人拒絕體會巴布「拒施援手」的苦衷。唯一理由鐵定是他小氣到家。在一個歌頌異教美德（雖然他們未必身體力行）的國度，吝嗇是一種大罪，比它在西方社會的罪惡程度要嚴重得多。當一個社會的生活肌理大部分由非強制性的相互饋贈與義務所支撐時，小氣鬼是這個世界的一大威脅。基於上述理由，加上生活枯燥乏味、找不到能下嚥的食物，再加上本地女人對她十分惡劣，總是詆毀她的一舉一動（如果她是白種美國人，這些舉止便不構成問題），巴布的老婆也決定回去「跟孩子一起」。

因此，巴布被丟下一人搞研究。沒多久，便被一個已婚鄰婦納入羽翼保護，大家開始蜚短流長她與「黑白人」的醜聞謠言。

壓斷駱駝背的最後一根稻草是巴布針對市場的研究。當地富來尼商販以不當手段操縱市場，形成嚴密壟斷，任何新人或非富來尼人都無法打入。更可怕的是他們從中獲取令巴布為之震驚的暴利。他一輩子經歷白人宰制的無情剝削，難以接受非洲黑人也可以同樣無情壓迫其他非洲黑人，還志得意滿。最後，他中斷研究，回去美國。奇怪的是，他對非洲研究的熱情並未稍減。我最後一次聽到他的消息，他在美國設立了有關非洲文學的重要學程。

對巴布而言，非洲朝聖之旅還是找到一個救贖的經驗。這個救人一命的偉業，我不敢居功，功勞必須歸諸多瓦悠人，尤其是愛瑪。

話說，沒多久，巴布便到了村裡找我。當時，馬修與我已經放棄逃脫愛瑪，她依然杵在院落裡，吃吃傻笑。巴布說他正要前往南方城市做些「比較研究」，決定前來找我混個幾小時。馬修和我做導遊，帶著他造訪酋長、祖靈頭顱，最後，男人沐浴處。那是一個藏於樹木間的天堂，男人浸沐於泉湧的涼水中、躺在陽光揮灑的岩棚休息、聊天。巴布迷醉極了。他從未造訪一個與世隔絕的村落，在這之前，他待的都是城市或緊臨主要道路、為城市生產農產品的村鎮。

他喜歡這裡的房子、鋪上破碎瓦甕的涼爽院落，還有平滑的紅牆。他愛極陽光透過茅草編成的遮棚，在地上灑出細緻的光影圖案。他喜歡牧草地緩緩低降至澎湃的溪河。他喜歡鋸齒狀的山粗暴伸入雲端。他喜歡作物排列整齊的稻田。

那天的多瓦悠蘭和他共謀，完美嵌入一幅充滿鄉間寧靜與滿足的田園詩歌圖。村落洋溢善意溫暖。雞兒不尖啼，而是鴣鴣叫。孩童就像至純的喜悅，他們的笑聲如同妙樂撩撥人耳。牛兒低聲哞叫，流洩出心滿意足。沒有年輕人大搖大擺拿著震耳欲聾、令人聯想起殘酷大世界的收音機。馬修的收音機也安靜收在他自己縫製的紅色袋子裡。眼前看不見在烈日底下連續數小時彎腰辛苦耕作的人。此刻，他們就像精緻的雕像，躺在田邊遮棚下休息。優雅的姿態、甜蜜的低語聲，在在散發詩意，不會讓人聯想他們是在為牛隻所有權吵架。就連農地看起來都顯得富足豐美，似乎毋需人類的努力就自成那樣。放眼望去，處處瀰漫奢侈的寧靜祥和，好一幅偉大的宇宙騙局。

巴布充滿愛意沉思默察眼前一切。他尤其喜愛愛瑪。她對巴布更是熱情關愛，當我們坐在我的茅屋前，愛瑪幾乎是半昏倒似地臥在他的腳旁。他們的對話極為困難，馬修權當翻譯，翻譯態度至為自由。愛瑪致贈巴布一串紅椒。他給她幾片口香糖還有一幅鑲得不錯的照片，令我想起「黑皮膚的愛拉薇姿」。五十年後，這幅露齒微笑的照片會珍藏在某個老婦的箱子底嗎？巴布愛意洋溢，他說，愛瑪既清新又自然，這才是真正的非洲。非洲壞的是城市，而眾所周知，城市是西方移植品。現在他明白了，所有不好的東西都是來自西方的壓制力量。但非洲仍蘊藏原住民智慧寶藏。他對這個話題越來越熱中，拿自己飽受殘酷剝奪的城市生活相較我和善良人們共居的好運。巴布向馬修解釋上述話，不流利的法語夾著狂亂脫口的英語，馬修隨即放棄翻譯此段話，他對狂喜的愛瑪說：「他說村落看起來很富有，都市生活很貴。」

如此數小時，巴布與愛瑪發展出共同熱情。結局卻反高潮，他宣布要走了，爬進有冷氣的車子，然後駛離我們的視線。愛瑪與老公惡吵一頓，粉碎了田園詩篇假象。雞隻再度尖啼，孩童吵架。多瓦悠人再度在貧瘠土地上辛苦耕作、勉強餬口。

浪漫圖像挽救了巴布對非洲、對自己，以及對黑人美國的印象。稍嫌奇怪的是他後來選擇了非洲文學做為安身立命之所，而不是繼續鑽研人類學。至於愛瑪，巴布離去時，她珠淚縱橫，但她現在有了一個想望的對象。或許，她想要的也只是這樣。之後，她完全將馬修拋諸腦後。

CHAPTER

12

一場奇特的黑色毛毛蟲瘟疫

An Extraordinary Plague of Black, Hairy Caterpillars

「交流」(communication，或譯溝通）這個概念常見於人類學。從某個角度來看，整個文化都可視為是用來規範女人[28]、物品、權利義務、訊息等交流的系統。人類學一個經典研究便是有關禮物饋贈，指出它在連結個人與團體、進而形成社會基礎的重要性[29]。因此，希望成為人類學家者將發現禮物饋贈是收穫頗豐的研究課題，也是他與研究對象建立連結的有效方法。

另一個吸引民族誌學者鷹目眈視的習俗是多瓦悠人在割禮時使用的替代性語言。有關西非洲的民俗誌文獻或者多采多姿的冒險故事常提到「說話鼓」，在使用原則上，它們很像多瓦悠男孩割禮後，待在叢林裡隔離時所使用的替代性語言。說話鼓是以音高變化來模仿語言的音調模式，多瓦悠人則採用小笛子「說話」。剛行過割禮的男孩對女人十分危險，只能藉笛子與女人溝通。

28 法國人類學家李維史陀將親屬制度視為交換範式，而女人則是最終的稀有物資。Roger Keesing，op.cit., p.475。

同樣的笛子也用在某些特定儀式，用來「唱」出歌[30]。替代性語言有其他更實際的用途。譬如加納利群島（Canary Islands）的山區，相隔數哩的人可用哨叫語言來溝通，否則便得步行數小時才能碰頭。但是在多瓦悠山區，只有我與馬修如此使用說話笛。每次出去尋找喜歡避不見面的祈雨酋長，不同的人會告訴我們酋長位於不同山頭，我與馬修分頭尋找，隔著遠距離，用說話笛通知對方找到沒。

說話笛對多瓦悠語學習者而言優點多多，幫助我們抓出西方耳朵難以分辨的聲調高低音。隔離期間，受割禮的男孩大量使用替代性語言，以取代實際接觸。因此他們必須深入學習說話笛，我也該如此，才是上策。

我發現教會的洗衣工非常熟稔說話笛技巧，我們躲開女人的窺視，躲到叢林裡，他將教導我此種替代性語言的精細之處。他給了我一把小笛，開始我們的課程。這是我在多瓦悠蘭唯一的正式教育。在法國殖民勢力引進學校教育前，多瓦悠孩子都是在自然的社會接觸裡學習母語。刻意學習一種語言或者研究一個動詞的各種用法，是從未聽聞之事。相較於母語的學習，多瓦悠小男孩必須透過密集的一步步指導學習說話笛，在這過程裡，多瓦悠人會大量展示循序漸進的教學器材與自家研發的教學技巧，與學習多瓦悠語系統化輔助一概闕如，實有天壤之別。

我進步神速。我的老師既親切又學養豐富，撥冗教我說話笛，從未開口要求報償。我是一定得送禮的。不管哪個文化，送禮都需要一點細膩觸感。禮物必須恰到好處。西方文化裡，你不會送男人花。贈禮方式也必須恰如其分。在多瓦悠蘭，你當著眾人面送某人菸草為禮，等於沒送，因為馬上被分搶一空[31]。

本質上我還是個西方人，每次看到這個在教會裡幫我洗襯衫的人自己卻連件襯衫都沒，內心總有一絲不安。我想，送他一件襯衫應當蠻恰當。我有件襯衫（也是人家送的）頗受多瓦悠人讚美，亮紫色，會是個好禮。我決定送他這件。

---

29 作者此處並未指出該研究為何。饋贈與交換是人類學重要研究領域，許多知名學者都投入此一領域。此處所指的研究可能是指法國學者莫斯（Marcel Mauss）在一九二五年提出的重要經典論述。莫斯說我們很容易誤解原始社會的「送禮」本質，在部落的格局裡，禮物並非單純由一個人的名下讓渡到另一個人的名下。一件禮物表達了一種社會關係，並連結了該社會關係。一件禮物宣示了送禮者與受禮者之間的關係。所送之禮為該關係的象徵，因此有其物質價值以外的價值。而且禮物所建立或所延續的關係意味著互惠。送禮者與受禮者的關係可能是對稱的，因此送禮時就同時製造出必須同樣回禮的義務。送禮者與受禮者的關係也可能是不對稱的，送禮者可能居於優勢地位，因此表現了他的崇高地位，受禮者就必須用貢品或勞務作為回報，或臣服於送禮者。最重要的一點在於送禮表現並象徵了人類社會的互相依賴，因此與親屬制度、社會階層制度混成一團，並加強這些制度的結構。詳見Roger Keesing, op.cit., pp.474-475。

30 說話鼓或其他可調整音高的樂器，是藉由調整音高來模仿音調語言（tonal language）的高低音，用以傳達字義。所謂的音調語言是指有聲調變化的語言，譬如中文有四聲，台語有七聲。同樣的音，譬如一聲是「窩」，三聲就變成「我」，四聲又變成「握」，字義也跟著產生變化。英語非音調語言，這些聲調高低的變化對作者而言，很難分辨。文中所說用笛子「唱歌」是指曲調吹出，聽者光憑音的高低，便可分辨字義，進而聽出歌詞。

31 如前述，作者提及菸草在多瓦悠文化是無主之物，任何人都可自由取用他人的菸草。

但是送禮行為如果不妥，卻可能嚴重侮辱受禮人。田野工作硬加諸於我的輝煌施捨姿態，其實與我的自我印象大大不合；更何況，禮物如果太重，受禮者也會覺得大大尷尬。

解決方案從天而降。數星期後，我的襯衫袖子不小心拉到荊棘，扯破一小塊。衣服送洗回來後，我假裝大驚發現這個破洞。這襯衫毀了！我對洗衣工說，或許他想要這件襯衫，破洞不是很大，看不太出來。

我曾對馬修使過同樣的手法，他也喜歡色彩亮麗的衣服，卻總是克制自己不買。那一次，他收下我假稱「已經不完美」的襯衫，卻將它束諸高閣，宣稱它太好了，不宜拿出來穿。絲毫沒享受到那份禮。或許這次結果會不同。

洗衣工穿上那件襯衫，因新得之物而滿面榮光。他的笑容真誠，絕不會引來指控——這是民族中心主義觀的誤解。他滿懷驚喜離去，我則確信自己做了一件好事而心滿意足。直到下一簍洗淨的衣服送回，我才知道此次送禮的真正效果。每件襯衫都跑出小小的「缺點」，袖口、領子與口袋出現細心營造的破洞。

收禮也有同樣麻煩。我的研究站規模很小，只用兩只長柄鍋煮食所有東西，同時兼咖啡壺與茶壺。何況，身處如此偏遠不毛之地，搞個真正茶壺，會被人批評故意搞怪。一鍋多用，大家都覺滿意，馬修除外。他曾在教會還是哪裡看過真正的下午茶，由管家用托盤端上，連同糖罐、茶壺等等。因為他的身分高低完全繫之於我，他又對此特別在意，激烈反對我用鋁製長柄鍋奉茶給尊貴訪客。他極端渴望一個真正的茶壺。

一天，他現身茅屋，抓著一只鋁製破舊茶壺。他從一個老師那兒弄來的，這位教師即將派駐南方，聽說那兒茶壺多得很。那位教師不想帶著這把茶壺去南部，便送給馬修。

馬修驕傲轉送茶壺給我。我必須承認我真的很感動。茶壺蓋是根本蓋不合了，壺身還滿是坑洞疤點，好像有人拿它當足球踢過。但馬修快樂就好。我讚美此把茶壺，謝謝他。他拿走它，細心刷洗，直到它閃亮如銀。

那天下午，我們與療者上了很長的課，討論各種疾病。照例，造訪療者要爬到半山腰，又是抽菸，又是聊天什麼的。黃昏時回到家中，我與馬修又累又渴。

我提議：「來『開用』（christen）[32]新茶壺吧？」馬修一臉困惑，但還是拿了他的新寶貝，煮了茶喝。壺嘴管也堵住了，我們馬上掌握歪著壺身倒茶的訣竅，只潑漏一點點。馬修送了一個禮物給我，我也表達了感激之意。這無疑會增進且強固我們的關係。

奇怪的，一整晚，馬修異常沉默。夜深時，他開始亂發脾氣。不管原因為何，我希望到了第二天，它能雲消霧散。

誰知第二天一大早，馬修便來用力敲門，讓我大吃一驚。他極力詬罵我：「我難道不是基督

32 這個字在英文裡做動詞，代表受洗禮，也代表東西第一次使用。一字兩義，引發後續的風波。

徒？」他問道：「我難道不是誠實的人？我一整晚都在想這件事。如果我要殺你，你難道不是早就死了一千次？」我必須承認清晨五點，我的反應還有點遲鈍，只能張口結舌。

終於，我讓他坐下來，我去煮茶。看到那把茶壺，馬修似乎怒火更盛，氣得渾身發抖。一點一滴，我終於搞懂自己的滔天大罪。錯誤出在我不加思索使用 christen 一字來表示第一次使用。馬修顯然幻想我打算替茶壺舉行什麼驅魔儀式，以化解他對茶壺施過的可怕咒語。我是在指控他意圖謀殺我呢。

風波平靜，又是數星期過去。我與療者的研究進行順利，但這只是次要選擇。我真正想做的是割禮研究，近距離觀察它的血淋淋細節，這才是民族誌學的上等紅肉。

我無人可騷擾，決定去找我「老婆」。一番搜尋後終於找到，他正一肚子不高興地蹲在羅望子樹下。突然暴雨傾盆而下，雖短暫卻極端討人厭。我們在無法遮蔽的樹葉下躲雨。他的漂亮服裝已經飽經風霜。原本帥氣豎立、羽狀散開的馬尾，現在潮溼蓬亂。身上的長袍沾滿泥巴、啤酒、油漬與汗漬。我送給他的 Fablon 牌豹紋牆飾彩帶正面看起來還好，反面塗膠部分則一塌糊塗，沾黏了毛髮、蚊子、西非洲紅土，在表面形成厚厚一層黏膠狀。原本鮮亮的頭巾滑落，不端莊地遮住一隻眼睛。他噘嘴不樂。顯然這段老人們記憶鮮明、誇張吹噓可以盡情放肆、沉溺的美好時光，對他而言，越來越乏味了。他的族人不再以啤酒歡欣迎接他，反而因為他穿著儀式服裝頻頻造訪，只好編織各式藉口或飛奔到田裡工作，以便「不克接待他」。原本應該以好色眼光打量他的少女，現在都在母親的鷹目監督下揮舞鋤頭工作。年輕之愛是好事，但是耕種作物優先。最氣人的是，他被迫跑去造訪遠親或血緣更加稀疏的親戚，竟錯過了那個毛髮茂盛的德國人放電影。

連馬修聽了都同情他。我們拿出僅有的體己安慰他，卻只能找到一瓶啤酒與一本法文超人漫畫。我們將這些安慰塞給他，鼓勵他千萬不要犯了懷憂喪志之罪。我們會負責找出割禮遲遲不舉行的原因。

顯然，割禮的時程表嚴重偏離正軌。照道理，割禮應當已經舉行，男孩此刻該躲到叢林裡與人群隔離。根據儀式規矩，男孩割禮傷口流血應與第一陣大雨同一時間。傷口的復原與乾燥則應和氣候的逐漸乾燥同步。如此，人與他們所居住的世界才能一致和諧、節奏相同。此刻看來，這種同步是不可能了。

由於人類變化與宇宙變化的時間表必須雙軌搭配，受割禮男孩得在收割的第一天結束叢林隔離，返回村落。這代表多瓦悠人必須草草壓縮餘下的儀式，以擠進季節更迭的時間表，而儀式尚未結束前，我會再度因簽證過期惹上麻煩。在多瓦悠這種群龍無首的社會裡，沒有人負責籌劃這一切事，沒有人有足夠權力與威嚴讓他人服從他的意志。重大公共事務常任由順勢發展，直到情境壓力迫使他們採取行動，或者錯過採取行動的時間，以致一事無成。他們這樣居然也運作良好，真讓人欣慰，也證明世人的狂熱與決心概屬多餘。

但是割禮要完成，絕對少不了一個人。這個人至少和偏遠村落保持連絡，知道他們的準備工作進行到何種程度，他就是祈雨酋長。該再度爬山到他居住處探望了。

自從上次拜訪了無奶頭尼加人後，爬山便大大失去吸引力。多瓦悠的山給人一種奇特的不舒服感。它缺少歐洲登山的那種心曠神怡魅力，但拿它與嚴肅的阿爾卑斯山相提並論，又太荒謬。多瓦悠的山讓人輕易失足，摔落至數百呎下花崗岩石遍布的山谷，你卻必須在連像樣登山靴都沒有的狀況下攀爬它。山谷底滿布溼滑、巨大、尖銳的大石頭，你匍匐攀登而後不時滑下。到了半山腰，全是讓人膽戰心驚的深山溝，幸好不寬，只要牢牢記住念書時代的跳遠本事，猛力一跳即可。山頂則極端荒涼冰寒。

祈雨酋長的所在地堪稱精華區，位於一座山峰頂，面對另一座山的背面，形成遮蔽的山谷。山谷綠意盎然，上天庇護，四季都有乾淨不絕的水，比溽暑難耐的平原涼爽，放眼可見迷你牛（怎麼上來的？）而且遠離政府官員可達的任何道路，就連警察的越野機車都難穿透此地。除了四十年前一位毅力堅強的法國殖民官員曾匆匆到此一訪外，祈雨酋長在此堪稱是靜謐、與世隔絕，過著家父長的日子。他曾目睹（或許應說一無所覺）山谷下富來尼人販奴時代的衰頹、德國人來了又去、法國人取而代之，而後邁入獨立建國。祈雨酋長就像周遭的花崗岩山一樣亙古不變，熬過本世紀的滄海桑田變遷，依然盤據在雨雲終年不散的山頂。此種搭配堪稱天造地設，因為祈雨酋長的專長就是控制天氣。

多瓦悠人深具社會性，凡能集體行動之事便甚少獨力完成。照例，我們準備造訪祈雨酋長之事躲不過他們的觀察。我們準備離開村子時，一個滿臉羞澀的男子要求同行，他要去祈雨酋長那兒尋求醫療諮詢。眾所周知，祈雨酋長是男子生育力的專家，尋求他的協助等於默默公告自己不育或不舉。大家咯咯嗤笑。我們沿著狹小山路前行，沿途有人加入隊伍，他們也要趁此到祈雨酋長那兒辦事。其中一人是祈雨酋長的十三個老婆之一，頭上頂著一大團東西。最令人吃驚的：愛瑪也要同行。

這已不是先前那個愛瑪。現在她守貞自持，毫無價值的調情舉動熄火，真正的愛情之火取而代之。她的腳邊躺著一大塑膠袋磨過的小米，那是她老爸要還給祈雨酋長的某筆舊債。塑膠袋之上擺著一雙藍色塑膠鞋，她赤腳爬山，但進入村子時會穿上它，以示輝煌。她雄赳赳在前領路，既不左顧右盼，也不回頭張望眾人尾隨她矯健身手的欣羡目光。

雨季已漸入高峰，毋庸證明，高漲的河水急沖過山。它們不再像乾季裡友善清新的細流，小狗般舔舐你的腳。現在它們轟然作響，吞噬滾翻礫石。我當然在河裡失足了。

沒什麼比得上失足落水更能打破冰霜氣氛（這是滑稽的混合比喻呢）[33]。先前的死寂消失，陽萎男子開始說故事。走在這條山路上，不可避免，大家都會提到山腳下某男子。他和妻子以引誘

33 此處原文用的是break the ice, fall in the water，可以指結冰的河面有人失足，打破冰面，掉入河裡。一語雙關，才會說是「滑稽的混合比喻」（mix metaphor）。

年輕旅者惡名遠播，設下仙人跳，對方必須賠償。丈夫堅稱自己受到極大侮辱。他是個超級壯漢。

我們的歡欣氣氛軋然而止，河流穿過山徑處，一頭有角大山羊的屍體在河中腐爛。屍體摔得希巴爛、血淋淋，顯然自高處山徑失足跌落。多瓦悠人對惡兆特別關切。眼前這個糟糕至極。眾人的討論興趣不在此羊原本位於高處，現在屍陳低地；也不在此羊原本性慾旺盛，死亡讓牠永遠不舉的強烈對比。相反的，他們的討論集中於不言可喻的事實，這羊死了太久，肉已經爛得不能吃了，雖然多瓦悠人也習於吃那種我們以「腐臭」形容還算過分輕描淡寫的肉。

不管從哪方面，這類意外都會大大衝擊人類學者。這會是某個橋樑，讓我們對人心的本質有更多了解，或者是通往某個異文化的重大發現？幾乎不可能。但重要與否，也很難有先見之明。畢竟人類學家常是在洗澡、打板球或切章魚時，才突然靈光一現。保險作法是將這些資料建檔，寫在筆記本裡。事隔多年，打開來，看到墨跡曾被噴濺的河水渲開，棕色拇指印弄髒了字跡。這時你會興起憤怒之感——「這裡面一定有些東西人類學家可以解謎」，伴隨而來的感覺往往是「我壓根不知道它代表什麼意思」。

山羊之死讓隊伍中不少人開始裹足。攀山之舉疑慮重重。在愛瑪與我重申繼續前行的決心，馬修勉強附議後，眾人才同意繼續攀登山徑。氣氛凝重壓抑，好像莎翁劇裡的惡兆場景——彗星撞地球、地震讓死屍從墳墓中爬起。每次一有人撞到腳趾，大家便交換眼神，緊張四下張望。我們的下面，禿鷹圍聚山羊，撕咬牠的屍體，以類似查稅員的敵意、懷疑眼神緊緊盯著我們。我突然想到這是村人飲用水的水源，最起碼，我們應將屍體從河中移開。質疑自來水計畫對多瓦悠人有啥好處是一回事，這可是我「喝」的水！但是沒人有興趣碰觸山羊屍體，我們只好將牠留在惡臭河水，繼續前行。

這時馬修已經撞到好多次腳，堅信此行必是徒勞無功，我們會發現祈雨酋長根本不在。但是他加上一句：「我的左腳經常欺騙我。」

他的腳果然惡意撒了大謊。酋長在家呢。但是左腳說謊這事讓馬修更加陰鬱，現在，它反成了惡兆。

酋長像隻快活的烏龜安坐於臥屋之外的遮棚下。這是他最喜歡的地點。坐在這兒，他可以放眼專屬於他的肥沃山谷，看著妻妾在田裡耕作、兒子們放牧他的牛群、抽銅製菸斗、把總是冷冰的腳偎在火邊取暖。坐在這兒，他可以盡情品嘗財富與尊敬帶來的舒適，以機警雙眼看守堆積在茅屋裡、人們付他做酬勞的裹尸布，以及繞著他十三個年輕老婆打轉的危險年輕人。

一番恰當的問候之後，我們分開了。陽萎男子接受耳語拷問，他不時低頭，酋長則不時拍拍他的臂膀，叫他放心。愛瑪顯然對此景頗覺噁心，酋長打發她去和他的妻妾聊天。

酋長朝我招招手，要我過去他和病患那兒。我對多瓦悠藥草的博學多聞獲得大家認可了嗎？他在邀請我參與討論此一有趣病例？顯然不是。是要找零。病患帶了一張大鈔，酋長願意收下這錢，但是找不開。或許我可以先把零錢給這個男子，改天，他再還我？我們都知道還錢之事往後不必再提。這只是我有求於他，他在變相跟我收費，以免過於厚顏露骨。

公平，但我的錢要花得值得。針對此種場合，馬修幫我準備了一篇小演說稿，媲美廣告文案撰寫人的經典之作。雖然我宣稱放棄一切藥草治療技術的所有權，因而獲准跟著多瓦悠知名療者廣泛接觸各式病患。問題是多瓦悠蘭地區，你要有能力判別一種病真是病，還是巫術或超自然力量發怒的展現。如果是後者，治療方法大不相同。像我這類初入門者的無知問題可引發有關死亡觀、道德觀與分類觀的熱烈討論。陽萎男子的問題是什麼？他的陽具不行了。不是他的兄弟作法？他搖搖頭。他請過三個占卜者用扎布托搓揉法請示神諭，說法都一樣。他「只是」有病。祈雨酋長開了什麼藥？更多扎布托，讓這男子拿回去煮水喝。

人類學最新熱門話題是植物分類，研究其他文化在種與亞種的分類方面有多深入，並拿來和我們的分類作比較。同種植物，他們又是以什麼標準分類？我花了許多時間收集一些多瓦悠基本植物（如扎布托）的樹葉與果實，為的就是有機會討論它們的區分標準。是根據樹葉的形狀，還是果實的構造？就像上次我詢問他有關祈雨石頭的事，祈雨酋長再度以他的實證主義將我擊倒在地。植物的外觀與分類標準無關，而是某種植物可治療某種病，而另一種植物可治療另一種病。在藥草發揮療效之前，你無法事前區分哪個植物是哪個。他天真微笑。我想到我浪費了那麼多時間收集植物樣本，把它們放到書本裡乾燥，還想將它們帶回去給英國皇家克優花園（Kew Garden）[34]的專家研究呢。

陽萎男子下山回家，手拿著幾束剛割下來給他的扎布托。祈雨酋長堅持替我們備飯，我與馬修不怎麼想吃，悶然不樂地等待。

經過數小時乏味的社交細節，馬修才恢復正常情緒。祈雨酋長與我躲到叢林來番「男人的談話」。即便在這裡，我們都以耳語對談，老傢伙不時像隻緊張的小鹿轉頭四望。

我想問有關割禮的事。祈雨酋長點點頭。他知道我大老遠從自家的村子跑來這裡，為的就是這個，因為我聽說多瓦悠人要舉行割禮了。我丟下老婆與田裡的事，吃了不少苦，也花了很多錢。他再度點頭。到底發生何事？割禮的籌備工作完成了哪些？大雨已經降下，男孩為什麼還沒割包皮？

他嘆氣搖頭。這事實在太糟、太糟了。就他這方面，該做的都做了。他仔細注意各種兆頭。他將適當的藥草封進一個圓形葫蘆裡，到山頭放置在控制雨量的石頭旁，讓葫蘆順河而下。經過一段時間，葫蘆到了山腳，完整無傷，這代表儀式可以舉行。但是現在割禮取消了。我大抽一口氣。今年不可能舉行。明年是「陰年」，也不能舉行。割禮最多兩年舉行一次。這真是太糟、太糟了。這些男孩將持續停留在孩童身分、身上發出臭氣，成為整個族群之恥。

34 英國有名的植物園 Kew Garden 是皇家花園，有百年歷史，耗資一億八千五百萬英鎊建立了一座植物種子儲藏庫，這是一個新世紀大工程，他們要把全英國植物種子，兩年內收集完畢，二〇一〇年收藏世界百分之十的種子，二〇二〇年收藏世界百分之二十的種子。有人將它翻譯為「邱園」。

但到底發生何事?他說了一個我沒聽過的字。我對馬修露出疑問之色,後者苦苦思索法語該怎麼說。一本他對實證主義的狂熱,祈雨酋長帶我們到田裡,用手一指。小米植物簡直被黑色、肥胖的毛毛蟲淹沒,嫩葉被蠶食一空。毛毛蟲在我們眼前大嚼,下垂的葉柄瞬間消失。顯然,孔里這一邊的田全毀了。今年根本不會有收成可言。如果毛毛蟲吃光作物,然後全數死掉,還有機會播第二次種子。問題是多數人家沒有多餘種子,屆時收成也會少得可憐。何況,雨季也不會一直持續,讓第二次作物成熟。那大家要怎麼辦?他聳聳肩。有些人可以向親戚借穀子。有的得賣牛,或者向商販借錢。原本存來釀啤酒的小米,現在得拿來充飢。男孩變成男人或許是個神奇過程,但它和善意期望無涉,而是和啤酒有關。割禮必須往後延。男孩仍將潮溼、發出臭氣,恥辱越發難堪,連尼加人都會訕笑他們。

如果有人進口小米呢?我飛快計算。這要花上好幾千英鎊呢。完全無望。祈雨酋長感受到我的明顯失望,拍拍我的臂膀。反正沒用。這時不會有人發動割禮儀式,原先的兆頭就不好,毛毛蟲更是惡兆。

我好不容易籌到錢、大老遠跑來記錄一個結果不舉行的儀式,我的心煩、懊惱甚至尷尬都是可想而知。我必須交代帳目、提出辯護(真實或捏造的)。遲早,我得寫一份報告給研究獎助審查委員會,對態度嚴厲的把關人員解釋他們為何資助我去研究一個根本沒舉行的儀式。結果不會太愉快。

人類學研究和其他學術領域相同，否定的結論、發現假線索、蓋棺論定的死胡同，以及未經親眼目睹的儀式都甚難獲得學術肯定。整件事難堪透了。我個人卻不覺得此次前來一無建樹。此行雖短，我的收穫卻不下於上次較長的研究。光是我去而復返這件事便讓多瓦悠人更加看重我，彷彿善變的人類學家會讓他們飽嘗失望滋味。不管他們對人類學研究抱持何種想法，現在他們比較願意信任我、對我開放。

割禮不舉行。整個多瓦多蘭陷入極度羞愧。羞紅臉的男孩穿戴華麗裝飾，無人聞問，獨自閒蕩，好像在聖壇前被拋棄的新娘。他們靜悄脫掉豹皮或Fablon豹紋裝飾，褪下腳環鈴鐺藏到口袋裡。年紀大一點的男孩偷偷跑回田裡開始耕作，假裝自己從未做過儀式跳舞裝扮。小一點的男孩滿臉羞愧回到教室，飽受其他族同學嘲笑。男人碰頭，絕口不提此事。它卻成為女人的兩性戰爭新話題，用以嘲笑男人的無能。而這又成為男人痛揍老婆的理由。我的「老婆」極力避免碰到我，每次都繞大圈進村子。偶爾我們不期而遇，只好低頭看地、喃喃說些問候的話。由於割禮儀式並未完成，我們陷入不上不下的狀態，不知如何舉措。我們應該互相打趣，還是相互表示尊重態度，或者回到先前毫無關連的狀態？沒有人能給我們答案。沒人有足夠權威決定一切，就像先前沒有人能組織割禮儀式一樣。

惡兆狂掃多瓦悠蘭。突然間，一切陷入混亂，每件事都成為惡事降臨的徵兆。這就像我們的社會，某個特別恐怖的謀殺案會吸引大家注意相同的犯罪事件。剎那間，報紙上充斥這類報導，好像整個文明突然末日來臨似的。

在多瓦悠蘭，牛隻失足跌落井裡，這是惡兆。祖帝保的某個老婆打開穀倉，衝出一隻大老鼠咬了她的胸口，也是惡兆。花崗岩小徑上出現一群紅色昆蟲，這也是惡兆。雖然沒有莎翁劇裡彗星劃過天空，但起了一陣小旋風。

可預期的，緘默降臨多瓦悠蘭，也是我該回家的時候了。我不知道這是否也被視為惡兆。

CHAPTER

13

結束與開始
Ends and Beginnings

離開多瓦悠蘭和抵達此處一樣，都牽涉漫長煩瑣的工作。幸好，此次我的身分只是單純的觀光客而非知識的探索者，至少我的旅行文件是如此記載。儘管如此，離開此地還是搞了許久。為表謝意，我必須深思熟慮分贈禮物；除此，還要擺脫叢林習性、恢復城市習慣。我是方圓數哩內唯一說英語的人，自然養成自言自語的習慣。多瓦悠蘭不似我們的文化，自言自語（或者如我堅稱的「大聲思考」）者不會被視為眼神狂亂的瘋子，它有點像自己對著自己唱歌，是司空見慣之舉。舊習實難革除。回到英國，一開始鐵定教人大為驚慌，尤其我是在沒有鏡子的狀況下自己剪頭髮，更別提一口綠色惡臭的牙齒。

在我努力恢復城市習慣的過程裡，還得跟不湊巧來報到的瘧疾奮鬥。我堅信這是觀賞德國人播放「對抗瘧疾」影片時被蚊子大叮特叮的結果。幸好我及時復原，最後一次在多瓦悠蘭露面時，趕上參加「死者之弓割禮」儀式。

人類學領域有許多其他學科轉過來的研究者。它的範圍非常廣。因此人類學家以前學過的東西，不管是毫無實際用途的技術或深奧的能力，都不會浪費無用。小時我第一天上學，老師叫我們全班聽英國廣播公司特為孩童製作的一個節目。當時，大家認為經常跳舞對孩童的健康至為重要。學校鼓勵稚嫩心靈透過動作表達自我。在單純曲調的節奏下，心靈與肉體一起和諧舞動。那天，我們的任務是扮演樹。「舞動你的樹枝，孩子們。」笛聲指揮我們：「現在，樹葉在風中沙沙作響。」我們盡責在頭上揮舞雙臂，嘴裡發出嘶嘶聲。

當我投身文化比較研究時，壓根沒想到這段經驗會大有價值，但它是的。

「死者之弓割禮」乃連串複雜的儀式之一，讓男性亡靈變成可以轉世投胎的祖先。舉行這種儀式，屬於死者最私人（也是最危險）的用器必須處理掉。刀子、睡覺的蓆子、陰莖鞘要拿到叢林裡燒掉。他的弓必須由小丑執行割禮，然後掛到擱置男性祖先頭顱的屋子後面。只有死者的「割禮兄弟」（和他同時接受割禮的人）可以參與此項儀式。「死者之弓割禮」和所有純男性參加的活動一樣，充斥幾近玩笑的快活氣氛。女人聽到特屬儀式使用的笛子聲，就得躲進茅屋裡。

參與「死者之弓割禮」的男人渾身赤裸，只著陰莖鞘跑來跑去，儀式最後是一齣戲，開放給所有族內男子觀看。這齣戲叫「打死富來尼老婦」，指涉割禮的起源。老婦也由男子扮演，非常老邁、衰弱，極端難搞、膽怯。他穿著老婦常穿的厚重樹葉裝，賣力演出，彎腰露出性器。在場男人都樂不可支，放聲大笑。戲的高潮是男人手持棒棍躲在暗處奇襲老婦。老婦在男子間蹣跚來回，拖著長長的樹葉尾巴。最後男子一躍而出，用棍棒斬斷她的尾巴。這些場景必須在一種名為「富來尼之刺」的樹下演出。

有時，他們找不到「富來尼之刺」，便由男子假扮樹。此次，這個角色落在我頭上。多瓦悠人不知我扮演樹的經驗可是取之不竭呢。揮舞雙臂假裝樹枝，頗獲讚賞。風吹樹葉的沙沙聲則引來兩極意見。無論如何，眾人秉持儀式的快活氣氛，將我的演出視之不錯的創新。由於演樹的演員也只能穿陰莖鞘，身上還要覆蓋頗不舒服的「富來尼之刺」樹葉模仿自然產品，總之，不是大家搶著演的角色。

事後，男人圍坐抽菸、喝溫啤酒，討論誰該對死者的老婆吐口水，赦免她們可以再婚。馬修與我則忙著打包。一名巫師送來一把氣味芬芳的樹葉。提醒我曾與死者接觸，別忘了用樹葉洗手。而且我應當加入對死者老婆吐口水的行列，以示我對死者並無怨恨。一切看來平常。稍後，我們拿下陰莖鞘，好像大學生上完每週一次的導師特別指導課後，終於可以脫下袍子鬆口氣。今晚，大家會喝酒、跳舞、說故事。馬修與我回教會，那是我們各自返回正常生活的中途站。眾人對我們的離去並未顯露特別興趣，沒人流淚，沒有刻意的告別場面。祖帝保提起尚未解決的洋傘問題。我留下一些錢支付尚未完成的屋頂修繕工程。我還會再回來嗎？天知道。

人類學另一鐵律是當你研究的異文化看起來越來越正常，就是你該打包回家的時候了。

我被邀請去當地學校代課教英文直到授課老師復原為止，正適合我此刻不上不下的處境。這位老師感染了席捲此地的「輕瘧疾」。在西方世界，我們偶爾因發燒、頭痛病倒在床，覺得自己快死了。我們稱此病狀為流行性感冒，吞兩顆阿司匹靈、在床上休息，幾天後就好了。同樣的症狀在西非洲卻被診斷為「輕瘧疾」，投以相同的治療，沒人進一步探究病因或治療效果。

就像其他學習機構，這間學校也有不少學生使用假身分。學生向弟妹借身分證，以規避同一個學生只能參加幾次考試的上限。一個號稱十六歲的學生早已白髮叢生，還有許多學生名字相同，令人吃驚。雙胞胎讓狀況更糟糕複雜。他們從法英字典查得孿生一字，英文寫的是「望遠鏡」[35]，便以此稱呼自己：「老師，這是我妹妹諾雅。我們是望遠鏡。」

我教他們英文入門，使用的教科書長篇大論討論阿斯科特賽馬、營火夜，以及更為模糊難懂的約克郡布丁[36]。學生將約克郡布丁解釋成「又熱又冷的布丁」。一位學生巧妙結合微觀與巨觀，說：「血液一天周行全身二十四次。」另一個學生的隨筆則飽含驚人智慧：「人們站在太陽底下太久就會頭痛，因為製造了太多氧氣。」

馬修認為他也該學習英文。像我這種在大學教過好幾年書的人也難抑好為人師的欲望。我找來一本過時的成語集給馬修，反正他也沒事可幹。從此，他問候我時臉龐扭曲專注：「早安，主人。你享受佳肴了嗎？」[37]

幾天後，老師病體復原，回校上課，我想學生大大鬆了一口氣。我帶著沉甸甸的一顆心前往杜阿拉。

這段期間，這個城市沒有變得更好。怠惰戰勝進取心，我前往上次那個旅館，暗自盼望能碰上韓福瑞。

那位野心勃勃的侍者領班越見發達。平滑肥胖的臉龐散發自滿表情。我既膽怯又如釋重負，因為他並未發現我就是上次的韓福瑞同黨。他現在似乎獨裁掌控旅館，鬼祟的法國經理蜷縮在辦公室裡，他則高視闊步旅館大廳。他慢慢將自己的親戚插滿所有重要位置。他們不會說通用語言，客人的要求一概不懂。只有侍者領班才能指揮他們。此種安排擴及旅館酒吧。美國觀光客冗長細述他們要喝的深奧雞尾酒（由罕見的幾種酒混成）。吧台優雅點頭微笑，許久後，不是端上柳橙蘇打就是啤酒，完全不顧客人抱怨。旅館規定每個客人可免費招待一杯酒，客人充分運用此項新安排。一群乏味疲憊的法國客人拿它當新式消遣，打賭他們點的下一輪酒端上來，會是幾杯柳橙蘇打、幾杯啤酒。

韓福瑞不見蹤影。當晚，我試圖自己摸索去那家越南餐館，無功而返，踏遍全城。一家霓虹燈囂張閃爍的酒吧裡，某名觀光客對面的男子雖然戴了太陽眼鏡，我還是認出那是「早熟」。觀

35 法文的孿生姊妹是Jumelle，此字同時意指望遠鏡。
36 約克郡布丁是一種墊在烤肉下面煎成，與烤肉一起食用的布丁。
37 此處原文為Are you of good cheer。在英文成語裡意指享受佳肴。作者是在嘲笑馬修原本是要問候「吃過飯沒？」卻用了文縐縐的「享受佳肴」沒。

光客刺耳高聲陳述自己在旅館的際遇：「早上，有人敲我的門。嚇了我一大跳。有人高喊：『喂，你裡面有女人嗎？』我也高聲回答沒有。然後就有人破門而入，把一個女人扔了進來。」他笑得前搖後晃。「早熟」不為所動。他聽不出此中的幽默。那名觀光客企圖解釋。「你聽我說。當他們問我房裡是否有女人時，我還以為……。」「早熟」臉色一亮。「女人？你要叫女人？」

「不是。我只是在解釋剛剛那個故事……。」

「我帶你去找好女人。」

我留他們繼續此一話題，閒蕩回旅館。

第二天去機場的車程花了我好幾小時。喀國總統出巡此地，整個區域封鎖。我們經過的多數路都被封死。我極端不舒服蜷縮在計程車後座，膝上抱著一個多瓦悠大水甕，活像個鄉巴佬，免不了，司機待會又會企圖沿途載客。他繞大圈子避過路障，好幾次直接開進人家的菜園子。我們停下接受檢查。一名警察態度嚴厲勒令我們：「停車。總統先生來了。」群眾靜默翹首。士兵與警察解開槍套。我探首窗外。好一會兒，沒啥動靜。然後，一個老人騎著生銹的腳踏車以萬分緩慢的速度繞過街角。這麼多人的注視與張得老大的嘴，讓他大感困惑與害怕，他彎低身體趴在把手上，死命踩踏板。幾名壯碩的警察撲身向前，在眾人喝采聲中將他拖走。一位警官注意到我的微笑：「不准笑！」他大喊：「你這是在嘲笑我們的總統。」計程車司機緊張看我一眼，加速駛離。顯然，這是他與法律多年交手經驗培養出來的反射動作。沿途沒有其他意外，司機順利將我載到機場，口袋裡揣著我感激打賞的小費，快活離去。我鬼祟抱著水囊躲在黑暗角落，等待訂位櫃台開門，希望自己的形跡不啟人疑竇。但這裡畢竟是杜阿拉，想要不引人注目，簡直像不會游泳者想逃過滿池沙魚的機率一樣低。一個目光灼灼的男人盯上我，上下打量，無疑，是在看我額頭上的汗珠與緊抓著不放的水囊。他問：「飛巴黎？」我點點頭。他發出那種修車廠技工審視車子損壞時最愛用的驚嘆聲。此班飛機超量重複劃位。事實上，每個座位都重複劃了三次。幸運的，他有個朋友在櫃台工作。只要一萬中非法朗，就可以幫我弄到座位……。我氣瘋了，不客氣攆走他。他不知道我曾經來過喀麥隆？熟知這些鬼把戲。他聳聳肩走開。稍後，我看到一個德國人交錢給他。

越來越多人現身機場，越來越多人形跡鬼祟交錢。我的信心開始消失。我默默核算如果被迫在杜阿拉多待一晚要花多少旅館錢。或許此刻杜阿拉所有警察都在找我，因為我嘲笑他們的總統。他們要找到我，一點不難。一個滿口綠牙的白人手裡抱著水囊。或許我該丟掉水囊，閉上我的嘴。驚慌偏執情緒逐漸上升。半小時後，我決定與那男子打交道。我找到這名消息靈通者，激烈討價還價。我堅稱身上只剩兩千法朗，或許他願意收下水囊？最後他終於同意只收兩千法朗，悄悄走到櫃台一男子身旁。他們低語交談、不時搖頭。鈔票在櫃台下迅速換手。我的機票蓋了章。我搭上這班飛機了！我看看那些在櫃台前排隊、天真無知、渾然不覺他們永遠搭不上這班飛機的人，真是替他們感到可憐。我拖著水囊前往出境櫃台。

結果，飛機根本空蕩蕩。櫃台前大排長龍的人是要搭包機。下一站之前，整班飛機只有六到七個乘客。甚至還有多餘座位放置我一路憂心不已的水甕。差堪安慰的是我並非唯一受騙者，兩位同機乘客坦承和我一樣輕信那男子，付了相同金額。

唯一安慰來自另一個更輕易受騙的乘客。他在酒吧裡買了一個顯然是「早熟」風格的掛飾，對方向他保證此物的歷史至少八千年。謹慎的推銷員還一再叮嚀他此物極為罕見、萬分珍貴、對喀國深具文化重要性，無法合法帶出境。幸好，他認識一個在海關工作的人，只要再付一點錢，那人就可以安排讓此物上飛機……。

無聊又有冷氣的飛行似乎是撰寫報告給獎助委員會的好時機。我伸手到袋子裡翻找表格，發現它埋在一大疊保險單下面，保單上的禁止項目包括我在多瓦悠蘭期間不准玩滑翔翼，也不准使用插電的木工器具。

寫報告是件危險的事。一旦白紙黑字，它就變成田野採集成果，自有其生命。你變得無法想像事實可能並非如此。或許，我應該隻字不提割禮並未舉行（反正也不會有人注意），聚焦於我做了些什麼。我該寫個漂亮大綱論述我與多瓦悠療者的研究，讓人覺得這本來就是我前往多瓦悠蘭的目的。獎助委員會的人常認為世界是循研究者設定的直線乖乖運作。民族誌學者是全知博學、應付裕如、效率卓著的調查機器。人類學家卻都知道研究計畫根本是虛構小說，追根究柢，不過是開口要求：「我認為這個很有趣。能否賞些錢讓我去看看？」

事實上，許多人類學家選擇重返生活極不舒適、有時充滿危險的世界一隅，足資證明面對好奇撩撥，人的記憶有多短暫、常理判斷又是多脆弱。

我將表格收起，等待靈感降臨。

結束旅行總會帶來哀傷與時光飛逝感。你因自己毫髮無傷重返一個安全、可預期、黑色毛毛蟲瘟疫不會推翻宇宙時間表的世界而如釋重負。諸此種種，都讓你以全新眼光審視自己，或許如此，人類學到頭來終究是個自私的學科。

因為與舊殖民母國的連結，所有喀麥隆國際航線都轉經巴黎。我有數小時轉機空檔，將水甕寄放在寄物處。

大異於在杜阿拉飽嘗劫掠詐欺，此刻，我坐在巴黎歌劇院旁時髦的人行道咖啡座，觀賞行人打發時間。一名衣著極端襤褸的流浪漢現身，彷若杜阿拉機場那個消息靈通者，目光灼灼打量咖啡座顧客。因為他也是黑人，與杜阿拉機場那人更像了。面朝客人，他以常見的法國手勢點點鼻子，以示他與眾人共謀，然後從外套口袋掏出一隻塑膠大老鼠。

每當冷若冰霜的女士（此地可不乏這類女人）打面前經過，他便扯動老鼠尾巴，看似活生生的老鼠作勢撲上受害者的胸口。效果太令人滿意了。有些女人高聲尖叫，有的拔腿飛奔，有的用皮包打他的頭。

大約作弄了十來個女士後，流浪漢拿起帽子沿桌收錢。帽簷的標籤寫著「喀麥隆製」。如果多瓦悠人在場，一定會說這是強烈預兆。至少，它提醒我義務未了。我拿出要呈給獎助委員會的報告表格，深吸一口氣，寫下：「因為一場不尋常的黑色毛毛蟲瘟疫……。」

譯後謝言

何穎怡

二〇〇一年，我受商周出版委託翻譯《天真的人類學家：小泥屋筆記》，二〇〇二年又翻譯出版了《天真的人類學家：重返多瓦悠蘭》。

轉眼二十多載，異常開心這次上下兩冊的《天真的人類學家》能在麥田集結再出版。《天真的人類學》是我喜愛的譯作，二十多年前，我的譯筆正處顛峰，自覺與作者的幽默自嘲筆法非常合拍，翻譯起來行雲流水。我翻譯得過癮，讀者也讀得開心。時至今日，中國讀者提起我的某某書翻譯得好，還會出現：是《天真的人類學家》台灣譯者，難怪。

翻譯這書的過程承蒙許多老師與朋友幫助。首先謝謝台大江文瑜老師針對哨叫語言（whistle language）與音調語言（tonal language）的釋疑。謝謝宗教歷史學者游謙老師針對頭部巫術一詞解惑。

更要感謝作者奈吉爾・巴利總是耐心回覆我的問題，類似「我的馬車夫被雷打死了」的句子才能得到最終解答。

《天真的人類學家：小泥屋筆記》裡的許多人類學註解，當年是我翻閱人類學專書、辭典寫出來的。我雖是人類學業餘愛好者，也曾有過音樂田野採集經驗，畢竟非科班出身，總擔心自己註解有錯，幸獲人類學者黃道琳惠賜導讀，過程順道審閱了我的註解，這才敢放心付梓。

黃道琳當年翻譯的《菊花與劍》、《文化模式》兩本經典人類學著作，是我的人類學啟蒙。前幾年得知他已瀟灑離開人間，甚為黯然。

此次《天真的人類學家》絕版多年再次出版，承蒙前原住民族委會主委孫大川老師、女書店蘇芊玲與楊瑛瑛、黃道琳前妻暨作家王瑞香女士居中聯絡，讓我們取得黃道琳老師遺屬的授權，得以再次刊登他的導讀。在此一併致謝。

天真的人類學家

小泥屋筆記＆重返多瓦悠蘭

【跨世代共讀經典合訂本】

天真的人類學家：小泥屋筆記＆重返多瓦悠蘭
【跨世代共讀經典合訂本】／
奈吉爾・巴利（Nigel Barley）著；何穎怡譯.
－初版.－臺北市：麥田出版：
英屬蓋曼群島商家庭傳媒股份有限公司
城邦分公司發行，2024.05
面；　公分
跨世代共讀經典合訂本
譯自：The innocent anthropologist:
notes from a mud hut & a plague of caterpillars:
a return to the African bush.
ISBN 978-626-310-671-0（平裝）
1.CST: 民族志　2.CST: 田野工作
3.CST: 通俗作品　4.CST: 喀麥隆
536.642　113005041

封面設計　許晉維
內頁排版　黃暐鵬
印　　刷　前進彩藝有限公司
初版一刷　2024年5月

定　　價　新台幣550元

ISBN　978-626-310-671-0
e-ISBN　9786263106680（EPUB）
本書如有缺頁、破損、裝訂錯誤，
請寄回更換

作　　者　奈吉爾・巴利（Nigel Barley）
譯　　者　何穎怡
責任編輯　翁仲琪
國際版權　吳玲緯　楊　靜
行　　銷　闕志勳　吳宇軒　余一霞
業　　務　李再星　陳美燕　李振東
副總編輯　何維民
編輯總監　劉麗真
事業群總經理　謝至平
發 行 人　何飛鵬

出　　版

麥田出版
地址：115020台北市南港區昆陽街16號4樓
電話：(02) 2500-7696　傳真：(02) 2500-1951
網站：http://www.ryefield.com.tw

發　　行

英屬蓋曼群島商家庭傳媒股份有限公司城邦分公司
地址：115020台北市南港區昆陽街16號8樓
網址：http://www.cite.com.tw
客服專線：(02) 2500-7718; 2500-7719
24小時傳真專線：(02) 2500-1990; 2500-1991
服務時間：週一至週五09:30-12:00; 13:30-17:00
劃撥帳號：19863813　戶名：書虫股份有限公司
讀者服務信箱：service@readingclub.com.tw

香港發行所

城邦（香港）出版集團有限公司
地址：香港九龍土瓜灣土瓜灣道86號
　　　順聯工業大廈6樓A室
電話：+852-2508-6231　傳真：+852-2578-9337
電郵：hkcite@biznetvigator.com

馬新發行所

城邦（馬新）出版集團 Cite (M) Sdn Bhd
地址：41, Jalan Radin Anum, Bandar Baru Sri Petaling,
　　　57000 Kuala Lumpur, Malaysia.
電話：+603-9057-8822　傳真：+603-9057-6622
電郵：cite@cite.com.my